L'auteur de le livre est Denis Bouquier avocat au Parlement, mort le 9 avril 1781 neveu de Dom Bouquier.

a publié en outre 1.° le droit public de France éclairci par les monuments de l'antiquité tome 1. 1756. in 4°. la suite n'a pas paru.

2.° notice des titres et des textes justificatifs de la permission, de nos Rois, de nommer aux evechés et aux abbayes de leur États, 1764. in 4°.

3.° Lettres provinciales ou examen impartial de l'origine de la Constitution et des révolutions de la monarchie française 1752. 9 vol. in 8.

4° enfin un memoire historique sur la topographie de Paris 1752. in 4°.

TABLEAU
HISTORIQUE.

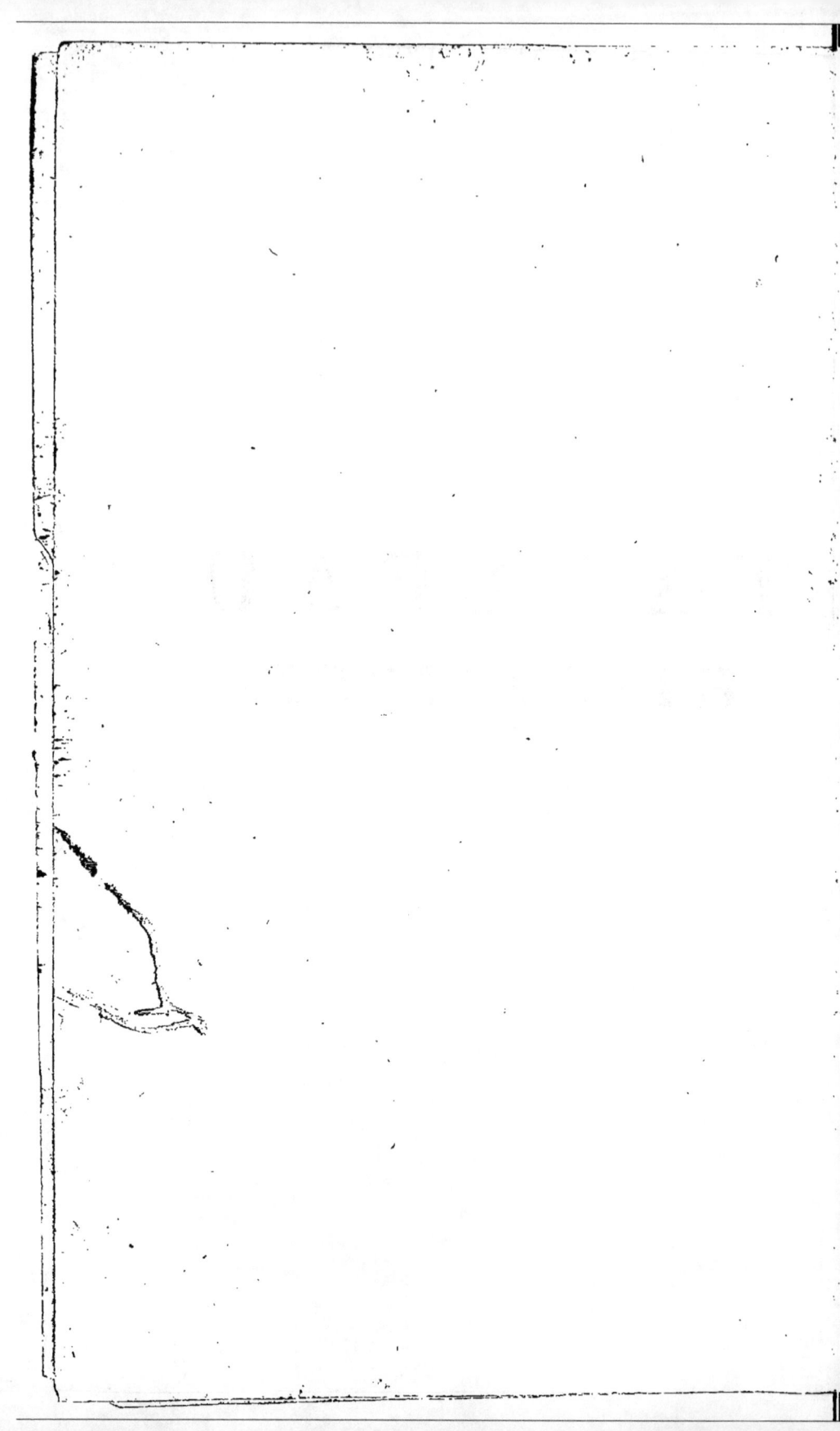

TABLEAU HISTORIQUE,

GÉNÉALOGIQUE ET CHRONOLOGIQUE

DES

TROIS COURS SOUVERAINES

DE FRANCE.

A LA HAYE,
Chez le NEUTRE, à l'Enseigne de la Bonne-Foi.
Et se trouve à Paris,
Chez MERLIN, Libraire, rue de la Harpe,
à Saint Joseph.

M. DCC. LXXII.

OBSERVATIONS PRÉLIMINAIRES.

UNICUS SCEPTRIS. STEMMA SIDEREUM.

TABLEAU

HISTORIQUE, GÉNÉALOGIQUE ET CHRONOLOGIQUE DES TROIS COURS SOUVERAINES DE FRANCE.

Représentées par les trois Etoiles ou Fleurs de Lys des Armes de France.

OBSERVATIONS PRÉLIMINAIRES

SUR CE TABLEAU.

N°. 1. *Nécessité de l'ordre dans l'exposition d'une multitude de faits & de titres.*

DANS quelqu'art que ce soit, ce n'est que par l'ordre & l'arrangement des différentes parties qu'on peut parvenir à rendre un ouvrage solide & à mettre le

A ij

public à portée d'en juger. Cette vérité déja prouvée par l'expérience, devient encore plus évidente lorsqu'il s'agit d'un ouvrage de Littérature, & sur-tout d'Histoire & de Jurisprudence. Les faits se multiplient, se croisent, paroissent même se contredire; il y a aussi une variété presqu'infinie dans les Loix, dans les causes, dans les jugemens. C'est ce qui rend bien plus nécessaires l'ordre & la précision.

N°. 2. *Défaut d'usage de rédiger les actes, sur tout en Latin.*

Il est encore une cause particuliere de la confusion & de l'obscurité de ceux de nos anciens monumens qui concernent les loix, les jugemens & les autres actes de la Jurisdiction volontaire, c'est qu'il étoit d'usage de ne point les rédiger par écrit. Lors même qu'on prenoit cette précaution, il y avoit si peu de personnes qui sçussent écrire en latin, qu'il falloit recourir à des mains étrangeres, dont l'écriture n'avoit aucune autenticité. *Omnes Galliæ & Germaniæ principes subscripserunt, singuli singulas facientes cruces.* Baluze, tom. 1. pag. 630.

OBSERVATIONS.

N°. 3. *Deux moyens de les rendre autentiques par l'obtention de Lettres-Patentes & par les regiſtres publics.*

Il n'y avoit, dans ce tems-là, que deux manieres de rendre autentiques les écritures privées, l'une en obtenant des Lettres-Patentes du Roi, dans leſquelles étoit inſéré l'acte, l'autre en le faiſant inſcrire ſur les regiſtres publics des curies ou communes des villes, qui ſe régiſſoient par le droit Romain.

N°. 4. *Exemple du premier moyen.*

Dans le premier cas on s'adreſſoit au Roi, lorſqu'il tenoit, ſoit par lui-même, ſoit par le Comte du Palais, ſa Cour Palatine ou ſon Placité. On lui expoſoit qu'un tel avoit donné ou vendu tel héritage qu'il avoit prié d'en rédiger un acte par écrit, que cet acte exiſtoit & qu'on le repréſentoit pour en faire la lecture. Les Officiers qui tenoient le Placité le liſoient. Le donateur ou vendeur étoit ajourné au Placité, & les Juges lui demandoient s'il reconnoiſſoit la donation ou la vente telle qu'elle étoit énoncée, s'il entendoit la confirmer ou l'attaquer,

& s'il offroit de la garentir. Lorsqu'il y avoit acquiescé, les Juges prononçoient que la donation ou la vente devoit être executée. Sur le témoignage du Comte du Palais, le Roi ou sa Cour Palatine, en ordonnoit aussi l'exécution & l'on dressoit des Lettres-Patentes pour rendre l'acte notoire & autentique. C'est ce que signifient ces termes des anciennes formules. *Judicium evindicatum, actus elidiatus.*

N°. 5. *Exemple du second moyen.*

Dans le second cas, celui qui vouloit procurer l'autenticité à un acte de donation ou à un testament, se présentoit au défenseur de la curie lorsqu'elle étoit assemblée, & il lui disoit: je vous prie, très-bon défenseur, & vous louables curiales & municipaux d'ordonner que les registres publics me soient ouverts, car voilà un acte que je voudrois rendre autentique en l'insérant dans les registres des actes publics. Le défenseur & les curiales lui répondoient, les registres publics sont ouverts; dites-nous quel est l'acte que vous souhaitez y faire inférer. Alors il présentoit l'acte de donation ou le testament. Le défenseur requéroit qu'il fut lu, & après la lecture, le défenseur & les curiales ordonnoient qu'il seroit inséré dans le regiſtre des actes publics après avoir été par eux ſouſcrit & ſcellé. *Marcul. lib. 2. form. 37. & 38.*

N°. 6. *Silence des formules ſur la forme de la procédure & des jugemens.*

D'un autre côté, ceux qui ſçavoient écrire, ignoroient la forme des actes. C'eſt pourquoi on fit alors des recueils de formules. Celles qui concernent les actes judiciaires ne nous fourniſſent aucun éclaiciſſement ſur la rédaction des jugemens, mais ſeulement ſur la maniere de les notifier. Cette notification ſe faiſoit par des Edits ou Lettres-Patentes qui ont été rédigées d'une maniere ſi uniforme, qu'il faut y faire la plus grande attention pour ſaiſir la différence des jugemens qui ne ſont parvenus à notre connoiſſance que par la ſeule voie des notices. *Noticia judicati.*

Il y avoit pourtant alors une procédure très-longue & très compliquée, comme on le voit dans quelques articles de la Loi Salique; mais les notices des jugemens n'en font aucune mention.

OBSERVATIONS.

Nº. 7. *Nécessité de l'ordre Chronologique & Généalogique.*

Pour percer le voile qui couvre encore aujourd'hui nos anciens actes judiciaires, il a d'abord fallu suivre l'ordre Chronologique qui met à porté de confronter ceux qui sont contemporains. Quoiqu'avant l'époque de 1364, ls n'ayent été notifiés que par la seule voie d'Édits ou de Lettres-Patentes, il nous paroît qu'ils formoient dès lors comme ils ont formé depuis, différentes branches issues d'une même tige, ce qui nous a porté à les diviser par Généalogies.

Nº. 8. *Emblême des trois Etoiles ou Fleurs de Lys des Armes de France.*

Nous avons pris le diadême du Roi Clovis pour tige commune des trois branches ou Généalogies dont nous faisons dériver les trois Cours Souveraines de France sous le symbole ou emblême des trois Etoiles ou Fleurs de Lys qui ornoient ce Diadême.

OBSERVATIONS.

N°. 9. *Usage qu'en a fait Loyseau.*

Le sçavant Loyseau a dit avant nous, que les trois principales branches de la puissance publique sortant d'une même tige, sont les trois Fleurons de la Couronne, ou les trois Fleurs de Lys des Armories de France : ou les Armes & la Justice, comme les deux principales, sont posées d'égale hauteur : aussi sont-elles représentées par le Sceptre & la Main de Justice, que notre Roi tient en chaque main, quand il est en son habit Royal : & quant aux Finances, comme n'étant pas si nobles que les deux autres, & pour autant néanmoins que ce sont les nerfs de l'Etat, elles sont représentées par la troisieme Fleur de Lys qui est au bas des deux autres.

N°. 10. *Leur application aux trois grands Offices de France.*

Notre Roi, ajoute ce célèbre Jurisconsulte, comme il a toute puissance, aussi a-t-il seul en son Royaume toutes ces trois fonctions jointes en sa personne & ce en toute Souveraineté ; mais tous ses Officiers n'ont que l'une d'icelles sé-

OBSERVATIONS.

parément: & il y a trois principaux Officiers, qui après sa Majesté, ont la Surintendance de chacune d'icelles, tous les Officiers de laquelle leur doivent obéir: excepté seulement que les Compagnies Souveraines ne dépendent que du Roi immédiatement. A sçavoir le Connétable à la Surintendance de la guerre, & sous lui sont tous les Officiers militaires, soit des Armées, soit des Pays ou Places: le Chancelier a la Justice & après lui sont les Parlemens, & sous lui généralement tous les Juges qui y ressortissent médiatement ou immédiatement avec les Ministres de Justice: le Surintendant des Finances à la premiere & universelle charge des Finances; & après lui ou sous lui sont, les Chambres des Comptes, Cours des Aides, Trésoriers de France, Officiers des Elections & Grenier à Sel, & tous autres Officiers de Finance. *Liv.* 1. *des Offices n.* 119. *Chap.* 1.

N°. 11. *Silence de Loyseau sur l'Office de Grand Sénéchal de France.*

On voit par cette division de la puissance publique exécutrice & par le silence de Loyseau sur l'Office de Grand Sénéchal de France qu'il a ignoré que cet Office a été supprimé sous le regne de Philippe Auguste, que cette suppression a donné naissance au Parlement & à la Chambre des Comptes, que l'un a été présidé par le Chancelier de France, & l'autre par le Grand Bouteillier de France.

N°. 12. *Utilité dans la division de la puissance publique exécutrice.*

Nous admirons avec Loyseau ce beau trait d'Etat & de politique de notre Gouvernement actuel, qui consiste dans la division de la puissance publique exécutrice, en trois principaux Offices & en un grand nombre de Tribunaux Souverains & subalternes, suivant la maxime. *Divide & regna.*

N°. 13. *Elle n'étoit point inconnue dans notre ancien Gouvernement.*

Mais il nous paroît que c'est à tort qu'on impute à nos ancêtres de n'avoir pas pratiqué cette maxime. A la célèbre époque de l'immense Gouvernement de Charlemagne, la puissance publique exécutrice étoit plus divisée qu'elle ne l'est aujourd'hui, sans néanmoins être trop affoiblie, parce que les Ducs, les Comtes, les Sénéchaux, les envoyés du Roi *Missi Dominici* la tenoient immédiatement du Roi.

N°. 14. *Il y avoit entre les Tribunaux subalternes presidés par les Hauts-Seigneurs & la Cour législative une correspondance habituelle.*

Pourquoi dans un Gouvernement aussi étendu n'y avoit-il pourtant que trois Cours Souveraines ? C'est qu'alors presque toutes les affaires se terminoient par voie d'administration. Les Officiers qui tenoient immédiatement du Souverain leurs pouvoirs, avoient sans cesse recours à sa Souveraineté dans tous les cas où une Loi formelle ne décidoit pas la contestation qui s'étoit élevée. Le Monarque donnoit un précepte qui la terminoit sans forme de procès & qui servoit ensuite de Loi pour les cas semblables. Au lieu que depuis long-tems les Tribunaux Souverains & même les subalternes se sont crus établis par la Nation pour juger toutes les contestations quelconques, quoiqu'il n'y eût aucune Loi sur laquelle ils pussent fonder leur jugement. Aussi se sont-ils affranchis de l'ancien usage d'énoncer le **motif du jugement.**

OBSERVATIONS.

N°. 15. Motifs de l'emploi des trois Etoiles ou Fleurs de Lys pour repréſenter les trois anciennes Cours Souveraines de France.

On nous demandera peut-être ſur quoi nous nous ſommes fondés pour repréſenter les trois anciennes Cours Souveraines de France, par trois Etoiles qu'on ne trouve point dans les Auteurs qui ont écrit ſur les Armories de France. Nous n'avons point entendu critiquer ces Auteurs ni former une nouvelle opinion ſur les Armories de France, cet objet nous auroit trop éloigné de celui que nous traitons; nous nous ſommes uniquement fondés ſur le texte d'Aurélien, Evêque d'Arles, qui porte que le Diadême de France étoit orné d'Etoiles. *Stemma Sidereum*, & ſur ce que ce Diadême ne paroît orné que de trois Etoiles dans pluſieurs anciens monumens.

Par exemple, au tombeau de la Reine Fredegonde, le Diadême ne porte que trois Etoiles, dont on ne voit que la moitié, l'autre faiſant partie du Diadême, ce qui peut avoir porté à les prendre pour des Fleurs de Lys, mais il nous a paru que ces même Etoiles ſe trouvoient entieres en d'autres endroits de ce tombeau.

Quoiqu'il en soit, & quand même il seroit bien prouvé que les armes de France n'étoient alors ni des Etoiles, ni des Fleurs de Lys, ou qu'elles n'étoient pas réduites au nombre de trois, nous aurions toujours pû d'après Loyseau les prendre dans leur état actuel pour servir d'emblême aux trois anciennes Cours Souveraines.

N°. 16. *Sur quoi peut porter la distinction de Cours dont les jugemens n'ont point été rédigés par écrit.*

La difficulté sera plus sérieuse & plus difficile à résoudre, si l'on nous demande sur quoi nous nous sommes fondés pour distinguer trois Cours Souveraines & pour attribuer plutôt à l'une qu'à l'autre des jugemens qui n'ont point été rédigés par écrit & qui ne nous ont été transmis que par des Lettres-Patentes en forme de notices.

N°. 17. *La Cour législative est fondée sur la nécessité d'un cours habituel de législation.*

On ne peut contester à une Monarchie Royale le droit de législation & l'exercice de ce droit est ce que nous appellons Cour Législative. Il faut que ce droit ait un exercice habituel, parce que quelqu'ayent été l'exactitude, la justesse, la précision & l'étendue dans la premiere rédaction d'un code de Loix, il survient journellement des cas particuliers qui obligent de recourir à la puissance législative du Monarque, il faut qu'il les termine lui-même, parce qu'ils ne peuvent l'être que par voie de législation.

N°. 18. *Il faut une autre Cour habituelle pour la manutention des Loix.*

Quant aux délits qui sont une contravention aux Loix, ils concernent la puissance exécutrice & il convient que le Monarque ne l'exerce pas par lui-même, soit parce qu'il y est toujours question d'une discussion de faits sur lesquels il pourroit être induit en erreur, soit parce qu'il en résulte une amende à son profit, soit parce que la poursuite des délits le concerne ou ceux qui le représentent, soit enfin parce que le respect dû à sa Majesté exige qu'il ne se réserve que le droit de faire grace & de décider s'il y a eû contravention à ces Loix dans les jugemens Souverains.

Cette puissance exécutrice doit aussi avoir un exercice habituel & c'est à la

Cour Palatine du Roi qu'il fut confié jufqu'à la fuppreſſion de cette Cour.

N°. 19. *Le droit des Hauts-Seigneurs d'être jugés par leurs Pairs, a exigé une Cour de Haute-Pairie.*

Le droit le plus flatteur pour les Francs & celui qui leur a été réſervé par nos Loix fondamentales eſt d'être jugé par leurs Pairs, c'eſt-à-dire, par ceux qui étoient de même état & de même condition. Ils ne pouvoient être jugés en premiere inſtance dans les Tribunaux de la Province, parce qu'il n'y avoit pas un nombre ſuffiſant de Pairs de leur qualité & parce qu'il falloit que le Tribunal de la Haute-Pairie fut préſidé par le Roi en perſonne.

La cauſe d'un Pair de premiere dignité ne devoit pas non plus être portée, ſoit à la Cour légiſlative, puiſqu'il s'agiſſoit d'un jugement & non d'une Loi, ſoit à la Cour Palatine, parce qu'elle étoit le Tribunal d'appel des Francs de la ſeconde Claſſe.

Il a donc été indiſpenſable d'établir une troiſieme Cour Souveraine ſous le nom de Cour de la Haute-Pairie qui fut préſidée par le Roi en perſonne.

Cette Cour n'a été & n'a dû être ni locale

OBSERVATIONS.

locale ni habituelle, puisqu'elle n'a point eû de causes journalieres.

N°. 20. *La différence dans la compétence prouve la distinction de ces Cours.*

A la Cour législative, les Hauts-Seigneurs & les Grands Officiers de la Couronne n'avoient que la voix consultative; ce point de notre droit public déja prouvé dans nos Lettres par plusieurs textes, sera confirmé par un grand nombre d'autres autorités.

A la Cour de la Pairie, les Hauts-Seigneurs & les Grands Officiers de la Couronne avoient seuls voix délibérative, puisqu'un Pair de haute dignité ne pouvoit & ne devoit être jugé que par ceux qui étoient de même état & condition. *Per eos qui illum possunt & debent judicare.*

A la Cour Palatine pouvoient être convoqués les Hauts-Seigneurs & les Grands Officiers, parce qu'elle étoit Cour Souveraine, mais comme Tribunal d'appel des Juges du second Ordre; les Officiers de ce second Ordre y avoient aussi voix délibérative.

OBSERVATIONS.

N°. 21. *L'obligation des Hauts-Seigneurs de comparoître à la Cour Palatine étoit une charge & une espece de servitude.*

La comparution des Hauts-Seigneurs à la Cour Palatine tendant à confondre les Pairs de la premiere Classe avec ceux de la seconde; ils se seroient bien gardé de demander à y siéger, si le Monarque ne leur en avoit pas fait un devoir en ne les investissant des Bénéfices régaliens & des Grands Offices, qu'à la charge expresse du service de Placité. *Servitium de Placito.* L'obligation à ce service est fondée sur les anciennes Loix, sur les chartes & notamment sur leurs sermens de fidélité. On en cite les textes dans ce Tableau.

N°. 22. *Du rang des Hauts-Seigneurs à la Cour Palatine.*

Il étoit juste que les Hauts-Seigneurs en siégeant à la Cour Palatine ne perdissent pas leur rang & leur qualité de Pair de haute-dignité; c'est pourquoi ils y ont toujours siégés avec les ornemens de leur Pairie & dans un rang distingué sur les hauts-bancs; les bas bancs ont encore au-

OBSERVATIONS.

jourd'hui confervé le nom de fiége de la Sénéchauffée qui a fuccédé à la Cour Palatine.

N°. 23. *Diftinction des Cours par la différence des ajournemens.*

La différence des ajournemens eft établie, tant fur la qualité des actes d'ajournemens que fur les délais.

Les Hauts-Seigneurs étoient ajournés à la Cour législative en vertu d'un Edit d'où vient qu'elle a été appellée *Curia indicta*, c'eft-à-dire, *Edicto convocata*.

Les Hauts-Seigneurs étoient ajournés à la Cour des Pairs par des *préceptes* appellés depuis, Lettres-Patentes.

Le Roi les ajournoit à fa Cour Palatine par un indicule ou mandement. Les autres parties y étoient ajournées par une fimple affignation.

Le Chancelier de France étoit chargé de l'adreffe de l'Edit pour la convocation de la Cour législative appellée depuis, Lit de Juftice.

Le précepte ou Lettres-Patentes étoient notifiées à un Pair de France par deux de fes Pairs.

Un fimple Huiffier affignoit les Parties à la Cour Palatine.

L'Edit de convocation de la Cour législative en contenoit les délais.

Le précepte ou Lettres Patentes pour ajourner un Pair de haute-dignité, en fixoit les délais relativement à la distance des lieux.

Le simple exploit d'assignation donné à un particulier, régloit aussi les délais qui étoient de sept, de quatorze, & rarement de quarante nuits. Charlemagne fixa le premier délais à sept nuits, le second à quatorze, le troisieme à vingt un & le quatrieme à quarante-deux. *Dom Bouquet, t. 5. p. 665.*

N°. 24. *Difficulté dans l'application de ces distinctions.*

Quoique ces distinctions soient appuyées sur des Loix & sur des monumens autentiques comme nous le proverons par la suite; il n'est pourtant pas possible de les appliquer aux différents actes émanés de ces différentes Cours, parce que ces actes ne nous sont parvenus que par de simples notices qui n'en font aucune mention.

Ainsi malgré nos soins & notre attention à ne mettre dans chaque colonne que les actes qui les concernent; il pourroit arriver qu'on trouvât dans une colonne

OBSERVATIONS.

quelques actes qui appartiennent à une autre colonne. Mais au surplus, en donnant ces actes, nous indiquerons les motifs qui nous ont portés à en faire le placement.

Si l'on trouve des actes plus anciens & en plus grand nombre dans la colonne de la Cour législative, c'est que les monumens en cette partie se sont mieux conservés & sont plus faciles à distinguer.

N°. 25. *Causes particulieres de la disette des anciens monumens, concernant la Pairie de dignité.*

Il paroît que la Pairie n'étoit anciennement que personnelle. Dans ce tems-là, les Bénéfices régaliens & les grands Offices de la Couronne n'étoient donnés que précairement. Il étoit au pouvoir du Roi d'en destituer les Officiers, nous en citerons des exemples.

On voit encore que dans les premiers siecles de notre Monarchie, nos Rois faisoient usage de l'autorité de la discipline militaire pour contenir les Hauts-Seigneurs dans leurs devoirs.

Il étoit encore d'usage de ne point recourir aux formalités judiciaires dans les crimes de trahison, de sédition, & dans les flagrans-délits.

OBSERVATIONS.

Enfin, nos premiers Hiſtoriens uniquement verſés dans l'étude du droit Romain, ont négligé de nous inſtruire de la procédure qui étoit admiſe par nos Loix antiques.

N°. 26. *La diſtinction des trois Cours Souveraines eſt appuyée ſur des textes de Loix ſi évidentes qu'elle ne peut être conteſtée.*

Par exemple, ces textes de la Loi Salique & des autres Loix antiques qui portent que chacun ſera défendu par ſes Pairs & jugé ſuivant ſa condition, prouvent que les Francs qui depuis la conquête des Gaules ont été de deux différentes conditions, n'ont pas été protégés & jugés par un ſeul & même Tribunal.

Par exemple encore, les trois Cours Souveraines ſe trouvent énoncées dans ce célèbre capitulaire de l'Empereur Charlemagne qui défend de porter les cauſes des Hauts-Seigneurs à la Cour Palatine; qui reſtraint ce Tribunal aux cauſes des Francs de moindre condition & qui ne l'autoriſe à en juger d'autres, que quand il lui en aura fait le renvoi comme légiſlateur. *Epiſt. hinc. de Ord. pal.*

Sous la fin de la ſeconde race & au

commencement de la troisieme, cette même Loi étoit exprimée en ces termes: « qu'il feroit fait droit à chaque citoyen par « le jugement de fes Pairs ou par ceux qui « peuvent & doivent le juger ».

N°. 27. *Ces textes annéantiffent le fyftême fondé fur l'exiftence d'une feule & même Affemblée Générale, d'un feul Placité Général, d'une feule Cour de la Pairie, dont le Roi n'auroit été que le premier Magiftrat.*

Nous aurions pû nous borner à l'emploi de ces textes, ils nous auroient fuffifamment autorifé à en conclure qu'il ne faut pas confondre les Affemblées du Champ de Mars ou les Placités Généraux, avec la Cour des Pairs ou avec la Cour Palatine, d'où tirent leur origine les Parlemens & les autres Cours Souveraines qui ont été créées depuis la fuppreffion de cette Cour Palatine, appellée fous la troifieme race, la grande Sénéchauffée de France.

N°. 28. *Utilité des autres textes diftribués par colonnes.*

Quoique ces autres textes pris féparément foient moins décififs, ils nous ont paru par leur nombre & par leur arrangement en colonnes, ajouter à la certitude que produisent les précédens.

D'ailleurs, nous avons pensé qu'on nous sçauroit quelque gré d'avoir rassemblé par ordre Chronologique sous trois points de vue importans, ce qui se trouve dans les meilleurs recueils de nos Loix & des autres monumens de nos antiquités ; nous mettons par ce moyen les lecteurs plus à portée de juger de nos réflexions & d'en faire de plus étendues & de plus solides.

TABLEAU

TABLEAU
HISTORIQUE,
GÉNÉALOGIQUE ET CHRONOLOGIQUE
DES TROIS COURS SOUVERAINES
DE FRANCE.

Cour Législative.	Cour de la Pairie.	Cour Palatine.
Premiere Race.	*Premiere Race.*	*Premiere Race.*
Années.	Années.	Années.
496.		496.
Qui veut le Roi, si veut la Loi, *Recueil*, pag. 2. 3. 46..	Il y avoit dans chaque Famille ou Généalogie des Germains une liaison si étroite que tous les membres étoient obligés d'épouser la querelle de celui d'entr'eux qui étoit offensé & de la soutenir jusqu'à ce que	On citoit par appel devant le Roi celui qui ne vouloit pas exécuter les Sentences des premiers Juges. La Cour Palatine étoit le Tribunal d'appel. *Lex Salica*, tit. 59.
Clovis fait la conquête des Gaules, il rend de sa seule autorité une Ordonnance & il l'adresse à tous les Officiers établis dans son Royaume. *Ibid. pag. 98.*		Dans les causes criminelles il falloit

C

Cour Législative.	Cour de la Pairie.	Cour Palatine.
Premiere Race.	*Premiere Race.*	*Premiere Race.*
Clovis reçoit de l'Empereur Anastase les Codiciles du Consulat; il paroit à Tours en habits Romains; mais avec la robe de pourpre réservée aux Empereurs par les loix Romaines. *Dom Bouquet, Tome 2. p.* 183.	l'offense eût été compensée par une composition arbitrée par les Pairs de l'offenseur & de l'offensé. *Tacite, de Mor. Germ. n.* 21.	interjetter appel en la Cour du Roi. *Lex Ripuar. tit.* 73 & 79.
		Celui qui avoit fait jusqu'à sept fois défaut de comparoître devant les premiers Juges étoit contraint de donner caution, de satisfaire à l'ajournement qui lui étoit donné de comparoitre à la Cour du Roi. *Ibid. tit.* 32.
497.		
La Souveraineté du Roi éclate sur les Grands de sa Cour par les rayons de son Diadême & sur ses autres sujets par la splendeur de Sa Majesté. *Recueil, pag.* 8.	**496.**	
	Depuis la conquête des Gaules & au commencement du Regne de Clovis, l'état des personnes & celui de la Pairie furent reglés par une nouvelle rédaction de la Loi Salique sur le taux des compositions. *Lex Salica, tit.* 44 & 57.	Il étoit même permis d'ajourner les premiers Juges en la Cour du Roi. *Lex Wisigoth, Lib.* 2. *tit.* 13.
Le Roi est monté à cette élevation de puissance qui en réunit tous les degrés. *Ibid.*		
		532.
507.		Le voleur qui étoit Homme Franc, devoit être conduit à la Cour du Roi, l'Homme de condition inférieure étoit pendu sur le lieu. *Dom Bouquet, tom.* 4. *pag.* 112.
Les Rois ou Chefs des Tribus Germaines & ceux qui s'assujettirent à un tribut envers Clovis devinrent ses sujets. *Ibid. pag.* 7. 8. 9.		
Nous sommes très-soumis à votre Empire, disent à Clovis ses Compagnons d'armes, & aucun de nous ne peut résister à votre puissance. *Ibid. p.* 18.	Dans un Diplôme de la même année ce Prince dénomme les différentes personnes qui composoient le pre-	**554.**
		Il falloit aussi se pourvoir en la Cour du Roi contre ceux qui soutenoient l'idolâtrie *Ibid. pag.* 114

Cour Législative.

Premiere Race.

Clovis élevé au Généralat, eût tous les pouvoirs qui avoient résidés dans la République des Colonies Germaines. *Ibid. p.* 11.

508.

Ce Prince par ses victoires, devint le Souverain des Peuples conquis. *Ibid. p.* 10. 11. 20.

510.

Il ordonne à toute l'armée & il distrait les biens Ecclésiastiques des effets conquis. *Ibid. p.* 15.

511.

C'est par ses ordres que les Evêques s'assemblent à Orléans, ils y rédigent des Canons sur la discipline Ecclésiastique; ils le prient d'y acquiescer & de les confirmer par son autorité supérieure. *Ibid. p.* 38.

Les Rois barbares font un si bon usage des victoires que Dieu leur donne, que les

Cour de la Pairie.

Premiere Race.

mier rang de l'Etat; c'est à-dire, celui de la haute Pairie, sçavoir les Evêques, Abbés, Hommes Illustres, Magnifiques Ducs, Comtes, Domestiques, Viquiers, & Grafions, *Recueil*, *pag.* 98.

511.

La nécessité d'un ordre formel du Roi pour assembler un Synode d'Evêques pour les matieres Ecclésiastiques prouve que les Pairs Laïcs ne pouvoient pareillement s'assembler sur les cas de la Pairie sans les les ordres du Roi. *Recueil*, *pag.* 38.

Cour Palatine.

Premiere Race.

560.

Le Roi Clotaire autorise à se pourvoir contre toute Sentence contraire à la Loi ou à l'équité. *Ibid. p.* 115.

584.

Faute de preuve du crime imputé à Injuriosus, il fut jugé qu'il s'innocenteroit par le serment, mais ses accusateurs en appellerent à la Cour du Roi. *Dom Bouquet*, 1. 2. p. 301.

585.

Injuriosus se présenta en la Cour du Roi Childebert, & ayant comparu pendant trois jours à l'audience jusqu'au couché du soleil, aucun de ses accusateurs ne s'y étant présenté, il fut renvoyé de l'accusation. *Ibid. p.* 302.

Ceux qui n'exécutent pas une Sentence qui a bien jugé, sont condamnés plus sévérement à la Cour du Roi. *Dom. Bouquet*, t. 4. p. 117.

C ij

Cour Législative.	Cour de la Pairie.	Cour Palatine.
Premiere Race.	*Premiere Race.*	*Premiere Race.*

Cour Législative — vaincus ont regret d'avoir trop tardé à se soumettre à leur Empire. *Ibid. Dom Bouquet, t. 4. p. 8.*

516.

Clotaire, Roi des Francs, homme illustre, rendit une ordonnance pour le Monaſtère de Réomé, & il l'adreſſa aux Evêques, Abbés, Ducs, Comtes & à tous les autres Officiers. *Ibid. pag. 616.*

518.

D'après l'avis des Comtes & des Grands Officiers, le Roi ordonne que la Juſtice ſoit rendue avec la plus grande intégrité & qu'on renvoie au Légiſlateur les cauſes dont la déciſion ne ſe trouvera pas dans les Loix. *Ibid. p. 255. 256. & 281.*

532.

Le Roi Childebert rend un Edit pour notifier & faire exé-

Cour de la Pairie —

562.

L'Epiſcopat transféroit un Bénéfice Régalien dont l'Evêque ne pouvoit être privé que par un jugement du Tribunal de la Pairie. *Ibid. pag. 44.*

577.

Les Evêques dans leur Synode ne dépouillent pas du Bénéfice Régalien un Evêque qu'ils jugent criminel ; ils ordonnent qu'il en ſera privé, c'eſt-à-dire, qu'il ſera à cet égard jugé par les Pairs. *Ibid. p. 45.*

584.

Les Evêques en qualité de Pairs de France, furent con-

Cour Palatine —

587.

Chamſinde s'étant pourvu à la Cour du Roi, il fut jugé qu'il aſſureroit par ſerment que s'étoit à ſon Corps défendant qu'il avoit tué ſon frere. *Ibid. t. 2. p. 343.*

590.

Le Comte Macco faiſant tous ſes efforts pour réprimer les crimes des fils de Waddon, ils ſe pourvurent en la Cour du Roi où ſe trouva auſſi le Comte qui s'y étoit rendu pour y remplir ſon ſervice. *Ibid. pag. 378.*

622.

Le Maire du Palais qui repréſentoit le Roi comme Préſident à ſa Cour Palatine, avoit une autorité ſupérieure à tous les Officiers Palatins. *Recueil, pag. 68.*

632.

Il étoit Miniſtre non ſeulement de toute la

TABLEAU.

Cour Législative.	Cour de la Pairie.	Cour Palatine.
Premiere Race.	*Premiere Race.*	*Premiere Race.*

cuter ce qui avoit été arrêté au Champ de Mars. *Recueil*, p. 25.

534.

Le Roi Théodebert fait à l'Empereur Justinien, une simple relation des différens peuples que Dieu a soumis à sa Souveraineté par la conquête & par des capitulations. *Ibid. pag.* 32.

535.

Le Roi Théodebert donne aux Evêques le pouvoir de s'assembler. *Ibid. pag.* 39.

540.

La forme du Gouvernement oblige les Evêques de ne point sacrer un nouvel Evêque sans un ordre formel du Roi. *Ibid. pag.* 36.

546.

Le Roi Théodebert par son seul sceptre commande à une multitude de peuples, il

voqués aux Placités tenus contre Eberus, Chambrier de France, accusé de crime d'Etat. *Dom Bouquet*, t. 2. p. 300.

585.

Le crime de faux dont étoit accusé Pallade, Evêque, fut discuté en présence des Evêques & des Grands de l'Etat. *Recueil*, pag. 48.

Plusieurs Hauts-Seigneurs ne se trouverent point au Placité, parce qu'il y étoit question d'un crime dont ils étoient complices. *Ib. pag.* 47.

Cour, mais même de tout l'Etat. *Ibid.*

642.

Flaucatus, Maire du Palais, faisoit rendre la justice aux sujets du Roi; le Patrice Willibaudus regardoit comme un deshonneur de lui être soumis & d'obéir à ses ordres. *Ibid. p.* 152.

649.

L'Officier de la Cour Palatine qui attaquoit ou transgressoit les Loix, étoit dépouillé de la dignité, de l'office & du rang d'Officier Palatin. *Recueil*, p. 74.

Le Roi ne devant point être partie dans le jugement des affaires qui le concernoient, les renvoyoit à sa Cour Palatine. *ib. p.* 75.

660.

Le Haut-Seigneur auquel on se recommandoit, devoit poursuivre les causes de la personne recomman-

C iij

Cour Législative.	Cour de la Pairie.	Cour Palatine.
Premiere Race.	*Premiere Race.*	*Premiere Race.*
régit des Nations différentes par un droit public uniforme: de son seul trône émane un pouvoir qui se répand dans toute la Monarchie sous l'emblême des trois Etoiles de son Diadême. *Ibid. pag.* 36.	Le Roi Childebert tint un Placité avec les Grands de son Etat, contre Gontran Boson, Haut-Seigneur. *Ibid. p.* 49.	dée, tant dans le district de la Province, qu'à la Cour Palatine. *Ibid. pag.* 80 & 81. La séance du Roi dans son Palais avec les fidèles & le Comte de son Palais, annonce & prouve l'existance de la Cour Palatine. *Ibid. p.* 85.
549. Le Roi Childebert fit assembler les Evêques de France au Concile d'Orléans. *Ib. pag.* 41.	Les Pairs de premiere dignité étoient Ducs, Comtes & Gardes. Dom Bouquet, *t.* 4. *p.* 425.	Le Placité tenu en absence du Roi, désigne un jugement rendu en la Cour Palatine, où présidoit le Comte du Palais. *Ib. pag.* 87 & 90.
554. Childebert par une Lettre émanée de sa seule autorité en forme de charte ou constitution, statue sur le culte extérieur de la Religion. Il y ordonne la procédure qui a été depuis connue en Normandie, sous le nom de clameur de haro. *Ibid. pag.* 27. Le Roi Childebert ordonne de sa seule autorité de détruire le culte des idoles. *Ibid. pag.* 26.	**586.** Les Chefs de l'armée demanderent au Roi Gontran à être jugé par ceux qui étoient compétens pour connoître de l'accusation contre eux intentée: à cet effet, le Roi assembla quatre Evêques avec les Hauts-Seigneurs Laïcs. *Ib. pag.* 50.	Le serment des témoins ou des parties étoit une formalité ordinaire qui se remplissoit à la Cour Palatine où étoit la Chapelle Saint Martin & les reliques. *Ib. p.* 91. **661.** Le Roi Childebert fait une donation de l'avis de tous les Francs prud' hommes

TABLEAU.

Cour Législative.	Cour de la Pairie.	Cour Palatine.
Premiere Race.	*Premiere Race.*	*Premiere Race.*

560.

Le Prince donne la forme de Loi aux arrêtés ou capitulaires, par une constitution ou ordonnance générale. *Ibid. pag.* 28.

561.

Le Roi choisit dans les avis des Hauts-Seigneurs ceux qu'il juge à propos de suivre. S'il survient une nouvelle question, il la termine par la voie législative. *Duchesne, t.* 1. *p.* 491. *Dom Bouquet, tom.* 2. *pag.* 561.

562.

Il n'étoit pas au pouvoir des Evêques d'ôter à un Prélat le Bénéfice régalien qu'il tenoit du Roi. *Ibid. page* 43.

577.

Le Souverain fit assembler un Concile à Lyon. *Ibid. page* 44.

584.

Le Roi ordonne aux Evêques de s'assembler à Valence & d'y

586.

Le Roi Gontran envoya trois Evêques à la Cour du Roi Clotaire pour y juger avec les Hauts - Seigneurs ceux qui étoient accusés du meurtre de Prétextat, Evêque de Rouen. *Ibid. page* 51.

Les Evêques & les *Optimats* du Palais ne devoient être mis à la question qu'après une discussion publique des Chefs d'accusation. *Dom Bouquet, t.* 4. *p.* 437.

Grégoire de Tours dit de Pelage, Officier du Roi sous le Connétable, qu'il ne craignoit aucun des

qui habitent son Palais, ils sont aussi appellés Echevins Palatins, ils résidoient au Palais pour y rendre la justice ordinaire en la Cour Palatine. *Ibid. pag.* 103.

664.

La Cour Palatine est désignée par la séance où il s'agit des affaires des fidèles ou sujets du second Ordre de l'Etat & à laquelle sont convoqués les Officiers du Palais. *Ibid. pag.* 103, & 104.

680.

La qualité des parties & la nature de la cause jugée en l'absence du Roi, dénote le Tribunal ordinaire. *Ibid. p.* 122 & 123.

C iv

Cour Législative.	Cour de la Pairie.	Cour Palatine.
Premiere Race.	*Premiere Race.*	*Premiere Race.*
souscrire des chartes de donation faites aux Eglises. Ibid. pag. 41. Vous êtes Seigneur & Roi, & lorsque vous siégez sur le Trône, personne n'ose répondre à ce que vous dites. Ibid. p. 45. **585.** Le Roi Gontran, de sa seule autorité, fait la cession de tout son Royaume à Childebert, en lui donnant sa Hache ou Sceptre. Ibid. pag. 45. Les Evêques s'assemblent à Macon par l'ordre du Roi. Ibid. pag. 49. Le Roi, par un décret promulque les arrêtés faits au Placité de Macon. Ib. p. 30. **586.** Les Ducs étoient obligés sous peine de mort, de faire exécuter les ordres que le Roi leur donnoit par écrit ou de vive voix. Ibid. pag. 50.	Juges des lieux. C'est sans doute parce que son Office lui donnoit le droit de reclamer le Tribunal de la Pairie. Ibid. pag. 53. Les Pairs de premiere dignité, complices d'une sédition, étoient condamnés à une composition de 200 sols, & elle n'étoit que de 40 sols pour les Pairs de moindre condition. Loi des Bavarois, Baluze, t. 1. page 102. **590.** Les Evêques & les Hauts-Seigneurs s'assemblent pour juger entre Eulalius & Desiderius qui étoient du rang des Grands Seigneurs. Ibid. pag. 53.	**692.** L'exécution des formalités de la procédure prescrite par la Loi Salique, prouve qu'il a été procédé au Tribunal ordinaire de la Cour Palatine. Ib. pag. 111. & 113. **702.** Grimoal, Maire du Palais, préside la Cour Palatine avec les Officiers ordinaires, appellés fidèles. Ibid. pag. 129. **709.** Autre Placité tenu à Ponthieu pour une cause Ordinaire. Ibid. pag. 131.

TABLEAU.

Cour Législative.	Cour de la Pairie.	Cour Palatine.
Premiere Race.	*Premiere Race.*	*Premiere Race.*
587. Les Comtes de Touraine & de Poitou obtiennent du Roi Childebert, qu'Eunodius soit privé des fonctions de Duc qu'il exerçoit sur eux. *Dom Bouquet*, t. 2. p. 336.	Gontran se reproche d'avoir occasionné la mort de Chundon, Grand Officier de la Couronne & de ce que par sa colere il a empêché qu'il fut jugé suivant les formalités accoutumées. *Ib.* pag. 55.	**710.** La cause fut longuement discutée, il y eût même plusieurs enquêtes, il s'agissoit de droits de péages reclamés de la part du Maire du Palais. *Ibid* page 134.
590. Le Roi fait reconduire à Rheims l'Evêque de cette ville, parce qu'il avoit été arrêté sans la formalité requise, *absque audientiâ*, & il commande aux Evêques d'instruire son procès. *Recueil*, page 57.	Il falloit douze témoins Pairs ou de même condition pour attester l'ingénuité. *Baluze* t. 2. page 552. *droit public de France*, tome 1. page 175. *app. form.* 2.	Grimoal, Maire du Palais, évoque une affaire pour la mieux discuter, elle est ensuite jugée par la justice ordinaire. *Ibid.* pag. 136.
601. Le Pape Grégoire exhorte le Roi Clotaire à ordonner l'assemblée d'un Concile. *Dom Bouquet*, t. 4. p. 31 & 32.		
602. Ce Pape confirme les priviléges & exemptions accordées par nos Rois aux Monasteres *Ibid.* p. 35 & 36.	Les Evêques reçurent des Lettres du Roi pour se trouver à son Palais, où Ennodius qui avoit été	**716.** Jugement de la Cour Palatine qui paroît terminer par moitié le différent. *Ibid.* p. 140.

Cour Législative.	Cour de la Pairie.	Cour Palatine.
Premiere Race.	*Premiere Race.*	*Premiere Race.*
Le Roi par une ordonnance appellée indicule, défend d'assembler un Concile sans son ordre. *Ibid. page* 47.	Duc de Touraine & de Poitou, fit les fonctions du ministère public. *Ib. page* 57.	726. Jugement où les parties sont d'accord & ne paroissent contester en justice que pour y notifier leur possession. *Ibid. page* 142.
614. Le Roi Clotaire ordonne, sous peine de mort, de se conformer à l'Edit par lequel il notifie les capitulaires qui avoient été rédigés dans une assemblée des grands & des fidèles. *Dom Bouquet*, t. 4. p. 118.	Le Comte de la Province qui présidoit le Tribunal de la Pairie inférieure devoit avoir douze Echevins dans les causes importantes, & sept dans les causes ordinaires. *Droit Public de France t.* 1. *page* 175.	Le Comte du Palais présidoit la Cour Palatine & y faisoit terminer les causes, c'est ce que signifient ces termes *in palatio causam prosequi*, suivant M. Bignon. *Baluze, tome* 2. *page* 909.
630. La Loi défend de poursuivre celui qui a tué un homme par ordre du Roi ou du Duc de la Province. *Baluze, tome* 1. *page* 104. Le Duc qui n'obéissoit pas fidèlement aux ordres du Roi, étoit privé de sa dignité. *Ib.* Le Comte ne jugeoit pas, mais il avoit sous lui un Juge qui avoit pour épice le neuvieme du prix & de la composition. *Ibid.*	625. La contestation qui s'étoit élevée entre Clotaire & Dagobert, fut terminée par l'avis de douze Hauts-Seigneurs Ecclésiastiques & Laïcs. *Ibid. page* 60.	745. Carloman, Maire du Palais, tient un Placité où la cause

TABLEAU.

Cour Législative.	Cour de la Pairie.	Cour Palatine.
Premiere Race.	*Premiere Race.*	*Premiere Race.*
Il étoit défendu d'admettre l'accusé au ferment lorsqu'il y avoit preuve certaine de délit. *Ibid. page 69.*	630. Dans les querelles qui s'élevoient entre les sujets du Roi, l'offenseur & l'offensé étoient secourus par leurs Pairs. *Baluze, tome 1. page 69.*	est jugée en faveur de deux Monasteres, malgré la possession du fisc. *Ibid. page 142.*
631. Le Roi Dagobert, d'après l'avis des Austrasiens, accorde ce qu'on lui demande. *Dom Bouquet, tome 2. page 588.*	Faute de preuves par écrit, soit du jugement, soit du ferment que faisoit l'accusé pour s'innocenter, il étoit d'usage qu'il convoqua douze de ses Pairs pour suppléer à la preuve par écrit. *Baluze, tome 2. page 485, 486, form. 30 & 31 page 453, form. 33; page 452, form. 29, page 435 form. 1.*	Un Evêque donne pouvoir de poursuivre ses causes dans le Palais en présence des Viguiers, Comtes, envoyés du Roi, les Comtes du Palais & & les autres Juges. *Baluze, t. 2. p. 441.*
636. Ce Prince tint un Placité général auquel ses fils & tous les Grands de l'Etat furent convoqués. *Ibid.* Judicael, Roi des Bretons, fait hommage au Roi Dagobert. *Recueil, page 67.*		
649. C'est pour se conformer aux ordres de Dieu que les Rois donnent à leurs sujets des Loix salutaires auxquelles ils se soumettent eux-mêmes. *Recueil, page 72.*	634. Les accusés par le jugement des Grands de l'Etat, perdirent tous leurs biens. *Dom Bouquet, tome 2. page 589.*	747. Pepin, Maire du Palais, tient un Placité sous Childeric, où un manse situé dans le territoire de Mareuil fut reconnu appartenir au Monastere de Saint Denis. *Ibid. page 145.*

Cour Législative.

Premiere Race.

Le Roi réforme les anciennes Loix, il en fait de nouvelles, & il les promulgue par des Edits. *Ibid. page* 73.

Il est défendu aux Juges de prononcer sur une cause dont la décision ne se trouve pas dans les Loix; ils doivent la renvoyer au Roi qui la décidera par voie de législation & elle sera ensuite insérée dans le Code des Loix. *Ibid. pag.* 75.

Le Roi ne doit être en cause que par les Officiers qui le représentent. *Ibid.*

660.

Aprés en avoir conféré avec les Evêques & les autres Grands de l'Etat, le Roi ordonne par un précepte ou un decret. *Ibid. page*. 76.

C'étoit au Roi seul à confier à qui bon lui sembloit les fonctions de Comte, de Duc & de Patrice dans chaque Province pour y représenter le Monarque & y faire exécuter ses ordres. *Ibid. page* 77.

Cour de la Pairie.

Premiere Race.

Les fils de Sadrégisile, Haut Seigneur, sont jugés par leurs Pairs dans une assemblée publique. *Dom Bouquet, tome* 3. *page* 131.

L'Indicule en forme de Monitoire contenoit l'ordre que le Roi faisoit donner aux Evêques de comparoitre à la Cour de la Pairie. *Baluze, Tom.* 2. *page* 914.

677.

Les Evêques étoient convoqués à la Cour de la Pairie par des Lettres du Roi. *Recueil, pag.* 109.

Cour Palatine.

Premiere Race.

749.

Dans un autre Placité ce Monastere fut remis en possession de l'Oratoire appellé la Croix. *Ibid. pag.* 146.

Indicule adressée aux premiers Officiers du Palais, appellés hommes puissans Palatins, *Baluze, Tom.* 2. *page* 432.

750.

Le village de Curbor est restitué à l'Abbaye de Saint Denis par le jugement des Fidels & de ceux qui remplaçoient le Comte du Palais. *Ibid. pag.* 146.

Pepin Maire du Palais, par le jugement des Grands Officiers & des

TABLEAU.

Cour Législative.

Premiere Race.

Les Jugemens rendus par les Officiers commis par le Roi, étoient intitulés au nom de ce Prince. *Ibid. page* 83.

Lorſqu'un des Sujets du Roi ſortoit ſans permiſſion hors de ſes États les biens de l'avis & à la requête des Officiers du Roi étoient ſaiſis. *Ibid. page* 93.

661.

Les préceptes ou le Roi faiſoit le plus plein exercice du pouvoir légiſlatif n'émanoient que de ſa ſeule autorité, & il les adreſſoit aux Hauts Seigneurs pour les faire exécuter. *Ibid. page* 99.

Les Papes ont reconnu le droit de nos Rois d'accorder aux Monaſteres des priviléges d'exemption par des Sanctions Royales. *Ibid. page* 100.

668.

Ces Préceptes, Sanctions ou Conſtitutions étoient rédigées d'a-

Cour de la Pairie.

Premiere Race.

692.

Les Evêques & Hauts Seigneurs au nombre de dix, ſont nommément convoqués dans la cauſe d'Agantrude, fille illuſtre. *Ibid. page* 113.

Les Eccléſiaſtiques du ſecond Ordre étoient appellés Pairs de l'Egliſe à laquelle ils étoient attachés; *Pares Eccleſiæ.* Ducange, *Gloſſ. v. Pares.*

693.

Le nombre des Hauts Seigneurs Eccléſiaſtiques & Laïcs & la qualité des parties dénotent un jugement de la Cour

Cour Palatine.

Premiere Race.

Docteurs ès Loix, reſtitue pluſieurs biens à l'Abbaye de Saint Denis. *Ibid. page* 147.

Le Comte du Palais portoit la parole dans le Placité & y tenoit la place du Roi. Il y faiſoit rendre la Juſtice. Les Ducs ne pouvoient rien faire ni ordonner ſans y être par lui autoriſés. *Ibid. page* 149.

751.

La Puiſſance Souveraine & exécutrice étoit alors toute entiere dans la main du Maire du Palais; il s'en fit même un motif pour

TABLEAU.

Cour Législative.	Cour de la Pairie.	Cour Palatine.
Premiere Race.	*Premiere Race.*	*Premiere Race.*
près l'avis des Evêques, des Hauts Seigneurs & des Grands Officiers. *Dom Bouquet, Tome 4. page 650.*	de la Pairie. *Ibid. page 117.*	y réunir aussi la puissance Souveraine & législative. *Dom Bouquet, tome 3. pag. 670. & 671*
675.		
C'étoit au Roi à réformer ce qui avoit été fait contre les Decrets de Dieu & contre les anciennes Institutions. *Ibid. pag. 655.*		
	677.	
	Cause jugée par les Evêques & par les Hauts Seigneurs, dans laquelle les parties étoient aussi de la Haute Pairie. *Ibid. page. 126.*	
680.		
Au Placité de la Cour législative le Roi confirmoit ou infirmoit les jugemens des autres Cours. *Ibid page 659.*		Le Prince Aulique ou le Comte du Palais avoit l'administration de l'Etat. *Hist. de Bretagne, tom. 1. pag. 204. Preuves.*

Nota. Nous nous étions proposés de donner ici la suite du Tableau ; mais indépendamment de ce qu'elle auroit trop grossi ce Volume, c'est que nous y avons ajouté les Actes de la Pairie inférieure pour nouvelles preuves de la Pairie supérieure.

D'un autre côté, n'ayant pu faire imprimer dans ce Volume que les Actes de la premiere Race de nos Rois qui composent cette partie du Tableau ou Table Analytique de ces Actes, il

TABLEAU.

nous a paru que l'Analyse devoit se terminer aux Actes que contient ce Volume.

Cependant la réunion des parties d'un Tableau ou l'ensemble des textes analysés étant plus propre à en donner une juste idée, nous donnerons incessamment & séparément ce Tableau.

Fin du Tableau de la premiere Race.

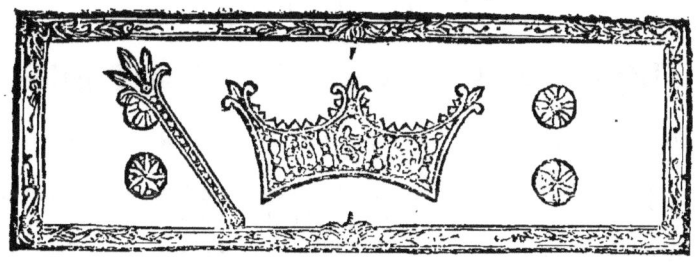

TABLEAU
HISTORIQUE,
GÉNÉALOGIQUE ET CHRONOLOGIQUE
DES
TROIS COURS SOUVERAINES
DE FRANCE.

Cour Législative.	Cour de la Pairie.	Cour Palatine.
Seconde Race.	*Seconde Race.*	*Seconde Race.*
Années.	Années.	Années.
752.	775.	752.
Pepin, Maire du Palais est élevé sur le Trône par le choix de tous les Francs pour le posséder héditairement. *Dom Bouquet, T. 5. P. 9.*	Aistulf, Roi des Lombards se soumit au jugement des France & des Evêques ; il fut condamné à de grosses amendes. *D. Bouq. T. 5. P. 4.*	Dans le Placité de Ververie le Roi Pepin, avec sept de ses Grands Officiers, & ceux de la Cour Palatine y rend autentique & notoire la

D

TABLEAU

Cour Législative.
Seconde Race.

754.

Le Roi Pepin commanda à tous les Francs de se rendre auprès de lui dans la Ville de Braine, aux Kalendes de Mars, suivant l'usage des Francs, & ayant pris l'avis des Hauts Seigneurs, il en partit avec toute l'armée. *Ibid.* p. 2.

755.

Ce Prince ordonna à presque tous les Evêques de France de se trouver au Concile qu'il assembla à Verne dans son Palais Royal. *Ibid.* p. 638.
Le Capitulaire IV porte que le Synode des Kalendes de Mars se tiendra où le Roi ordonnera, & en sa présence *Ibid.* p. 639.

756.

Le Roi ordonne à ceux qui tiennent de lui des biens ou bénéfices Ecclésiastiques d'en payer à

Cour de la Pairie.
Seconde Race.

Par le jugement des Francs Vulfoald fut condamné aux baguettes pour avoir construit une forteresse dans le dessein de la livrer aux ennemis. *Ibid.* p. 702.

765.

Les Comtes Adalard & Australd se défendoient avec leurs Pairs contre Chilpin Comte d'Auvergne. *Ibid.* p. 6.

781.

Tassilon Duc de Baviere est averti & sommé par deux Pairs de dignité d'exécuter son serment de fidélité. *Ib.* p. 42.

783.

Jugement rendu pour l'Archevêque de Narbonne contre le Comte Milon. *Baluze, Tome II, p. 1394.*

Cour Palatine.
Seconde Race.

possession de l'Abbaye de Saint Denis, d'un Village appellé *Sibriacum*, dans le district de Madric. *Dom Bouquet, Tome V,* p. 697.

753.

Le droit des Foires de Saint Denis avoit déja été notifié par un jugement sous le Regne de Childebert. Pepin avec plusieurs de ses Fideles au nombre de quatorze, & le Comte de son Palais, concéda de nouveau ce droit. il le rendit autentique & notoire. *Ibid.* p. 699.
L'Evêque de Mayence écrit au Roi que malgré sa vieillesse, il peut encore lui être utile dans son Placité & qu'il peut lui marquer de s'y rendre. *Ibid.* p. 484.

755.

Il étoit enjoint aux Ecclésiastiques ou Laics qui interjettoient appel à la

TABLEAU.

Cour Législative.	Cour de la Pairie.	Cour Palatine.
Seconde Race.	*Seconde Race.*	*Seconde Race.*

l'Eglise les neuviemes & dixièmes. *Ibid.* p. 642. *Capitul.* 4.

C'est en vertu d'un Decret ou Edit que furent notifiés & publiés les Capitulaires ou arrêtés rédigés au Placité général tenu à Compiegne. *Ibid.* p. 642.

764.

Le Roi Pepin fit une Ordonnance générale & il l'adressa aux Evêques pour qu'ils enjoignissent par ses ordres de dire des litanies pour la fertilité de la terre. *Dom Bouquet, Tome V, p.* 644.

769.

Sur les représentations du Clergé le Roi Charlemagne défend aux Ecclésiastiques de porter les armes. *Ibid.* p. 645.

Ce Prince ordonne aux Evêques de faire chaque année la visite de leurs Dioceses. *Ibid. Capitul.* 6.

Tassilon convaincu de trahison est condamné à mort par les Francs, le Roi lui fait grace de la vie. *Dom Bouquet, tom. V.* page 45. & 72.

792.

Pepin, fils du Roi, est condamné à mort par le jugement des Francs. le Roi lui ayant fait grace de la vie, les Francs le condamnerent à la perte de sa liberté. *Dom Bouquet, Tome V p.* 73.

794.

Il est enjoint aux Ministres Palatins de juger d'abord leurs hommes, & ensuite leurs Pairs. *Ib* p. 657.

797.

Les accusés convaincus en présence du Roi de crimes de Lèze-Majesté, ont ensuite été jugés par les Francs. *Ibid.* p. 758.

Cour Palatine d'en prévenir le Seigneur de leur district. *Ibid.* p. 641.

757.

L'Archidiacre de l'Evêque citoit au Synode le Pretre ou le Clerc prévaricateur en présence du Comte, & s'il y avoit eu violence, le Comte obligeoit le coupable de donner caution de se présenter devant le Roi avec l'Envoyé de l'Evêque. *Ibid.* p. 644.

759.

Au Placité de Compiegne, quoique le Roi Pepin atrestât que dès son enfance le Tonlieu du marché de Saint Denis, s'étoit toujours perçu de la même maniere; Gérard, Comte de Paris soutenoit le contraire; la cause fut remise au 4 des Kalendes de Novembre & terminée en faveur de l'Abbaye de S. Denis. *D. Bouq. T. V.* p. 703.

D ij

TABLEAU.

Cour Législative.

Seconde Race.

779.

Charlemagne donne un Decret pour publier les Capitulaires rédigés dans un Synode. *Ibid. p.* 646.

789.

Le Législateur érige en Loix ou Capitulaires des articles tirés des Institutions Canoniques, & il observe qu'à l'exemple de Josias, c'est à lui à avertir & corriger. *Ibid.* p. 649.

791.

Concile de Narbonne assemblé par l'ordre du Roi. *Dom Vaissette, Histoire de Languedoc, Tome I.* p. 26. Preuves.

792.

Charlemagne accorde la grace à son fils Pépin condamné à mort par le jugement des Francs. *Dom Bouquet, Tome V. p.* 73.

Cour de la Pairie.

Seconde Race.

812.

Il est ordonné de porter en la Cour des Pairs en présence du Roi les causes des Evêques, des Abbés, des Comtes & des Hauts Seigneurs lorsqu'ils n'auront pu les terminer entr'eux à l'amiable. *Ibid.* p. 585.

Il est défendu au Comte du Palais de connoître des causes de premiere dignité, sans un ordre du Roi. Il ne doit connoître que des causes de la Pairie inférieure. *Ibid.*

813.

Il est du devoir d'un Pair d'aller au secours de ses Pairs, sous peine de la perte de son bénéfice. *Dom Bouquet, Tome V. p.* 688.

Cour Palatine.

Seconde Race.

803.

Lorsque le Comte entre dans un lieu d'immunité ou d'asyle, si quelqu'un s'y oppose à main armée, le Comte le renverra vers le Roi ou le Prince, pour qu'il y soit jugé. *Ibid.* p. 662.

805.

Ceux qui appelloient à la Cour Palatine & qui obtenoient des Lettres d'appel devoient être envoyés à cette Cour avec les Lettres pour y être jugés. *Ib* p. 672.

809.

Lorsqu'un engagement se contractoit avec serment en la Cour Palatine; la cause devoit y être jugée & les Parties contraintes par un Indicule ou Lettres Royaux à y comparoître *Ibid.* p. 680.

Dans le Capitulaire 46, *du Liv* 3. il s'agit de la condamnation à mort de

TABLEAU.

Cour Législative.	Cour de la Pairie.	Cour Palatine.
Seconde Race.	*Seconde Race.*	*Seconde Race.*

794.

Ce Prince fait expédier des Lettres de grace & de rémission à Taffilon, Duc de Baviere, dont une expédition fut gardée au Palais. *Ibid.* p. 650.

797.

Les Evêques, les Abbés & les Comtes s'assemblent au Palais d'Aix par l'ordre du Roi, *Ibid.* p. 650.

801.

L'Empereur Charlemagne ajoûte de sa seule autorité des Capitulaires à la loi des Lombards afin que la sanction de son autorité Royale serve de guide aux Juges dans les questions douteuses. *Ib.* p. 658.

Le Capitulaire II, contient une amende de 60 sols pour chaque contravention aux Capitulaires qui ont été promulgués par l'autorité Royale. *Baluze*, T. I. p. 347.

817.

Jugement rendu sur la déposition des témoins qui ont montré au Comte du Palais & aux Juges les limites de la Seigneurie. *Baluze*, Tom. II, p. 1416.

818.

Bernard, Roi d'Italie, les Grands Officiers & les Hauts Seigneurs qui étoient ses complices furent condamnés à mort par jugement des Francs. L'Empereur leur accorda la vie. *Dom Bouquet*, Tome V. p. 101.

820.

Barra, Comte de Barcelonne fut accusé de crimes de Leze Majesté. Faute de preuves, le duel fut ordonné; il succomba & fut condamné à mort. L'Empereur commua cette peine en celle de l'exil. *Iqid.* p. 179.

particuliers justiciables par appel en la Cour Palatine. *Baluze*, Tome I, p. 663.

812.

La compétence du Comte du Palais se bornoit à connoître des causes des personnes de qualité ou Pairie inférieure. *Dom. Bouq.* T. V, p. 685.

814.

Wala ayant été élevé à la dignité de Comte du Palais devint le premier des Hauts Seigneurs, & il eut un rang distingué dans le Sénat. *Ibid.* T. VI. p. 277.

819.

L'Empereur ordonne au Comte du Palais ou à celui du district de faire sortir du Tribunal quiconque causera quelqu'empêchement à celui qui y plaide sa cause, sous peine d'amende de 30 s. *D. Bouq.* T. VI. p. 421.

TABLEAU.

Cour Législative.
Seconde Race.

802.

L'Empereur ordonne à des Commissaires de rechercher & de l'informer de ce qui se trouveroit contraire à l'équité dans quelque Loi, afin qu'il le réforme. *Dom Bouquet*, *ibid* p. 658.

I. saloit sous peine d'être traduit au Palais se trouver à la publication des Loix; elle étoit indiquée & faite de l'autorité du Roi. *Dom Bouquet*, Tome *V*, p. 660.

803.

Charlemagne ordonne d'ajoûter à la Loi Salique des Capitulaires dont il a fait le choix. *Ibid.* p. 658.

Capitulaires que Charlemagne a fait écrire dans son Conseil & a ordonné de mettre au rang des autres Loix ils ont été remis au Comte Etienne pour les notifier dans la Ville de Paris dans

Cour de la Pairie.
Seconde Race.

830.

Tous les Evêques, Abbés, Comtes & Francs jugent que Judith, femme de Louis le Débonnaire lui ayant été enlevée par contravention aux Loix & aux formes, cette Princesse pouvoit se présenter au Placité & y demander le jugement des Francs. *Ibid.* p. 163.

831.

L'Empereur tint un Placité général contre des séditieux qui furent condamnés par le Peuple; c'est à dire, par les Grands du peuple. L'Empereur accorda la grace aux coupables. *Dom Bouquet*, *T. VI* p. 193.

835.

Elbon, Archevêque de Reims est conduit à Thionville où se tenoit le Placité public de l'Empereur Louis le Débonnaire

Cour Palatine.
Seconde Race.

C'est au Comte à faire pour la tenue des plaids dans son Tribunal ce qu'il croira nécessaire, si quelqu'un s'en plaint il se pourvoira devant le Législateur. *Ibid.*

On informoit contre les prévarications commises par le Comte ou l'Envoyé du Palais; mais la décision étoit réservée au Roi. *Ibid.* p. 425.

Les Eglises, les Monasteres & les obédiences qui sont sous la protection & sauve-garde du Palais y porteront leurs causes. *Ibid.* p. 429.

831.

Agobart Archevêque de Lyon écrivit aux deux premiers Officiers du Palais le Comte & le Chancelier, il les pria de lui adresser les ordres du Roi. *Ibid.* p. 358.

TABLEAU.

Cour Législative.	Cour de la Pairie.	Cour Palatine.
Seconde Race.	*Seconde Race.*	*Seconde Race.*

le Tribunal public & les faire lire en présence des Echevins. *Ibid.* p. 663.

Charlemagne de l'avis du Pape, des Evêques & de ses Fideles, statue sur la maniere d'innocenter un Ecclésiastique, *Baluze, t. I. p.* 385.

812.

Capitulaires que l'Empereur érige en Loix à Boulogne sur mer, & dont un exemplaire resta entre les mains du Chancelier. *Dom Bouquet, tome V,* p. 684.

813.

Charlemagne confirme par son autorité les constitutions faites par les Evêques dans des Synodes assemblés par ses ordres. *Baluze, tome I.* p. 501.

Ce Prince l'accuse du crime de Leze-Majesté. *Ibid.* p. 251.

838.

L'Abbé Sigismond fut cité au Placité par des Lettres du Roi n'y ayant point comparu ni proposé d'exoines, on lui accorda encore quinze jours de délai, & après la troisieme citation les Hauts Seigneurs Ecclésiastiques & Séculiers le condamnerent. *Ibid.* p. 300 & 301.

345.

Le Roi ayant assemblé la Cour des Hauts Seigneurs, les Archevêques, Evêques, Abbés, Ducs & Comtes, il fut reconnu qu'il ne pouvoit accorder à l'Abbé Obbon tout ce qu'il demandoit. *Hist. de Langued. par Dom Vaissette, tome 1,* p. 86. Preuves.

848.

Les Evêques de Bretagne qui avoient

827.

Au Placité tenu par le Comte Boson Envoyé du Roi, assisterent Claude, Evêque & le Comte Raperton, avec 4 vassaux de l'Empereur, 3 Juges, les six Echevins de Boson. Le jugement fut rendu par les Echevins. *Murat. Antiq. Med. ævi, tome I,* p. 48.

828.

Les Evêques, les Abbés & les Comtes sont tenus de se rendre au Placité de la Cour Palatine. *Ib.* p. 440.

L'Empereur soumet à la Jurisdiction des Evêques d'Orléans le Monastere de Saint Memin ; mais il se réserve de décider & faire juger en sa Cour Palatine, ce qui n'aura pu être terminé par l'Evêque. *Dom Bouquet, tome V,* p. 555.

D iv

Cour Législative.	Cour de la Pairie.	Cour Palatine.
Seconde Race.	*Seconde Race.*	*Seconde Race.*
Les 22 Capitulaires tirés des Loix Salique Romaine, & Gombette furent rédigés de l'avis & de l'acquiescement des Fideles attesté par leurs signatures, & érigés en loix par celle de l'Empereur, parce que ces Codes étoient en même tems Pacte & Loix. *Ibid* p. 505.	été condamnés par le Duc de cette Province se pourvurent devant le Roi Charles-le-Chauve. *Dom Bouquet, tome VII, page 288.*	Ce Prince ordonne qu'il y aura chaque semaine un jour d'audience par tel ou tel Comte, ou par les Envoyés. *Ibid.* p. 343.
	851.	
	Plaids général ou Cour de la Pairie inférieure tenue à Crespian sous Uldaric, Marquis de Gothie. *Histoire de Languedoc, par Dom Vaissette, tome I, p. 99. Preuves.*	**829.**
Capitulaire fait & promulgué par les Envoyés ou Délégués de l'Empereur Charlemagne comme exerçant son autorité. *Dom Bouquet, tome V, p. 697.*		Ceux qui refusoient d'obéir à l'Evêque ou à l'Envoyé du Roi, étoient ajournés à Cour Palatine & devoient donner des cautions. *Ibid & page* 441.
	Ceux qui abandonnoient l'armée étoient condamnés par le jugement des Francs à la perte de leurs honneurs ou Seigneuries & de leurs propriétés. *Baluze, tome II, p. 1185.*	On y ajournoit pareillement ceux qui induisoient des témoins au parjure, & ceux qui étoient perturbateurs du repos public. *Ibid. page* 442.
Les Evêques, Abbés, Comtes & le Sénat des Francs s'assemblerent à Aix, l'Empereur y donna le caractere de Loi à 46 Capitulaires, & de l'avis des Hauts & Principaux Seigneurs Francs, il éleva Louis son fils au Trône & à l'Empire. *Ibid. pages* 83 & 171.	**855.**	
	L'Empereur tint à Rome un Placité avec les Hauts Seigneurs Francs & Romains sur un différent entre deux Hauts Seigneurs, *D. Bouquet, tome VII, page* 326.	L'examen de l'eau froide étoit réservé à la Cour du Roi. *Ibid. page* 443. On y tenoit audience un jour par semaine sur les appels de défaut de

TABLEAU.

Cour Législative.	Cour de la Pairie.	Cour Palatine.
Seconde Race.	*Seconde Race.*	*Seconde Race.*

814.

Louis le Débonnaire en sa seule qualité de Souverain confirma par ses préceptes les donations faites aux Eglises par les Rois ses prédécesseurs. *Tome VI, pag. 455 & suivantes de Dom Bouquet.*

815.

L'Empereur Louis le Débonnaire fait une Ordonnance ou Constitution signée de sa propre main & scellée de son sceau sur l'état & condition des Espagnols. *Dom Bouquet, tome VI, page 470.*

816.

Ce Prince fait faire différens exemplaires de ce Décret émané de sa seule autorité & fait placer l'original dans l'archive de son Palais. *Ibid.*

856.

Le Pair Ecclésiastique ou Laïc pouvoit réclamer ses Pairs en jugement & il ne devoit s'y trouver aucun obstacle de la part du Roi. *Baluze, tome II, page 82.*

L'Empereur donne au Comte Oliba des alleux qui avoient été confisqués sur Etilius, fils de Bera, Comte de Barcelone par le jugement des Francs. *Ib. p. 1286.*

Lorsque la cause est importante, il faut citer devant ses Pairs celui qui refuse les voies de conciliation. *Ibid. page 624.*

858.

Jugement de la contestation élevée entre Agilmar, Archevêque de Viennes & le Comte Vuigerique. *Baluze, t. II. p. 1467.*

860.

La Reine paroit devant les Evêques

droit & sur les causes du grand criminel. *Ibid.*

831.

Wala étant Comte du Palais en bannit tous les désordres, le libertinage, les sortilèges ; il y rétablit l'honnêteté & la paix entre les familles ; il soutint la Monarchie ; il fit le bien & empêcha le mal. *Ibid. p. 287.*

832.

Le bienheureux Aldric tiroit son origine des Princes Palatins du district de Gatinois. L'Empereur le fit chef Palatin afin qu'il reglât l'ordre de la Cour Impériale, & qu'il terminât les grandes affaires. *Ibid. page 326.*

Agobard, Archevêque de Lyon dans

TABLEAU.

Cour Législative.	Cour de la Pairie.	Cour Palatine.
Seconde Race.	*Seconde Race.*	*Seconde Race.*

A Aix-la-Chapelle, Louis le Debonnaire tient un Placité où il donne la sanction légale aux Capitulaires qui y avoient été rédigés de l'avis des Evêques, Abbés, Chanoines, Religieux & des Hauts-Seigneurs. *Ib. p.* 415.

Ces Capitulaires furent adressés à l'Archevêque de Sens par une Lettre en forme de précepte pour lui enjoindre de les faire exécuter & l'avertir que le texte original est déposé dans l'armoire du Palais. *Ibid. p.* 333.

817.

Ces Capitulaires érigés en Loix pour contenir les Moines, ont été publiés par l'autorité du Prince, & depuis par lui confirmés. *Baluze, tome* 1. *p.* 579.

Louis le Debonnaire tient son Lit de Justice à Aix, où sont convoqués les Evêques, les Abbés

& les Hauts-Seigneurs, & elle proteste quelle n'est pas coupable du crime qu'on lui impute, ils jugerent qu'elle prouveroit son innocence par l'eau bouillante *Dom Bouquet, tome* 7. *p.* 75. & 292.

Le Synode des Evêques ordonna que la cause qui intéressoit un Haut-Seigneur seroit envoyée à un Placité en présence du Roi & des Grands du Royaume. *Ibid. p.* 525.

862.

On donna à Rothade, Evêque de Soissons, douze Juges pour décider s'il devoit exécuter le jugement rendu dans le Synode des Evêques. *Ibid. p.* 79.

Plaids tenu à Narbonne en présence d'Imbert, envoyé d'Ananfrede, Comte ou Adault Juge, auquel étoient huit jugeurs & treize bons hommes. *H. de Lang. t.* 1. *p.* 113. *Preuves.*

une Lettre adressée à Matforid, premier du Palais, lui marque que dans ces tems périlleux, Dieu l'a choisi Ministre de l'Empire & de l'Empereur, pour réprimer l'iniquité & protéger la Justice contre les prévaricateurs qui ne craignent ni le Roi, ni les Loix. *Ibid. p.* 359.

834.

Eginard écrit à Robert, homme magnifique, honorable, illustre, Comte Palatin; il le prie de lui marquer ce qu'il compte faire de la cause d'un certain homme, s'il doit l'abandonner ou espérer de la terminer par sa protection, qu'il y a déja eû enquête & que l'Empereur est étonné qu'elle ne soit pas jugée. *Ibid Dom Bouquet, tome* 6. *p.* 375.

835.

Dans une autre lettre, Eginard prie le

TABLEAU.

Cour Législative.
Seconde Race.

& tout le Sénat des Francs, il y ſtatut ſeul ſur la contribution ou l'exemption du ſervice militaire. *Ibid. pag. 589 & 591.*

Ce Prince adreſſoit ſes ordres aux Hauts - Seigneurs de chaque diſtrict, pour qu'ils convoquaſſent tous ceux de ce diſtrict qui devoient le ſervice militaire. *Dom quet, tome 6. p. 395.*

819.

L'Empereur promulgue au Palais d'Aix-la-Chappelle des Capitulaires, il les fait ajouter à la Loi Salique, & il ordonne que dorénavant ils ſoient appellés Loix. *Baluze, tome 1. p. 597. Dom Bouquet, tome 6 p. 416. & 397.*

821.

En confirmant l'élection de l'Abbé d'Amniane, Louis le Debonnaire déclare que ce Monaſtere étant de fondation Royale, eſt un al-

Cour de la Pairie.
Seconde Race,

863.

Cauſe jugée par les Archevêques, Evêques, Abbés, Comtes illuſtres & Vaſſaux du Roi, où il a été reconnu que le Monaſtere de Saint Calais étoit un Bénéfice Régalien. *Dom Bouquet, tome 7. p. 267.*

866.

L'Evêque Wiphad vint à l'aſſemblée avec les Pairs. *Du Cange Gloſſ. v. Pares.*

867.

Jugement rendu en faveur de l'Abbaye de Saint Tiberi dans un plaid ou aſſemblée tenue à Narbonne. *Hiſt. de Languedoc, tome 1. page 118. preuves.*

868.

Un Evêque fut ajourné en préſence du Roi, & faute de comparoître ou de donner un exoine,

Cour Palatine.
Seconde Race.

premier Comte du Palais de ne pas confiſquer les Bénéfices de ceux, qui par leur jeuneſſe ou par une vieilleſſe infirme, n'avoient encore pû ſe recommander à l'Empereur par leur ſerment de fidélité. *Ib. p. 375.*

836.

L'Evêque de Toul écrit à Huildin, élevé à une grande dignité, qu'il a reçu ordre de travailler au Palais d'Aix, il le prie de le décharger de ce ſervice, qu'autrement il ira prier l'Empereur & lui d'agréer qu'il ſe démette du fardeau paſtoral. *Ibid. p. 390.*

Requêtes préſentées à l'Empereur pour être autoriſé à ſe pourvoir devant lui en ſa Cour Palatine. *Ibid. p. 398.*

841.

Ludoguic, Chancellier, préſidoit la Cour Palatine. Loup, Abbé de Ferriere,

Cour Législative.	Cour de la Pairie.	Cour Palatine.
Seconde Race.	*Seconde Race.*	*Seconde Race.*
leu de la Couronne. Baluze, tome 1. p. 623.	ses biens furent saisis. Dom Bouquet, tome 7. page 161 & 530.	lui écrit qu'il est prêt d'obéir à tout ce qu'il lui commandera, mais que ses infirmités l'ont empêché de se rendre au Placité, qu'il y a envoyé ses Officiers avec le Comte du district qui y rempliront leurs fonctions ordinaires. Dom Bouquet, tome 7. p. 481.
822.	**869.**	
Après que les Capitulaires ont été arrêtés & signés, il faut un décret impérial qui en ordonne l'exécution. Ibid. p. 627.	Jugement entre Ricosindus, mandataire du Comte Salomon & Wardina, mandataire de l'Abbé Eldebert ; il y eût à ce Placité six Seigneurs & dix bons hommes. Baluze, t. 2. page 1489.	
Celui qui refusoit d'exécuter un ordre particulier du Roi, étoit privé de son Office ou Bénéfice. Ibid. page 420. Dom Bouquet, tome 6. page 420.		Dans une autre Lettre, l'Abbé de Ferrieres marque au Chancellier qu'il sait que sa dignité le surcharge de beaucoup de grandes affaires. Il lui observe qu'il y a près de deux ans que ses hommes sont au service du Roi, que ce service épuise toutes ses facultés, & que les Clercs du Palais des différens Monasteres regardent ce service comme leur domaine. Ibid, page 482.
	870.	
Le Roi ajoutoit de sa seule autorité à ce qui avoit été inféré dans les Capitulaires & dans l'Edit de promulgation. page 529. Baluze, tome 1.	Jugement rendu en la Cour de Bernard, Comte de Toulouse, en faveur de Garuf, Abbé du Monastere de Beaulieu. Hist. de Languedoc, tome 1. page 122. preuves.	
L'Empereur fit rédiger un Capitulaire & il chargea Pepin, son fils, de le faire observer par ses sujets. Ibid.		
	873.	
	Plaid ou Assemblée tenue par l'autorité de Bernard III, Marquis de Gothie. Hist. de Languedoc, tome 1. page 128. & 224. preuves.	**847.**
Les Officiers du Prince le représentent, on l'honore en les honorant. On lui obéit en exécutant		Le devoir de mon état, dit encore cet Abbé, m'oblige à résider à la Cour où je suis depuis quatre

TABLEAU

Cour Législative.   Cour de la Fairie.   Cour Palatine.

Seconde Race.   *Seconde Race.*   *Seconde Race.*

ce qu'ils ordonnent de sa part. *Dom Bouquet, tome 6. page* 432. *capit.* 6. 11, & 431. *capit.* 2.

Le Roi ordonne que les Evêques & les Comtes reçoivent de son Chancellier les Capitulaires qui ont été rédigés de l'avis de ses fidèles. *Ibid cap.* 12. 13. 14. 27. & 28.

Le Prince ordonne de faire relire les Capitulaires en présence de tout le monde, afin que son ordonnance & sa volonté ne soient ignorées de personne. *Ib.*

824.

L'Empereur ordonne à l'Evêque de Paderbonne de faire relire son précepte en présence des Comtes, & de le faire exécuter. *Ibid. page* 337.

825.

Les Evêque s'assemblent à Paris en xécution d'un précepte de l'Empereur

875.

Dans les guerres qui intéressoient le Roi ou l'Etat, il étoit enjoint aux Evêques, Abbés, Comtes & Vassaux du Roi, de réunir leurs hommes sous un Gosanonier ou Porte-Enseigne, qui rendoit compte aux envoyés du Roi, de ses Pairs qui marchoient sous son Enseigne. *Baluze, tome 2. page* 1.

Chaque Membre libre de l'Etat devoit en cas de guerre, se réunir à ses Pairs, c'est-à-dire, à ceux qui étoient de son état & condition. *Secundùm quod suo ordini & suæ personæ competit. Ibid. Capit.* 12.

876.

Notice du jugement pour Audesinde, contre Auvald, où ce dernier se désiste & se désaisit en présence des Juges & des bons hommes. *Baluze, t.* 2. *p.* 1496.

mois sans avoir pû m'absenter un seul jour. *Ibid. page* 500.

849.

L'Abbé de Ferrieres envoie à l'Evêque de Pardule une copie des Lettres du Roi pour prouver qu'il n'y est point compris & que c'est par ce motif qu'il ne s'est point trouvé au Placité du Roi. *Ibid. page* 502.

851.

Cet Abbé écrit à Ludoguic, qu'il a épuisé ses hommes par les différentes expéditions & qu'il desire sçavoir le jour du Placité, pour ne pas y manquer, & jouir ensuite de quelques jours de repos. *Ibid. page* 508.

856.

Il étoit enjoint aux envoyés d'avertir diligemment l'Empereur de ceux qui étoient rebeles, de les

Cour Législative.
Seconde Race.

qui leur prescrit l'objet de leur délibération. *Ibid. page* 328.

826.

L'Empereur fit un Edit contre ceux qui exerçoient des rapines. *Baluze, tome* 1.

828.

Ce Prince fixe les lieux où se tiendront les Assemblées ou Synodes des Evêques. *Dom Bouquet, tome* 6. *page* 438.

Il ordonne de veiller à la conduite des Ecclésiastiques & des Moines. *Ibid. p.* 432.

829.

Pour répondre aux demandes de ses envoyés, l'Empereur fait des Capitulaires & il en ordonne l'exécution. *Ibid. page* 440.

830.

L'Empereur statue que les Evêques

Cour de la Pairie.
Seconde Race.

877.

Etilius Beran fut jugé infidele envers l'Empereur Charles le Chauve, & les alleux de ce vassal infidele furent confisqués & ensuite donnés au comte Oliba. *Ibid. page* 133.

878.

Plaid ou Assemblée tenue à Albi, par Raymond, Comte de la même ville. *Ibid. page* 135.

Le Pape Jean VIII demande qu'on tienne en France un Placité pour y juger l'Evêque de Bourges, accusée de trahison. *Dom Bouquet, tome* 9. *page* 171.

883.

Dans le Placité ou Assemblée publique, les Pairs de Haute dignité assistent au jugement des Pairs de dignité inférieure. *Hist. de Languedoc, par Dom Vaissette, tome* 2. *p.* 26. *preuves.*

Cour Palatine.
Seconde Race.

faire venir au plutôt à la Cour pour y être punis par le jugement de ses fideles. *Ibid. p.* 552. *&* 614.

868.

S'il a été mal jugé dans la justice de l'Evêque, de l'Abbé, de l'Abbesse du Comte ou du Vassal du Roi, & qu'il y ait appel en la Cour, le jugement y sera réformé suivant la raison, la loi & la justice. *Ibid. p.* 677.

873.

Les biens Ecclésiastiques doivent être régis comme les biens Domaniaux, il faut se pourvoir en la Cour du Roi pour que la cause soit terminée par son autorité & par le jugement de ses fideles. *Ibid. p.* 687.

877.

L'Empereur Charles le Chauve ordonne que pendant son voyage d'Italie, Ada-

TABLEAU.

Cour Législative.	Cour de la Pairie.	Cour Palatine.
Seconde Race.	*Seconde Race.*	*Seconde Race.*

Cour Législative	Cour de la Pairie	Cour Palatine
& les Abbés ne pourront élever à l'ordre de Prêtrise quelques uns des serfs de l'Eglise, sans avoir obtenu de lui la permission de les affranchir. *Ib. p.* 446. Ce Prince accorde au Monastere de Hermoutier la permission de faire une forteresse au tour des bâtimens neufs. *Ibid. p.* 564.	**884.** Notice d'un jugement où étoient l'Evêque Théotare, homme illustre, & les Comtes Deilane & Suniar, hommes illustres & plusieurs Ecclésiastiques & Laïcs concernant les confins de Seigneuries. *Baluze, tome 2. page* 1511.	lard, Comte du Palais, reste auprès de son fils avec le sceau, que s'il est obligé de s'absenter, Gérard ou Frédéric ou un de ceux qui sont associés à son Office tiennent l'audience, & que lui-même la tienne une fois la semaine. *Ibid. p.* 702. Ce Prince promet de faire rendre justice à chacun de ses sujets suivant la qualité de sa personne & la dignité de son Ordre, conformement aux Capitulaires que ses prédécesseurs ont erigés en Loix. *Ibid. p.* 705.
831. Le choix d'un Abbé étoit réservé à la puissance Impériale lorsque l'Empereur avoit permis le choix & qu'il avoit sujet de ne pas agréer la personne choisie. *Ib. p.* 573.	Les Francs jugerent la confiscation & la réunion au Domaine des honneurs & des propriétés de ceux qui avoient abandonné l'armée de Charles le Chauve qui marchoit contre les Normans. *Ib. p.* 1185.	
		881.
832. L'Empereur ordonne d'assembler un Synode à Paris pour la réforme de l'Abbaye de Saint Denis. *Ibid. p.* 576.	**890.** Placité tenu en présence du Roi Odon près du lieu appellé *Audira*, avec les Evêques, les Comtes & les Vas-	Le Roi Carloman prend les avis des premiers Officiers de son Palais, & il ordonne ensuite de restituer un village à l'Eglise de Nevers. *Dom Bouquet, tome* 9. *p.* 419 *&* 422.

Cour Législative.	Cour de la Pairie.	Cour Palatine.
Seconde Race.	*Seconde Race.*	*Seconde Race.*
834.	faux du Roi dans une contestation entre l'Evéque Gibert & le Comte Raymond. *Hist. de Languedoc*, tome 2. p. 26.	Il étoit du devoir du Comte du Palais de connoître journellement toutes les causes ou jugemens séculiers. *Ibid.* p. 265.
Par l'autorité de son précepte, le Souverain établit un Siége Episcopal. *Ibid.* p. 593.		
835.		Parmi les fonctions presqu'innombrables du Comte du Palais, la principale étoit de terminer, suivant la justice & la raison, toutes les contestations, qui, nées ailleurs étoient portées au Palais pour y obtenir justice ou réformer les jugemens des Tribunaux subalternes. *Ibid.* p. 266.
Le Prince charge un envoyé de l'exécution d'ordres émanés, de sa seule autorité. *Ibid.* p. 347. & 350.	898.	
	Plaid à Alsonne dans le Diocèse de Carcassonne, par Atton Viguier d'Eudes, Comte de Toulouse, concernant des limites de Seigneuries. *Ibid.* p. 35.	
836.		
C'est par son ordre que s'est tenu le Synode d'Aix-la-Chapelle. *Ibid.* p. 354.		
Agobard, Archevêque de Lyon, demande à l'Empereur de soumettre à la Loi Salique ceux qui se régissoient par la Loi Gomberte, ce qui les rendoient plus nobles, c'est-à-dire, plus libres. *Ibid.* p. 356.	905.	L'Evêque Roding & Maurin, Comte du Palais, président le Tribunal, & les jugemens sont rendus par les Echevins. *Muratori antiq. Médii ævi.* tome 1. p. 503.
	Dans le Placité tenu à Ravennes, tous les Princes ou Hauts-Seigneurs, Evêques & Comtes, confirment la restitution faite au Monastere de Gigny. *Dom Bouquet*, tome 9. p. 663.	
837.		Le Comte demande aux Echevins comment ils entendent juger la cause. Ils répondent, nous ju-
Louis le Debonnaire gouvernoit l'Em-		

Cour

TABLEAU.

Cour Législative.	Cour de la Pairie.	Cour Palatine.
Seconde Race.	*Seconde Race.*	*Seconde Race.*

pire comme il le jugeoit à-propos, & il n'employoit que ceux qu'il avoit choisi. *Dom Bouquet, tome 7. p. 13.*

839.

Préceptes de donation & de confirmation accordés par Pepin II, Roi d'Aquitaine. *Ibid. tome 8. p. 355.*

840.

L'Empereur Lothaire rétablit Ebon dans le Siége de Reims. *Ibid. p. 366.*

843.

Placité tenu à Coulaines, pour établir & conserver la puissance Royale. *Ibid. tome 7. p. 481.*

Au Synode de Thionville, les Princes Louis & Charles approuverent les Capitulaires qu'on y relut. *Ibid. p. 601.*

844.

Précepte ou Lettres émanées de l'au-

906.

Les Evêques assemblés à Barcelonne & à Saint Tiberi, renvoyent l'affaire à un plein Synode où ils seroient pour le moins au nombre de douze. *Hist. de Languedoc, tome 2. p. 47. preuves.*

916.

Jugement rendu dans l'Assemblée des Pairs pour le Monastere de Prume, dont Ratbon, Notaire, a écrit la notice en l'absence du grand Chancelier. *Miscellanea, tome 1. vet. script. monum. p. 270. Dom Bouquet, tome 9. p. 526.*

917.

Par le jugement des Evêques, des

gerons suivant le témoignage des prud'hommes, & conformement à votre enquête. *Frederici Brumeri lips. de Scabinis cap. 8. n. 2.*

882.

Ceux qui commettoient quelque vol dans le Palais, étoient traduits à l'audience Palatine, par l'autorité du Roi ou par l'ordre de son envoyé, ils étoient condamnés à une triple composition & au ban. *Baluze, tome 2. p. 286.*

Dans les grandes affaires, le Roi choisissoit des Conseillers Ecclésiastiques & Laïcs pour tenir le Placité général. Dans les autres tems les Officiers Palatins formoient le Conseil du Roi. *Dom Bouquet, tome 9. p. 268.*

E

TABLEAU

Cour Législative.
Seconde Race.

torité Royale portant confirmation aux Espagnols de ce qui avoit été établi en leur faveur par les Edits impériaux. *Baluze, tome 2. p. 25.*

Dieu pour gouverner son Eglise a divisé la puissance entre les Pontifs & les Rois. *Dom Bouquet, tome 7. p. 486.*

C'est pour mieux connoître ce qui se passe en chaque Province, que le Roi assemble le Placité Général. *Ibid. p. 485.*

845.

Charles le Chauve assemble un Synode d'Evêques à Beauvais. *Ibid. pag. 212.*

Le Pape ne peut excommunier un Evêque sans assembler un Synode, & c'est à l'Empereur & non au Pape à le convoquer. *Ibid. p. 299.*

847.

Lothaire, Louis & Charles, font rédiger des Capitulaires & ils les noti-

Cour de la Pairie.
Seconde Race.

Comtes, & des autres Hauts-Seigneurs, Charles le Simple restitue à l'Abbaye de Saint Denis Lagny le Sec. *Ibid. page 5.*

918.

Plaid tenu par Aridemand, Evêque de Toulouse, Renard, envoyé & Avocat de Raymond, Comte & Marquis, du consentement d'Odon, son frere aîné, par le Abbés, les Prêtres, les Juges Scafins & les Racimburges, Gots, Romains & Saliens. *Ibid. page 56.*

919.

Le Roi Charles le Simple confirme & ordonne l'exécution d'un jugement rendu par les Comtes d'a-

Cour Palatine.
Seconde Race.

Soit que le Conseil des Hauts-Seigneurs & des premiers Sénateurs du Royaume se tint au Placité Général ou dans celui de la Cour Palatine on mettoit sous les yeux de ces Conseillers des Capitulaires dénommés & mis en ordre par l'autorité Royale, pour qu'ils en conférassent & qu'il y fissent leurs observations pendant un, deux ou trois jours. *Ibid. page 269.*

La Cour Palatine étoit le Tribunal ordinaire de Jurisdiction pour les causes des fiscs & des droits Royaux, pour celles des Monasteres qui étoient sous la garde du Roi, & pour y juger les appels interjettés des Sentences rendues dans les Tribunaux Subalternes. *Ibid.*

TABLEAU.

Cour Législative.

Seconde Race.

fient respectivement. *Ibid. p.* 603.

850.

Le Roi tient la place de Dieu, & à l'exemple de Dieu il ne doit pas juger en personne. *Ibid. p.* 506.

851.

Au Placité de Marfan, les Princes notifierent des Capitulaires faits de l'avis des Evêques & des autres fidèles. *Ib. pag.* 605.

853.

Charles le Chauve ordonne un Synode à Soissons, auquel il assiste, il y propose les objets que les Evêques doivent traiter sans les définir. *Ibid. pag.* 606.

Ce Prince proposa des Capitulaires, il prit l'avis des Evêques & de ses fidèles, il les publia par un Edit & les fit aussi notifier & exécuter par ses envoyés. *Ib. page* 608 *&* 613.

Cour de la Pairie.

Seconde Race.

près l'avis des Evêques, par lequel l'Abbaye de Saint Servat, dans le Comté de Maselun est restituée à l'Archevêché de Trève. *Dom Bouquet, tome 9. page* 549.

926.

Le Comte de Poitou se trouva au rendez-vous avec Boson & Berranger, ses Pairs *Du Cange, Gloss. v. Compares.*

Chaçun doit être jugé par ses Pairs de la même Province & non par des étrangers. *Ibid.*

Les Pairs de Cour qui connoissent d'une cause féodale doivent être de la qua-

Cour Palatine.

Seconde Race.

La Cour & l'Audiance étoient appellées Palatines, parce qu'elles étoient présidées par des Comtes du Palais auxquels on a donné le nom de Comtes Palatins. *Du Cange, quatorzieme dissert. ad joinv. p.* 226.

Sous la premiere & seconde race de nos Rois, la charge de Comte du Palais n'étoit exercée que par un seul qui jugeoit les différents, assisté de quelques Conseillers Palatins qui sont appellés *Scabini Palatini. Ibid. pag.* 227.

Les Comtes de Toulouse, de Guienne, de Flandres, de Poitou, de Champagne, ont abusé du tems de l'Anarchie

E ij

Cour Législative.	Cour de la Pairie.	Cour Palatine.
Seconde Race.	*Seconde Race.*	*Seconde Race.*
856. L'Empereur confie le régime de l'Evêché de Paris à Enée. *Ibid. pag.* 513. 857. Capitulaires que le Roi Charles a fait au Palais de Kierli, & auxquels d'après l'avis des Evêques & de fes autres fideles, il a donné le caractere de Loi par un décret. *Ibid. pag.* 628. 858. Les Evêques & les Hauts-Seigneurs font ferment d'aider le Roi par leur conseil & par leur aide fuivant leur miniftere & leur perfonne, pour le maintien de la puiffance qu'il tient de Dieu. *Ibid. p.* 632. 859. Si le Diacre n'obéit pas à l'autorité Canonique, il faut le contraindre par la	lité de celui dont ils font Vaffaux. Si le Vaffal qui plaide eft Comte ou Baron, les Pairs de la Cour doivent auffi être Comtes ou Barons. *Ibid.* 933. Plaid tenu à Narbonne en préfence de Dom Aymeric, Archiprêtre de M. Potion, Comte & Marquis, & des autres Juges Goths, Romains & Saliens. *Hift. de Languedoc, tome* 2. *p.* 69. 943. Jugement rendu pour le Monaftere de Clugny en préfence	pour perpétuer dans leurs maifons une qualité qui n'appartenoit qu'à celui qui rempliffoit l'Office de Comte du Palais. *Ib. pag.* 234. Du Tillet obferve auffi que fous les deux premieres lignes de nos Rois dans les grandes caufes en étoit Chef après le Roi, le Comte du Palais. *Ibid. page* 365. La plus grande partie des Monafteres étoit fous la garde immédiate du Roi, ce qui les autorifoit à fe pourvoir directement à la Cour Palatine, lors furtout qu'il s'agiffoit d'une affaire difpendieufe. *Dom Bouquet, tome* 9. *p.* 427.

TABLEAU.

Cour Législative.	Cour de la Pairie.	Cour Palatine.
Seconde Race.	*Seconde Race.*	*Seconde Race.*

puissance principale, à venir à l'audience. *Ibid. p. 637.*

861.

Charles le Chauve fait un Edit de sa seule autorité, dont un exemplaire reste entre les mains du Chancellier, suivant la coutume. *Ibid. p. 647.*

862.

On appelle Capitulaires Royaux, *Capitula Regia*, ceux qui étoient rédigés par la seule autorité du Roi & Capitulaires Synodaux ceux qui étoient fait dans un Synode ou Placité. *Baluze, tome 2. page 159. cap. 2.*

864.

Charles le Chauve publie par un Edit les Capitulaires qui ont été rédigés d'après l'acquiescement & l'avis de ses fideles. *Dom Bouquet, tome 7. p. 654. 656. 666.*

du Roi, d'Aimon, Evêque, de Vidon, Archevêque, du Comte Hugues, Dodolric, Comte du Palais, du Comte Anselme, du Comte Odon & des Vassaux du Roi. *Dom Bouquet, tome 9. p. 696.*

949.

Placité Général tenu à Autun par les Pairs de France, pour avoir leurs avis *consultu* sur les affaires de l'Eglise & de l'Etat; on y reconnoit que le droit de nommer aux Abbayes est un droit de la Couronne. *Ibid. pag. 606.*

Plaid tenu à Gisors & à Rouen par les Francs & les Normans, en présen-

883.

Lorsque les préceptes de confirmation des biens Ecclésiastiques s'accordoient dans le Placité de la Cour Palatine. Le Roi consultoit ses fideles. *Cum consultu fidelium nostrorum. Ibid. page 431.*

885.

Notice d'un déguerpissement fait en la Cour du Roi au profit du Monastere de Saint Florent. *Ib. p. 705.*

890.

Le village de Tiliniac avoit été an-

TABLEAU.

Cour Législative. | Cour de la Pairie. | Cour Palatine.

Seconde Race. | *Seconde Race.* | *Seconde Race.*

865.

Les fideles doivent aider le Roi par leurs avis & par leur secour. *Concilio & auxilio. Ibid.* p. 671 & 684.

871.

Les Rois de France ne sont pas les Vidames des Evêques ; le Pape Léon & le Synode Romain ont reconnu que les Rois ont été établis par la puissance divine pour commander sur la terre. *Ibid.* p. 544.

876.

L'Empereur employe des hommes d'autorité & de sagesse pour rédiger les Capitulaires qu'il notifie par des Edits de son autorité impériale. *Dom Bouquet tome* 7. P. 549. & 694.

877.

Contribution aux besoins de l'Etat or-

ce de Richard ; Duc de Normandie & du consentement de Hugues Capet son Seigneur. *Dom Bouquet, tome* 9. P. 731.

960.

Plaid ou notice du déguerpissement & de configuation faite en présence du Comte Raymond & d'autres très-nobles, ou faute de preuves, le combat fut ordonné. *Hist. de Langedoc*, t. 2. P. 103.

968.

Cour de la Pairie inférieure des Vassaux Romains & Saliens. *Miscellanea*, t. 1. *vet. script. monum.* p. 270.

ciennement donné à l'Eglise d'Autun, mais il avoit été réuni depuis au Domaine, il y avoit contestation à cet égard en la Cour du Roi, & comme il y avoit du doute, il le leva en restituant & confirmant. *Ibid.* p. 451.

899.

Les Ecclésiastiques du second ordre n'étoient pas assujettis aux Tribunaux de premiere instance, parce qu'ils n'y auroient pas été jugés par leurs Pairs, c'est pourquoi les Cours Souveraines étoient composées de Juges Ecclésiastiques & Laïcs. *Ibid.* p. 479.

TABLEAU

Cour Législative.	Cour de la Pairie.	Cour Palatine.
Seconde Race.	*Seconde Race.*	*Seconde Race.*

donnée par la seule autorité du Roi. *Ibid.* p. 697.

Capitulaires que Charles le Chauve choisit & qu'il fit notifier par Gauzlen, son Chancellier. *Ib.* p. 704.

Au Placité Général de Kiersi, Charles le Chauve donna par écrit à Louis son fils, les noms des Hauts-Seigneurs par les avis & le secours desquels il devoit gouverner l'Etat. *Dom Bouquet, tome 9. p. 254.*

878.

Les Francs dans leurs serment de fidélité fait à Louis II, fils de Charles le Chauve, promettent de l'aider par leurs avis & leurs secours. *Baluze, t. p. 272.*

882.

Nos Rois ont également promulgué les Capitulaires. *Dom Bouquet, tome 9. p. 273.*

Notice d'un jugement rendu en présence de Godefroid, Comte par la grace de Dieu, de l'Evêque Suniarius son fils, de l'Evêque Arnult & d'un grand nombre de Clercs & de Laïcs pour le Monastere de Saint Pierre. *Baluze, tome 2. p. 1540.*

971.

Plaid entre le Comte Raymond & l'Evêque Amelius, en présence de l'Evêque Bernard, de l'Evêque Fulerant, de Sequin, Vicomte de Bernard son frere, & de plusieurs autres. *Hist. de Languedoc, tome 2. p. 123.*

975.

Hugues Capet par l'avis de ses Pairs, restitue à l'Evêché d'Orléans une Abbaye qu'il avoit donné en Bénéfice à Hugues son Vassal. *Dom Bouquet, tome 9. p. 734.*

900.

L'Abbé d'un Monastere avoit l'administration de tous les biens qui en dépendoient, mais il étoit aussi tenu d'en acquitter les charges, dont la premiere étoit de remplir le service de Cour ou plaid *Regale servitium*, il devoit l'hospitalité aux riches & aux pauvres & la déserte des Religieux. *Ibid. p. 488.*

917.

Lorsque les Hauts-Seigneurs se furent affranchis des droits & devoirs dûs à la Souveraineté, ils crurent pouvoir aussi en soustraire les Monasteres de leurs fonda-

TABLEAU.

Cour Législative.	Cour de la Pairie.	Cour Palatine.
Seconde Race.	*Seconde Race.*	*Seconde Race.*

| | **797.** | tions & les rendre allodiaux en les exemptant même de toute jurisdiction Ecclésiastique ou temporelle. *Dom Bouquet, tome 9. p.* 714. |

C'est au Roi à établir les Comtes & les Juges. *Ibid.*

Lorsque les Capitulaires avoient été discutés pendant un, deux ou trois jours par les Officiers du Placité général ou de la Cour Palatine, on les remettoit sous ceux du Roi, & ceux qu'il choisissoit par la sagesse qu'il a reçu de Dieu devenoient une Loi pour ses sujets. *Ibid. page* 269.

Gombault, Evêque de Gascogne, & Guillaume Sance son frere, Duc des Gascons, restituent de l'avis de leurs Pairs à l'Abbaye de Saint Florent, le Monastere de Squirs, appellé depuis de la Regle. *Ibid. page* 733 & 734.

883.
Le Roi, par l'avis commun de ses fideles fait & promulgue des Capitulaires. *Baluze, tome 2. page* 283.

911.
Charles le Simple atteste que Louis le Debonnaire rendit sur l'avis des Hauts-Seigneurs un Edit pour accorder l'immunité aux Cloîtres des Chanoines. *Dom Bouquet, tome 9. p.* 512.

917.
Ce Prince rendit un Edit *Consultu procerum nostrorum decrevimus*, pour la restitution d'un manse à l'Abbaye de Saint Remi. *Ibid. page* 530.

921.
Le Pape Jean écrit à l'Archevêque Heriman, que le Roi de France tient de Dieu le droit de conférer les prélatures. *Ib. p.* 215.

966.
Le consentement de l'Evêque du Diocèse & du Pape étoient insuffisant pour la fondation d'un Monastere, il falloit un précepte du Roi pour la validité de l'introduction de Religieux dans un nouveau Monastere. *Ibid. pag.* 629.

Fin du Tableau de la seconde Race.

TABLEAU
HISTORIQUE,
GÉNÉALOGIQUE ET CHRONOLOGIQUE
DES TROIS COURS SOUVERAINES
DE FRANCE.

Cour Législative.	Cour de la Pairie.	Cour Palatine.
Troisieme Race.	*Troisieme Race.*	*Troisieme Race.*
Années.	Années.	Années.
987.	987.	987.
Hugues Capet monte sur le Trône des Carlovingiens & il confirme les diplômes & les préceptes des Rois ses prédécesseurs sur les im-	Par le choix du Duc de Normandie & des autres Princes, Hugues Capet fut nommé Roi, & il fut élevé par les Francs sur le Trône.	Les Ecclésiastiques en reclamant leurs anciens priviléges, reconnurent qu'ils étoient obligés d'assister à la Cour Palatine & d'y porter

F

Cour Législative.

Troisieme Race.

munités Eccléfiastiques. *Dom Bouquet, tome* 10. *p.* 548.

Pour ne faire aucun abus de la puissance Royale, Hugues Capet ne termine les affaires publiques qu'après l'avis & l'opinion de ses fideles, & il déclare que les Evêques sont très-dignes d'être de l'assemblée. *Ibid. p.* 392.

Ce Prince par le conseil & le secours de ses fideles *consilio & auxilio omnium fidelium*, s'engage à soutenir Borel, Marquis & Comte de Barcelonne. *Ibid. p.* 393.

Le Roi doit administrer toutes les affaires de l'Etat, & c'est aux premiers du Royaume à l'aider par leurs secours & leurs avis. *Auxilio & consilio. Ibid. p.* 627.

988.

Ce Prince confirme les priviléges de l'Abbaye de Corbie, il la met sous sa sauve-garde. *Sub Regiâ*

Cour de la Pairie.

Troisieme Race.

Dom Bouquet, tome 10. *p.* 285.

En cel tems fu deffaillie la Lignie Challemaine en France, & lors fu otroie par commun assens à Huon Capet Th… Et si conssentirent li haut home. *Ibid. pag.* 278.

Les Barons de France firent & assurent en Roi de France, Hugues Capet Comte de Paris & Duc de France. *Ibid. pag.* 315.

Adalberon, Archevêque de Reims, écrit au Duc Charles qu'il faisoit le Conseil qu'il a donné pour assembler les premiers du Royaume, que ce n'étoit pas pour donner un Roi aux Francs, que c'est une affaire publique & non privée. *Ibid. pag.* 394.

Gerbert fait mention des assemblées des Princes du Royaume. *Ibid. p.* 398.

991.

Arnoud, Archevêque de Reims, est

Cour Palatine.

Troisieme Race.

leurs causes. *Dom Bouquet, tome* 10. *p.* 548. *&* 552.

991.

Le Roi avec les premiers Officiers de son Palais se transporterent au Concile de Reims & y demanderent compte de ce qui y avoit été traité. *Ibid. pag.* 530.

Sevin, Archevêque de Sens, se pourvoit à la Cour Palatine pour y obtenir du Roi la permission de construire un Monastere, elle lui est accordée en présence des Evêques, des Officiers Palatins & de l'avis des fideles, *Consultu fidelium. Ibid. p.* 560.

992.

Le Roi Robert donna à Godefroy & à ses successeurs, héréditairement la Mairie du Royaume & le Dapiferat de la Maison Royale. *Ibid. pag.* 249.

TABLEAU.

Cour Législative.
Troisieme Race.

maneat ditione. *Ibid.* p. 552.

989.

L'Evêque de Langres est invité de se trouver au Placité de Senlis pour avoir son avis. *Causâ consultandi*, *Ibid. page* 404.

990.

Guillaume, Duc d'Aquitaine, demande humblement au Roi Hugues Capet un précepte ou décret émané de sa seule autorité Royale pour donner une existence légale au Monastere d'Angeli, que ce Duc avoit fondé. *Ib.* p. 556.

991.

Le Roi, par l'avis, *consultu*, des Evêques & des Grands de l'Etat accorde par sa seule autorité Royale un précepte de confirmation. *Ibid.* pag. 160.

C'est une des maximes fondamentales

Cour de la Pairie.
Troisieme Race.

déposé par le jugement des Hauts-Seigneurs Ecclésiastiques & Séculiers dans un Placité ou Assemblée convoquée par le Roi. *Ib.* p. 216. 228. 287.

992.

Le Roi Robert assemble le Conseil de son pere, composé d'Evêques, de Comtes & de Barons, & il donne au Comte Godefroy ce que Lothaire avoit eû dans les Evêchés d'Anjou & du Mans. *Ibid.* p. 249.

Ce Prince, par l'avis de Godefroy & des premiers du Royaume soumet à son obéissance par la force des armes, les Comtes du Mans & de Corbeil. *Ibid.* p. 249.

Les procès devoient être jugés par les Pairs & par ceux qui étoient d'égale condition. *Ibid.* p. 252.

Le Roi tint un Placité Général à Paris, où les Grands

Cour Palatine.
Troisieme Race.

993.

Ce fut en la Cour Palatine que l'Abbé de St Florent fut déchargé des mauvaises coutumes qu'Arnoult exigeoit de son Monastere; Hugues Capet le mit sous sa sauve-garde. *Ibid. page* 561. 562.

C'étoit à titre de Grand Sénéchal que le Comte d'Anjou portoit le principal étendart à la guerre; comme *Maire*, il rendoit la justice dans la Cour Domaniale du Roi, & comme *Dapifer*, il présidoit au service de la table dans le festin Royal du Sacre. *Tom.* II. p. 156. *Prætat.*

994.

Le Roi condamne à une composition de trente liv. d'or, moitié envers la Chambre de son Palais, c'est-à-dire, de l'audience Palatine ou Cour des Juges Palatins. *Tome* II. *page* 543.

F ij

Cour Législative.

Troisieme Race.

de notre droit public qu'aucun Corps Ecclésiastique, Séculier ou Regulier, ne peut avoir d'exiltence dans l'Etat que par la volonté légale du Monarque. *Tome* 11. *p. Præfat.*

994.

Hugues Capet, à la priere du Duc de Bourgogne confirme les biens & priviléges de l'Abbaye de Saint Germain d'Auxerre. *Ibid. p.* 562.

996.

La puissance des Rois rend stable & solide ce qu'ils ordonnent de vive voix ou par écrit, surtout lorsqu'il s'agit d'être utile à l'Eglise, & lorsque l'ordonnance est rendue sur la requête & l'avis des Hauts-Seigneurs. *tome* 10. *p.* 528.

L'étimologie du mot Roi, vient du verbe *régir*, comme le terme Loi dérive du

Cour de la Pairie.

Troisieme Race.

de l'Etat furent convoqués, & entr'autres, Godefroy, Comte d'Anjou. *Ibid. p.* 250.

Li Roi Robert touz ses Barons manda à Parlement à Corbores; & si manda le Duc Richarz & Hucdele, Comte de Chartres, la cause de la dissention entendit & fist tant que il s'accorderent à Pais. *Ibid. p.* 309.

1000.

Le Roi rendit un Edit Impérial pour convoquer le Duc de Lorraine à sa Cour qui devoit se tenir en son Palais de Noyon. *tome* 11. *page* 456.

1006.

Le Duc de Normandie engagea le Roi Robert à se rendre à Felem avec plusieurs des Hauts-Seigneurs. Par une charte Royale & par le consentement de ses Pairs ou égaux,

Cour Palatine.

Troisieme Race.

996.

Le Roi confirme une Sentence rendue par ses Officiers Palatins. *Hist. Momomriaca, Du Cange, Gloss. v. Palatium.*

997.

Gerbert écrit aux Chanoines de Saint Martin de se trouver au Placité qui se tiendra à Chelles au sept des Ides de Mai. *tome* 10 *p.* 425.

Abbon écrit au Roi Robert qu'il a fait usage de l'éloquence du Barreau qu'il a acquise pendant qu'il servoit au Palais. *Ibid. p.* 438.

1001.

Le Juge subalterne doit juger les causes comme elle seroient jugées devant le Souverain ou son Commissaire ou son Comte du Palais. *Baluze, tome* 2, *page* 716.

TABLEAU.

Cour Législative.

Troisieme Race.

verbe *lire*, c'est pourquoi la promulgation des Loix se fait par leurs Edits & le Christianisme se fait un devoir de s'y conformer. *Ibid. p.* 629.

1003.

Le Roi Robert abolit les mauvaises coutumes perçues à St. Denis en ces termes. *Regalis Edicto imperii impero. Ibid. page* 581.

1008.

Ce Prince en exécution d'un Edit émané de sa seule autorité, fit démolir la forteresse de Bouchard, de Montmorenci. *Ibid. p.* 593.

De l'avis, *ex consultu*, des Archevêques, Evêques, & des Hauts-Seigneurs Francs, le Roi décharge l'Abbaye de Saint Denis du droit qu'il avoit d'y tenir sa Cour solemnelle aux quatre grandes Fêtes de l'année. *Ib.*

Cour de la Pairie.

Troisieme Race.

il fit confirmer sa charte & celle de ses nobles Normands par laquelle il affranchit l'Eglise de Fescan de la Jurisdiction des Evêques. *Ibid. page* 372.

1007.

Notice du jugement en forme d'assurement & de déguerpissement en présence des Pairs de premiere & de seconde dignité. *Hist. de Languedoc, tome* 2. *p.* 164. *Preuves.*

1008.

Les guerres particulieres empêchoient d'aller au Placité ou Synode. *Ibid. p.* 451.

1013.

Autre Notice du Plaid tenu à Besiers. *Ibid. page* 167.

1015.

Le Roi Robert manda à la Cour de Pairie, Richard II,

Cour Palatine.

Troisieme Race.

1008.

Les Abbés & Religieux de Saint Denis s'étant plaint au Roi Robert des entreprises de Bouchard, ce Prince le fit sommer de s'en désister & le fit condamner par le jugement de ses Officiers Palatins. *Ib. p.* 593.

1011.

En cette année, Odon ou Eudes étoit Comte du Palais. *t.* 10. *page* 371.

1019.

Hugues, dit de Beauvais, étoit tellement en faveur auprès du Roi, qu'on le regardoit comme Comte du Palais. *t.* 10. *page* 27.

1027.

Le Roi consent que le Comte d'Anjou ait la garde de l'Abbaye de Cormeri, & qu'au cas qu'elle sorte

TABLEAU.

Cour Législative.

Troisieme Race.

1016.

Le Roi abolit de mauvaises coutumes en faveur de l'Abbaye de Corbie, suivant le jugement des Princes. *Ibid.* page 598.

1017.

Le Comte Odon avoit long-tems possédé une Eglise qui avoit autrefois appartenu à l'Eglise de Noyon; le Roi en présence des Evêques en approuve la restitution. *Ibid. p.* 599.

1019.

Ce Prince, à la priere du Comte Etienne, son neveu, & par le conseil des autres Princes & des Hauts-Seigneurs, accorda un précepte de confirmation à l'Abbaye de Lagny. *Ibid.* page 602.

1022.

Le Roi reprime par voie de Législation

Cour de la Pairie.

Troisieme Race.

Duc de Normandie & Eudes le Champerois, & y termina leurs différens *Ib.* page 188.

1018.

Les Pairs se faisoient dans ce tems-là des sermens de fidélité réciproque. *Ib. p.* 151.

1023.

Partage fait entre des Vassaux Pairs de la premiere dignité. *Histoire de Languedoc, tome 2. p.* 174.

1024.

Jugement rendu par les Pairs Ecclésiastiques & Laïcs concernant les droits de dixme. *Baluze, tome 2. page* 1545.

Le Comte Rodulf cité en la Cour du Roi & en celle de l'Eglise par Fulbert, Evêque de Chartres, refusa d'y comparoître. *tome* 10. *page* 473.

Cour Palatine.

Troisieme Race.

de sa main, elle rentre sous la puissance Royale. *Ibid. p.* 616.

1029.

Charte du Roi Robert adressée aux fideles de l'Eglise & aux Officiers Palatins. *Du Cange, Gloss. v. Palatini & apud Doubletum. page* 849. 854.

Le Comte Palatin a la premiere voix pour l'élection du Roi faute d'héritiers, il est le tuteur, & le Gouverneur du Roi mineur. Il convoque l'assemblée, il est le Chef suprême des armées, il fait terminer les affaires des citoyens, il est le médiateur entre le Roi & le Peuple. *Ibid.*

1031.

Le Roi adresse à ses Officiers Palatins la charte de confirmation du don fait

TABLEAU.

Cour Legislative.
Troisieme Race.

les entreprises faites sur le Monastere de Saint Memin, & il confirme les Diplômes de Clovis & de Charlemagne dont les sceaux étoient endommagés par la vetusté, les Seigneuries y sont qualifiées alleux. *Ibid. page 605.*

1023.

Assemblée des Hauts-Seigneurs à Compienne où le Roi confirme une charte de Wavin, Evêque de Beauvais. *Ibid. page 609.*

1027.

Hersende, femme de Garin, avoué de l'Abbaye de Saint Germain-des-Prez, reconnoit les exactions commises par son mari, & elle prie le Roi d'en faire rédiger une charte munie de son Sceau. *Ibid. page 612.*

Le Roi approuve le Jugement des Pairs, & il en retar-

Cour de la Pairie.
Troisieme Race.

Le Comte Rodolphe fut cité à la Cour des Pairs pour avoir tué un Clerc & avoir pillé les terres de l'Eglise. *Ibid. p. 473.*

Notice du jugement rendu par les Hauts-Seigneurs entre un Evêque & l'Abbé de Sainte Cécile. *Baluze tome 2. page 1545.*

1025.

Le Comte Richard avoit ajourné le Comte Eudes à comparoître en la Cour de la Pairie, & lorsqu'il se disposoit à venir, Richard lui manda de ne point se rendre au Placité sans le concours de ses Pairs. *Ibid. p. 501.*

Fulbert avertit Foulques Nerra, Comte d'Anjou, de comparoître dans le délais de trois semaines à la Cour du Roi pour avoir donné retraite à ceux de ses Vassaux qui avoient insulté le Roi. *Ibid. page 476.*

Cour Palatine.
Troisieme Race.

à l'Eglise de Chartres de plusieurs alleux, par le Comte Manassés. *Ibid. p. 605.*

1033.

Le Roi acquiesçant aux avis de ses fideles & aux plaintes que Adelere, Abbé du Monastere de St. Pierre de Melun a souvent porté à la Cour Palatine, défend de faire aucune entreprise sur les biens de ce Monastere, sous prétexte de la préfecture ou Garde Royale. *Ibid. page 569. tome 11.*

1034.

Lorsque par sa Seigneurie ou par son Office un Seigneur étoit affranchit de la Jurisdiction ordinaire, il pouvoit néanmoins y plaider. *Bruss tome 2. p. 789.*

F iv

Cour Législative.	Cour de la Pairie.	Cour Palatine.
Troisieme Race.	*Troisieme Race.*	*Troisieme Race.*
de seulement l'exécution. *Ibid. p.* 614.	1027.	1043.

Cour Législative (Troisieme Race, suite):

Ce Prince fit sommer Albert de Cretes de se rendre à sa Cour, & ayant reconnu l'usurpation qui lui étoit imputée, il lui ordonna de s'en désister, mais la forme extraordinaire de procéder porta ce Prince à prier ses successeurs de faire exécuter son ordonnance. *Ibid. p.* 614.

Le Roi propose les objets sur lesquels les Hauts-Seigneurs doivent délibérer. *tome* 10. *page* 71.

Si les Rois se sont fait une Loi de prendre l'avis de leur Conseil dans les affaires importantes, la décision ne dépendoit pas pour cela du consentement des Seigneurs. *Recueil des Hist. de France, tome* 11, *p.* 133. *Præfat.*

C'est le Roi Robert seul qui délibere, qui se décide pour Henri, qui, en conséquence de son choix l'associe à la Royau-

Cour de la Pairie — 1027.

Dans l'assemblée des Evêques & des Hauts-Seigneurs, il fut arrêté qu'Etienne Sire de Joinville seroit excommunié pour avoir usurpé les biens du Monastere de Montierender. *Ib. page* 614.

L'Evêque de Noyon ayant manqué à la fidélité qu'il devoit au Roi Robert, & s'emparant de la forteresse de Noyon, ce Prince voulut qu'il en fut puni par le jugement des Hauts-Seigneurs, & il fut condamné au bannissement hors du Royaume. *Ibid. page* 237.

Lorsque la justice du droit public fut en vigueur, il n'y avoit chaque année que trois Placités Généraux dans les Cours subalternes, le Jugement étoit rendu, non par deux Echevins, mais par le plus grand nombre possible. *tome* 11. *page* 636.

Cour Palatine — 1043.

La Congrégation de Sainte Genevieve demande à être remise sous la jurisdiction & le patronage du Roi ou du Prince, Gouverneur de la ville de Paris. *Ib. page* 571.

1035.

Le Roi décharge un Bourg appartenant à l'Abbaye de Saint Pierre de Châlons, de tout ban envers la puissance Palatine du Comte de Champagne. *tome* 11. *page* 576.

Le Roi fit assigner en sa Cour en présence de ses Officiers, un Seigneur avoué du Monastere des Fossés qui reconnut son tort & le repara. L'Abbé, par le serment de deux de ses clients, prouva qu'il n'étoit dû à l'avoué qu'un septier d'avoine & la chasse. *Ibid. p.* 578.

TABLEAU.

Cour Législative.	Cour de la Pairie.	Cour Palatine.
Troisieme Race.	*Troisieme Race.*	*Troisieme Race.*

té, malgré la Reine Constance & ses partisans. *Ibid.* p. 137.

C'est à titre de *Fideles* que les Prélats étoient admis dans les Conseils du Roi, nous vous croyons dignes, dit Hugues Capet, d'être aggrégés au nombre de nos fideles dont nous voulons prendre les avis pour les affaires de l'Etat. *Ibid.* p. 151.

1028.

L'Empereur Conrard fit élever sur le Trône son fils Henri, âgé de onze ans. Les Princes & tout le peuple y applaudirent. *tome* II. *page* 619.

1030.

Par l'avis de tous les Hauts-Seigneurs, l'Empereur fit excommunier, par les Evêques, Ernest & ses complices & ordonna de saisir leurs biens. *Ib. page* 619.

Le Comte Gerbert, neveu de Richard I, Duc de Normandie, issu du Consul ou Comte Godefroy, étoit l'un des plus considéré entre tous les premiers de sa Cour. *Ib.* page 637.

Il y eut en Angleterre un grand Placité dans lequel les Ducs élurent Héral pour conserver le Royaume à son frere. *Ib.* p. 537.

1032.

L'Abbé de Saint Germain d'Auxerre eût une cause à la Cour de Thibault, Comte de Champagne, & par le jugement, la Seigneurie de l'Abbaye fut délivrée de toutes exactions. *Ib.* p. 548.

1035.

Plaid tenu pour terminer les différents entre Bermond de Sauve, & Pierre, Comte de Carcassonne & Vicomte de Besiers, son frere

Le procès ayant été ainsi terminé dans la Cour du Roi en présence des Officiers, des Chevaliers & des clients, ils prierent le Roi d'accorder ses Lettres pour confirmer & notifier cet accord. *Ib.*

1047.

Le Roi en présence des Officiers de son Palais confirme des biens restitués au Monastere de Saint Médard. *Ib.* p. 582.

1060.

Baudouin, Comte de Flandres, vint au secours du Roi Philippes, à cause du service qu'il lui devoit comme Comte Palatin.

74 TABLEAU.

Cour Législative.	Cour de la Pairie.	Cour Palatine.
Troisieme Race.	*Troisieme Race.*	*Troisieme Race.*
1038.	Uterin. *Hist. de Languedoc*, tome 2. p. 195.	Godefroy, Duc de Lorraine, renouvelle par l'avis & suivant l'opinion de ses nobles, le décret fait par son pere sur le droit des avoués. *Brussel*, tome 2. p. 792.
Entreprise sur les droits du Roi par la vente de l'Evêché d'Albi. *Hist. de Languedoc*, tome 2. p. 202.	1036.	
	Hommages rendus par les Seigneurs de Pairie inférieure aux Seigneurs de Pairie superieure. *Ib.* page 190, 193, 198, 199, 224, 231, 243, 244.	
1045.		1061.
Plusieurs Eglises dans les Fauxbourgs de Paris décorées du titre d'Abbayes avoient été à la disposition de nos Rois. tome II. p. 578.	1047.	Budic, Comte de Nantes, assistoit à la Cour de Fulques, Comte d'Anjou, Sénéchal de France. *Ib.* p. 279.
	Plaid entre Renold, Abbé de Saint Médard & Robert de Choisi auquel assistent les Hauts-Seigneurs; il y est dit que le jugement a été rendu par l'autorité Royale, & néanmoins le Roi a signé le dernier comme ayant fait les fonctions du Ministere. public. tome II. page 580.	
1050.		1066.
Par l'avis, *Consultu*, des Evêques & des Hauts-Seigneurs de son Royaume, le Roi Henri assembla un Concile à Paris. tome II. p. 533.		Le Roi, en présence de ses Officiers Palatins, accorde aux habitans de Rouen une charte de Commune qui les mettoit sous la sauve-garde du Roi & de ses Officiers. *Registre du trésor des chartes*, cotté 34. bis p. 47.
1051.	1054.	
Le Roi érige en titre d'Abbaye l'Eglise de la Chaise Dieu, de l'avis des Hauts-Seigneurs & des premiers Officiers de son Palais. *Ib.* p. 588.	Baudouin, Comte de Flandres, après avoir pris l'avis de ses Hauts-Seigneurs ou Pairs, fait une donation. t. II. p. 381.	

TABLEAU, 75

Cour Législative.

Troisieme Race.

1052.

Le Roi affranchit un serf par le denier suivant la Loi Salique. *Ib. p.* 590 *&* 592.

1053.

L'ancienne Abbaye de Saint Victor de Nevers avoit fait partie du Domaine Royal, elle avoit été donnée comme plusieurs autres en Bénéfice au Comte de Nevers par les Rois prédécesseurs qui avoient coutume de les concéder ainsi en Bénéfice à leurs Vassaux Séculiers. *Ib.*

Entreprises du Clergé & du Pape sur les droits de la Couronne. *Hist. de Languedoc, tome* 2. *p.* 220. *Preuves, &* 232.

1057.

Le Roi confirme la fondation faite par

Cour de la Pairie.

Troisieme Race.

Arnoult établit 12 Pairs ou Barons pour siéger avec les Echevins en la Cour ou Tribunal d'Ardes dont il fut le fondateur. *Ib. p.* 305.

1078.

Cour de la Pairie & jugement rendu sous peine de la perte de l'honneur, c'est-à-dire de la Seigneurie. *Hist. de Languedoc, tome* 2. *p.* 3300.

1080.

Notice d'un jugement de la Cour de Pairie inférieure de Narbonne. *Ib. p.* 311.

1084.

Hommage de Pairie personnelle fait en vertu du droit de recommandation. *Ib. p.* 319, 320, 339.

1097.

Cour de la Pairie subalterne par les

Cour Palatine.

Troisieme Race.

1072.

Eustache, Comte de Boulogne, établit Arnoult, Sénéchal Justicier & Bailli de toute sa terre pour le représenter. *Ib. p.* 304.

1076.

Par le IIe. article des Statuts d'Aigues-Mortes, il est permis d'appeller devant le Sénéchal ou devant le Roi. *Ordon. du Louvres, tome* 4. *p.* 48.

1077.

Le Roi Philippe I, séant en sa Cour Palatine confirma la fondation du Monastere de Saint Jean de Poitiers faite par Geofroy & Guillaume, Ducs d'Aquitaine. *Regist. du trésor des chartes, Lett.* 33. *p.* 121.

Cour Législative.	Cour de la Pairie.	Cour Palatine.
Troisieme Race.	*Troisieme Race.*	*Troisieme Race.*
Godefroy, Comte d'Anjou du Monastere de Saint Nicolas d'Angers. *tome* II. *p.* 593.	Pairs de haute dignité. *Ib.* page 346.	1091. Le Roi Philippes donne l'Abbaye de Saint Mellon de Pontoise à Guillaume, Archevêque de Rouen, à la charge qu'il viendra à l'une de ses Cours lorsqu'il l'en sera convenablement semondre. *Bruffel, tome* 2. *p.* 281.
	1098. Le Comte de Toulouse se soumet à l'arbitrage de ses Pairs, savoir du Duc Godefroy, du Comte de Flandres, du Duc de Normandie & à celui des Evêques & des autres Seigneurs. *Ib. p.* 313.	
1058. A l'égard des biens d'Eglise d'ancienne fondation provenant du Domaine, l'autorité Episcopale & Synodale ne suffisoient pas pour en disposer, il falloit en outre la confirmation du Roi. *Ib. p.* 597.	1099. Raymond, Comte de Toulouse, demande l'avis de ses Pairs, *Comparibus*, *Ib. p.* 323.	1100. L'Empereur Henri se transporta au Monastere de Saint Sauveur de Pruim avec Henri, Comte Palatin & plusieurs autres Princes ; la cause entre l'Abbé & l'Avoué se termina par le serment des témoins. *Ib. tome* 2. *p.* 800.
	1107. Hommage d'un Pair de dignité rendu à un Pair de même condition. *Ib. p.* 369.	
Le Pape Etienne IX, dans sa Lettre adressée à Gervais Archevêque de Reims, reconnoit qu'il faut avoir le consentement du Roi pour assembler un Concile en France, *tome* II. *p.* 492.	1119. Plusieurs Placités sont tenus dans les Cours de la Pairie inférieure, *Hist. de Lang. t.* 2. *p.* 410.	1119. Le Pape Gelase II, déclare par sa Bulle que le privi-

TABLEAU. 77

Cour Législative.	Cour de la Pairie.	Cour Palatine.
Troisieme Race.	*Troisieme Race.*	*Troisieme Race.*

1059.

Philippes, fils du Roi Henri, est élevé sur le Trône par l'avis des Princes du Royaume. *Ib. p.* 481. *Hist. de Languedoc*, tome 2. *p.* 232.

1123.

C'est par des actes de confédérations & non par des contrats féodaux que les Pairs se sont d'abord alliés. *Ib. p.* 424, 452, 453, *&* 454.

…lége d'un Monastere de fondation Royale est d'être soustrait aux Jurisdictions ordinaires & protégés par celle du fondateur. *Baluze, tome* 2. *p.* 1557.

1061.

Le Roi Philippes avoit donné au Comte Odon en Bénéfice une Seigneurie de l'Abbaye de Saint Germain, il ordonna de la réunir à cette Abbaye après la mort d'Odon, *Gall. Christ. tome* 7. *p.* 33. *Instrument.*

1130.

Jugement rendu en la Cour de Pairie d'Alphonse, Comte de Toulouse. *Ib. p.* 459.

1131.

Autre jugement rendu en la même Cour entre l'Evêque & les Vicomtes de Besiers. *Ib. p.* 461.

1136.

L'Evêque de Soissons véxé par les Bourgeois de la commune, se pourvut en la Cour du Roi séante à Saint Germain-en-Lay, & par le jugement de cette Cour, il fut reconnu que les Bourgeois avoient fait des entreprises & qu'ils s'en désisteroient ; le Sénéchal du Roi fut envoyé à Soissons à cet effet. *Brussel, t.* 1. *p.* 180.

1062.

Entreprises sur les droits du Roi par des unions faites sans son ordre. *Hist. de Languedoc*, tome 2. page 242, 244, 249, 253, 269, 272, 275, 282, & par la vente des biens de l'Eglise. *Ib. p.* 258, 259, & 260.

1138.

Le Vassal ne pouvoit perdre son Bénéfice que par le jugement de ses Pairs dans la Cour de Pairie inférieure, il pouvoit même appeller de ce jugement en la Cour Palatine. *Lib.* 2. *feud. tit.* 16.

Sous le Roi Louis le Gros, Thibault, Comte de Champagne, étoit Comte Palatin. *Duchesne, t.* 4. *p.* 296.

Cour Législative.	Cour de la Pairie.	Cour Palatine.
Troisieme Race.	*Troisieme Race.*	*Troisieme Race.*
L'Archevêque de Treves atteste l'ancien usage d'obtenir le consentement du Roi avant que de procéder à l'élection, aux prélatures, de se pourvoir vers sa Majesté, pour en être investi par l'anneau & le bâton pastoral en lui faisant la foi & hommage. *Duchesne*, tome 4. p. 289.	Le Roi Louis le Gros fit sommer le Roi d'Angleterre en qualité de Duc de Normandie, de comparoître à sa Cour suffisamment garnie de Pairs. *Duchesne*, tome 4. page 296.	1144. Louis le Jeune, en présence de ses Officiers Palatins, corrige & abbroge les mauvaises coutumes de Bourges. *Regist.* 34. *du trésor des chartes*, p. 28.
	1153.	
L'ancien usage de France oblige l'Evêque à faire le serment d'être fidele au Roi & à l'Etat avant qu'il obtienne mainlevée de la regale. *Ibid.* p. 498.	Placité en la Cour de Pairie entre Godefroy, Evêque de Langres & Odon, Duc de Bourgogne; le Roi les y fit ajourner en son Palais de Moret, en présence de leurs Pairs, les Archevêques, Evêques & Barons. *Brussel*, tome 1. p. 272.	1150. Ce Prince, en présence de Raoul, Comte de Vermandois, son Sénéchal & ses autres Grands Officiers Palatins, accorde une charte de commune à la Ville de Mantes. *Ib.* p. 20.
1066.	1159.	1155.
Le Roi accorde aux habitants de Rouen une charte de commune qui les mettoit sous sa sauve-garde & jurisdiction en cas d'appel. *Regist.* 34. *du trésor des chartes*, p. 47.	Charte qui fait mention des Pairs de premiere & de seconde dignité. *Du Cange Gloss. Verba Pares*, p. 137.	L'Abbaye de St. Jean de Sens, entre en pariage avec le Roi, pour être sous la sauve-garde & jurisdiction de sa Cour Palatine. *Ibid.* p. 61.
	1162.	
	Un Pair pouvoit appeller en duel un	

TABLEAU.

Cour Législative.	Cour de la Pairie.	Cour Palatine.
Troisieme Race.	*Troisieme Race.*	*Troisieme Race.*
Ives de Chartres reçut des Lettres du Roi Philippes I, par lesquelles il lui enjoignoit de faire marcher ses troupes & de se rendre au Placité qu'il devoit tenir sur le différent entre le Roi d'Angleterre & le Comte de Normandie. *Duchesne, tome 4. p. 219.*	de ses Pairs. *Hist. de Languedoc, tome 2. p. 493. Marca Hisp. p. 1331.*	1166. Le Roi tient ses assises à Châlon avec les Officiers de sa Cour Palatine. *Ibid. p. 18. v. Brussel, t. 1. p. 519.*
	1163. Les Vassaux, Pairs de Raymond V, Comte de Toulouse, lui pretent le serment de fidélité. *Trésor des chartes, Toulouse sac. 20. n. 37. hist. de Languedoc, tome 2. p. 592.* Plaid tenu à Carcassonne, par le Vicomte Raymond Trincavel, avec ses Pairs. *Ibid. p. 595.*	
1067. Le Roi tient un Placité général pour la confirmation & la dédicace de l'Eglise de Saint Martin des Champs. *Gall. Christ. tome 7. p. 35. Inst.*		1176. Le Roi confirme la donation faite à l'Eglise des biens en roture & pour en rendre l'exécution plus sure, il l'attribue à sa Cour Palatine. *Miscell. tome 1. p. 587.*
	1164. Serment mutuel de fidélité entre deux Pairs de premiere dignité en présence de leurs Vassaux Pairs. *Ibid. p. 600.*	
1071. Le Roi Philippes confirme un précepte accordé par le Comte de Corbeil à l'Abbaye de la méme ville. *Ibid. p. 36.*	1170. Pour s'innocenter d'un crime, il falloit le serment de trois Pairs ou de douze proches parens. *Cujas lib. 5. de feudis p. 923.*	1178. Le Roi confirme une donation en présence de ses Officiers de la Cour Palatine. *Miscell. tome 1. p. 590.*

TABLEAU.

Cour Législative.

Troisieme Race.

1072.

Simon, Comte de Montfort, prie instamment le Roi de confirmer la donation qu'il a faite au Monastere de St. Magloire. *Ibid.* p. 37.

1079.

Le Roi donne à Hugues, Abbé de Cluny, le Monastere de Saint Martin. *Ibid.* p. 38.

1080.

Précepte du Roi Philippe, par lequel il confirme la donation d'alleux & de Bénéfices faite à l'Abbaye de Cluny. *Ibid.* p. 496.

1083.

Le Roi d'Angleterre, Duc de Normandie, convoquoit par un Edit Royal, tous les Grands de son Royaume, aux principales Fêtes de l'année. *Dom Bouquet, tome* II. p. 190.

Cour de la Pairie.

Troisieme Race.

S'il s'éleve une contestation entre les Hauts-Seigneurs, elle doit être terminée en présence de l'Empereur; mais si elle s'éleve entre des Vassaux Pairs de dignité inférieure, ils doivent être jugés par leurs Pairs. *Ibid.* p. 828, 895 & 899.

Lorsque le Seigneur contestoit l'investiture, il falloit la prouver par le témoignage de douze Pairs. *Ibid.* p. 834 & 837.

1175.

Si un Seigneur dit en présence des Pairs de sa Cour, qu'il permet à un acquéreur de se mettre en possession d'un fief, cette permission tient lieu d'investiture. *Ib. lib.* 4. *tit.* 36. p. 892.

L'investiture n'étoit pas valable lorsqu'elle étoit accordée hors la présence des Pairs, & en cas de doute sur le fait de l'investiture, il falloit le prouver par le témoignage de

Cour Palatine.

Troisieme Race.

1179.

Henri de Troyes, Comte Palatin, reconnoit qu'il ne peut mettre hors de ses mains la garde des Eglises qui lui appartenoit à ce titre *Ib.* p. 591.

1180.

Les parties s'étoient soumises à l'arbitrage du Roi, il les renvoya devant Thibault, Sénéchal de France, qui fit rendre un arrêt pour les terminer. *Ib.* p. 522.

1182.

L'Abbé de Corbie entreprit de casser & d'annuller la charte de Commune de Corbie, parce quelle mettoit les Bourgeois sous la sauve-garde Royale & la jurisdiction Palatine; mais le Roi confirma cette charte de Commune. *Regist.* 34 *du trésor des chartes*, p. 62.

Cour

TABLEAU.

Cour Législative.	Cour de la Pairie.	Cour Palatine.
Troisieme Race.	*Troisieme Race.*	*Troisieme Race.*

Cour Législative — Troisieme Race

1099.

Droits du Roi sur les biens Ecclésiastiques usurpés par les Hauts-Seigneurs. *Hist. de Lang.* tome 2. p. 351, & 352.

1100.

Sauve-garde Royale usurpée par les Hauts-Seigneurs. *Ib.* p. 354.

1111.

Le Roi permet à l'Abbé de Saint Denis d'affranchir les serfs appartenans à son Abbaye. *Reg.* 34. bis. du trésor des chartes, p. 86. v.

1119.

Le Roi confirme la donation faite par Alix, Dame de Peronne, à l'Eglise & Couvent de Saint Quentin du Mont. *Bruffel*, tome 1, page 548, 121 & 124.

1126.

Le Roi confirme la coutume de Saint

Cour de la Pairie — Troisieme Race

douze personnes. *Ib.* p. 908. tit. 69.

Les Pairs obtiennent plus facilement justice de l'un de leurs Pairs, que de leur Seigneur. *Ib. tit.* 76. p. 912.

Il est de l'usage du Royaume, que les Pairs réintegrent en possession celui qui en a été dépouillé. *Ibid.* p. 913. tit. 82.

1176.

Les Hauts-Seigneurs ne contractoient des obligations que sauf la fidélité due à leur Seigneur Suzerain, & leurs hommes devoient juger de l'exécution des obligations. *Miscell.* tome 1. p. 585.

1178.

Lettres par lesquelles Baudouin, Comte de Hainaut & tous les Barons de ce Comté confirment les biens de l'Eglise d'Anchin. *Regist. du trésor des chartes*, cott. 22. lett. 9.

Cour Palatine — Troisieme Race

1184.

Thibaut, Comte de Blois, Sénéchal de France, est appellé Chef des armées du Roi... Lui seul avoit le droit de sommer les Vassaux de contribuer au service militaire. *Du Cange*, v. *Senescalci*, p. 366, & 367.

1188.

Philippe Auguste reconnoit que la garde de l'Abbaye de Saint Julien de Tours appartient à Henri II, Roi d'Angleterre, en sa qualité de Comte d'Anjou & de Sénéchal de France. *Bruffel*, tome 1. p. 630.

On distinguoit les grands Sénéchaux des Sénéchaux ordinaires; les Pairs avoient le Gouvernement des maisons des Princes. *Bruffel*, tome 1. p. 499.

TABLEAU.

Cour Législative.	Cour de la Pairie.	Cour Palatine.
Troisieme Race.	*Troisieme Race.*	*Troisieme Race.*

Cour Législative — Troisieme Race.

Riquier. Regist. 34. bis du trésor des chartes, p. 55.

1137.

Le Roi confirme les donations faites à l'Eglise de la Chaise-Dieu par Raoul, Comte de Vermandois. *Ibid.* p. 138.

1144.

Louis le Jeune corrige & abbroge les mauvaises coutumes de Bourges. *Ibid.* p. 28.

1155.

L'Abbaye de Saint Jean de Sens entre en pariage avec le Roi. *Ibid.* p. 61.

1180.

Philippe Auguste réprime les entreprises faites par les Seigneurs sur les biens de l'Eglise. *Ibid.* p. 18.

Cour de la Pairie — Troisieme Race.

1187.

Reglement fait en présence & de l'avis du Roi & ses de Barons pour l'ordre de Grand Mont. *Ibid.* p. 630.

1191.

Les Vassaux, Pairs des Vicomtes de Besiers & de Carcassonne rendent hommage au fils du Vicomte Roger. *hist. de Languedoc*, tome 3. p. 170.

1195.

Le Comte de Vermandois devoit faire juger par les Pairs de son Comté clercs & laïcs, les contestations qui s'éleveroient entre la Commune & lui. Reg. 34. bis. du trésor des chartes, p. 54.

Cour Palatine — Troisieme Race.

1191.

Thibaut, Comte de Blois & Grand Sénéchal de France étant mort au siége d'Ancone, la grande Sénéchaussée resta vacante quant à l'exercice. *Du Cange, Gloss. v. Senescalci*, p. 364.

1179.

Les Eglises avoient aussi des Sénéchaux Séculiers qui étoient chargés de faire rendre la justice à leurs sujets, de porter l'étendart à la guerre & de servir l'Evéque à sa table les jours de grandes cérémonies. *Ibid.* p. 372.

TABLEAU.

Cour Législative.	Cour de la Pairie.	Cour Palatine.
Troisieme Race.	*Troisieme Race.*	*Troisieme Race.*

1190.

Le Roi Philippe Auguste, à l'exemple de l'Empereur Frédéric I, délégua des Officiers de sa Cour Palatine pour faire rendre la justice dans ses principales Seigneuries *Bruss. tome* 1. *p.* 505, & *suiv.*

1196.

Ce Prince confirme la charte de commune accordée aux Bourgeois de Saint Quentin, par Raoul, Comte de Vermandois, *Regist.* 34. *bis. du trésor des chartes,* p. 54.

1195.

Diplôme de l'Empereur Henri, confirmatif d'une Sentence rendue dans sa Cour & en sa présence. *Miscell. tome* 1. *p.* 66.

1199.

C'est au Prince à confirmer les juge-

1196.

L'Empereur Henri confirme une Sentence rendue en sa présence, par les nobles de sa Cour. *Miscell. tome* 1. *p.* 661.

1199.

Reconnoissance faite en présence du Roi d'Angleterre & de ses Barons. *Ibid.* p. 761.

1202.

Jugement de la Cour de Pairie subalterne, par lequel le comte de Foix est condamné à rétablir les forteresses du Château qu'il tenoit du Comte de Toulouse. *Hist. de Languedoc, tome* 3. *p.* 193.

Jugement de la Cour de Pairie supérieure contre Jean, dit Sans Terre, Roi d'Angleterre, Duc de Normandie, Comte d'Anjou, du Maine & de Touraine. *Brussel, tome* 1. *p.* 331.

1199.

Assises tenues en présence du Roi d'Angleterre ou de son Sénéchal *Miscell. t.* 1. *p.* 761.

Le Roi Philippes Auguste confirme la concession faite par Artus, Duc de Bretagne & Comte d'Anjou, à Guillaume des Roches, de la Sénéchaussée d'Anjou & du Maine & des droits qui en dépendent. *Brussel, tome* 1. *p.* 643.

1202.

Jugement par lequel le Comté d'Anjou auquel étoit annexée la grande Sénéchaussée de France, est réuni à la Couronne, & ce grand Office supprimé.

Jugement qui déboute le Vidame de Châlons, de la part qu'il prétendoit au

G ij

Cour Législative.

Troisieme Race.

mens rendus pour soutenir les dignités Ecclésiastiques & les faire rédiger par écrit. *Ibid.* p. 761.

1200.

Le Roi d'Arragon, par l'avis des Evêques & des Nobles, fait une constitution de paix & de treve. *Marca Hisp.* p. 1390.

1202.

Le Roi, de l'avis des Ecclésiastiques & Laïcs, fait une constitution pour défendre d'aliéner & démembrer les fiefs, sans le consentement des Seigneurs dont ils relevent. *Ibid.* p. 1395.

Philippes Auguste confirma le Concile de Lisbonne tenu en 1080. *Duchesne,* fol. 552; *regist. du trésor des chartes,* cotté 34. *bis* p. 52.

Lettres du Roi par lesquelles il bannit de ses terres & de son Royaume, deux particuliers de Laon, pour causes de par-

Cour de la Pairie.

Troisieme Race.

Arrêt rendu par les Barons de la Cour du Roi, qui adjuge la moitié de la Seigneurie aux enfans du premier lit, & l'autre moitié à ceux du second lit. *Regist. du trésor des chartes,* 34. *bis.* p. 60.

Reglement fait entre le Clergé & la Noblesse sur plusieurs Chefs. 1°. Sur ce que les Juges d'Eglise jugeoient les causes des Fiefs, sous prétexte du serment fait par les Vassaux. *Ibid.* p. 40. *v.*

1204.

Le Roi fit ajourner Ponce à Souvigny & ensuite à Château-Roux, où il se trouvoit, & n'y étant point comparu, le Roi, par l'avis de ses Barons, confisqua le Château & Domaine dudit Ponce. *Ibid.* p. 43.

Cour Palatine.

Troisieme Race.

droit de regale. *Reg* 34. *bis. du trésor des chartes,* p. 62. *v.*

Après l'article 1204 lettres servant de réglement pour les droits du Vicomte de Thouars, comme Sénéchal de Poitou & de Guienne. *Reg.* 34. *bis.* p. 39.

Depuis la suppression de la grande Sénéchaussée, le Roi renvoyoit devant les Baillis Royaux, les causes qui étoient auparavant de la compétence du grand Sénéchal en premiere instance ou par appel. *Ibid.* p. 43.

1205.

Le Roi, à la requisition de Robert de Ferriere, accorde aux habitans de Fer-

TABLEAU.

Cour Législative.
Troisieme Race.

jure envers la Communauté de cette Ville. *Reg. du tréfor des Chartes, cotté B. p. 78.*

1204.

Lettres de franchises pour les habitans de Caen, le Roi y promet d'abolir les mauvaises coutumes de ne point contraindre les femmes veuves à se remarier. *Ibid. p. 36.*

Services de Chevalier dûs au Duc de Normandie, & premierement les Evêques & Abbés. *Ibid. p. 37.*

Lettres par lesquelles le Roi décharge l'Evêque d'Auxerre de deux procurations qu'il lui doit, l'une à Auxerre & l'autre à Vasy, pour lesquels il a quitté au Roi l'hommage & le fief de Gien. *Ib. p. 42. v.*

Lettres de serment & hommage fait au Roi par Henri, Duc de Lorraine, envers & contre tous, excepté le serment qu'il devroit à celui qui

Cour de la Pairie.
Troisieme Race.

1205.

Les Barons de Normandie attestent par écrit quels ont été les droits dont Henri II & Richard, Rois d'Angleterre & Ducs de Normandie, ont joui en Normandie au regard du Clergé, & quels y avoient été les priviléges des Barons. *Brussel, tome 2. p. 24.*

1206.

Gauthier, Archevêque de Rouen, reconnoit qu'à sa priere, le Roi a bien voulu arrêter la procédure sur la contestation qui étoit entr'eux. *Ibid. p. 50.*

Enquête faite par des Chevaliers & Sergents du Roi, sur le droit du Roi dans la forêt Yveline, contre le Comte de Montfort. *Ibid. p. 53.*

Autres enquêtes faites par des Hauts-Seigneurs & de laquelle ils se rendent caution. *Ibid. p. 77.*

Dénombrement des Chevaliers Bannerets

Cour Palatine.
Troisieme Race.

riere le droit de Commune, comme à ceux d'Hesdin & aux assises de Péronne, le Roi se réserva le droit davourie & le droit d'ost & de chevauchée. *Ibid. p. 47.*

1207.

Le Roi accorde le droit de Commune aux habitans de Péronne pareille à celle d'Hesdin & de Crespi, pour les mettre sous la garde & jurisdiction de ses Baillis & de sa Cour Palatine. *Ibid. p. 53.*

Confirmation de la charte de Commune de Rouen & de la navigation, tant sur la Seine que sur la mer. *Duchesne, fol. 1062, & ibid. p. 67. v.*

86 TABLEAU.

Cour Législative.	Cour de la Pairie.	Cour Palatine.
Troisieme Race.	*Troisieme Race.*	*Troisieme Race.*

seroit élu Roi des Romains par le consentement de tous les Barons d'Allemagne. *Ibid.* p. 45.

de Normandie, de Bretagne, du Perche, d'Anjou, de Touraine, de Flandres, de Boulonnois & autres. *Ib.* p. 79 & 80.

Le Sénéchal de Normandie ordonne une assemblée commune en la Ville d'Evreux. *Ib.* p. 71.

1205.

Le Roi en donnant en Fief le Château & Chatellenie de Locher, la Ville & Chatellenie de Chatillon sur Indre, se réserve la régale des Abbayes desdites Chatellenies. *Ibid.* p. 46.

Le Roi confirme l'usage de Champagne qui autorisoit le Seigneur à s'emparer des biens de ceux qui désertoient sa Seigneurie. *Ibid.* p. 47.

1207.

Philippes Auguste confirme les Lettres d'amortissement que Louis le Jeune, son pere, avoit accor-

1208.

Le Duc de Bourgogne promit de comparoître à la Cour subalterne de l'Evêque de Langres & d'acquiescer à la Sentence qui y seroit rendue sans en interjetter appel ou se pourvoir à un autre Tribunal. *Brussel,* t. 1. p. 188.

1209.

Le Roi Philippes Auguste ordonna aux Barons & aux Evêques de s'assembler à Mantes; mais parce que le Roi n'y étoit pas en personne, les Evêques d'Orléans & d'Auxerre s'en retournerent avec leurs hommes. Le Roi confisca leurs régales, c'est-à-dire, le temporel qu'ils tenoient de lui. *Duchesne,* t. 5. p. 49.

1209.

Lettres de Gaudin de Ramefort, par lesquelles il reconnoit avoir promis au Roi de subir ce qui sera ordonné par sa Cour, sans recourir à un autre Tribunal. *Ibid.* p. 78.

Lettres de Garnier du Donjon, par lesquelles il promet au Roi d'amander à sa volonté, pour avoir manqué de se trouver dans l'armée du Roi en ayant été averti de sa part, lui donnant toute sa terre pour otage & pour caution, Guy Saudebone, pour cent

Cour Législative.	Cour de la Pairie.	Cour Palatine.
Troisieme Race.	*Troisieme Race.*	*Troisieme Race.*
dées à Matthieu, lors Evêque de Troyes, lorsque le Siege vaquera, le Seigneur de Saint Maur ni ses Officiers ne prendront rien de l'Evêché. *Ib.* p. 51. *v.*	Le Comte de Flandres fait serment au Roi Philippes Auguste de ne point manquer au service qu'il lui doit, savoir d'armes & de plaid ou Cour, pourvu qu'il le fasse juger par ceux qui doivent être ses Juges, & ayant été traduit à la Cour ordinaire, il reclama celle de ses Pairs. *Recueil de Preuves concernant les Pairs de France, étant à la Bibliotheque de la Ville,* p. 19. *Voyez aussi les pages* 8 *&* 10.	marcs, & le Vicomte de Bosse pour cent. marcs. *Ibid.* p. 79.
Etat des Villes & Châteaux du Roi, avec les droits d'ost, de gite & de régale. *Ib.* p. 69.		Lettres par lesquelles Raoul, fils d'Odon de Dolle, promet au Roi de se conduire en toutes choses selon sa volonté, consentant qu'en cas de contravention de sa part, il soit destitué du Château de Méliand & de tout ce qu'il tient en fief du Roi, & à l'égard de ce qu'il tient de l'Evêque de Limoges; si cet Evêque étoit contraire au Roi, il assisteroit le Roi envers & contre tous. *Ib.* p. 79.
Le Roi confirme un accord passé entre Baudouin, Comte de Flandres & de Hainault, & la Reine Mahaut, Comtesse de Flandres. *Ib.* p. 66.	L'Evêque d'Orléans, en présence du Roi, s'est plaint des procurations qu'il payoit à Petiviers & à Mehun, & il a dit publiquement qu'il ne devoit être jugé que par les Evêques de France *Ib.* p. 98.	
1208.	Dénombrement des Archevêques, Evêques, Abbés, Ducs, Comtes, Barons, Chatelains, Vassaux. *Ib.* p. 14. *v.*	1209.
Le Roi s'oblige de garantir ce que lui reportent ses Vassaux immédiats. *Ib.* p. 70.		Des hérétiques condamnés par le Concile, furent livrés à

G iv

Cour Législative.

Troisieme Race.

Traité fait entre le Roi & Henri, Duc de Lorraine, touchant la guerre & la succession au Comté de Boulogne. *Ibid.* p. 77.

1209.

Lettres par lesquelles Blanche, Comtesse de Troyes, reconnoît les engagemens qu'elle a pris avec le Roi, au sujet du Comte Thibault son fils. *Ibid.* p. 78.

Le Pape Innocent III, écrit au Roi que le Clergé peut être assemblé de son autorité & contraint à fournir le tiers de son revenu. *Ib.* p. 78.

Guillaume de Couvigny reconnoit avoir promis au Roi de le servir de tout son possible de ses Domaines, de Hargues, de Fontenelles, de la Forteresse, de l'Or, de remettre à son ordre ses forteresses d'Argenton, du Châtelet & de la Charte, pour s'en servir si long-tems qu'il voudra. *Ibid.* p. 78. v.

Cour de la Pairie.

Troisieme Race.

1212.

Le Roi offroit au Comte de Boulogne la restitution de ses terres, s'il consentoit de s'en rapporter au jugement de la Cour Royale & des Barons du Royaume. *Duchesne*, tome 5. p. 53.

Le Roi tint une assemblée à Soissons où se trouverent tous les Grands de l'Etat. *Ibid.*

1213.

Le Comte de Flandres cité à la Cour des Pairs, n'y comparut pas, & par l'avis de tous les Barons, il fut résolu de lui déclarer la guerre. *Ib.* p. 54. & tome 4. p. 19.

1216.

L'Archevêque de Reims atteste par ses Lettres, que les Pairs de France ont jugés que la Comtesse de Champagne & son fils ne devoient com-

Cour Palatine.

Troisieme Race.

la Cour du Roi, & brulés dans le lieu appellé Champeau. *Duchesne*, tome 5. p. 50.

1210.

Charte de commune accordée par le Roi aux habitans de Bray sur Somne, n'y ayant point alors de Sénéchal, & la Chancellerie étant vacante. *Ibid.* p. 71.

1211.

L'Abbaye de Fescamp obtient le Plaid de l'Epée & le droit d'avoir une Cour féodale; mais comme cette Abbaye étoit sous la sauve-garde royale, le Roi réserve à sa Cour les cas de défaut de droit & trois autres cas. *Bruffel*, tome 1. p. 264.

TABLEAU.

Cour Législative.	Cour de la Pairie.	Cour Palatine.
Troisieme Race.	*Troisieme Race.*	*Troisieme Race.*
1210. Lettres de Pierre, Comte d'Auxerre, par lesquelles il oblige lui & ses biens envers le Roi, sur le différent qu'il a avec l'Eglise de Vezelay. *Ibid.* p. 82. Lettres de Guy, Abbé de Vezelay & de tout le Couvent, par lesquelles il promet au Roi de ne jamais rien faire contre ses intérêts, soit par le Pape, soit par la Cour d'Eglise. *Ibid.* p. 82. v. Le Roi confirme le traité fait entre le Comte d'Auxerre & l'Eglise de Vezelay. *Ibid. page* 82. v.	paroître à la citation faite par Erard de Brienne, qu'après qu'il auroit réparé l'infraction de la treve. *Ibid. page* 21. Lettres Patentes du Roi Philippes Auguste, portant notification de l'arrêt rendu en la Cour des Pairs de France, qui porte que Blanche, Comtesse de Champagne, a été citée à cette Cour, par les Ducs de Bourgogne, de Montmorency & de Barres, contre Erard de Brienne, au sujet de l'hommage du Comté de Champagne & qu'il a été jugé par les Pairs du Royaume, qu'Erard de Brienne ne devoit point être admis à l'hommage du Comté de Champagne. *Brussel*, tome 1. p. 651. Ce jugement a été rendu notoire par l'Archevêque de Reims, les Evêques de Langres, de Châlons, de Beauvais, de Noyon, &	Arrêt rendu en présence du Roi, au sujet de la taille imposée aux hommes du chapitre d'Auxerre, pour le Pape, pour le Roi & pour la défense de l'Etat. *Reg.* 34. *bis. du trésor des chartes*, p. 41. Articles proposés & reglés en la Cour du Roi, sur les contestations qui s'étoient élevées entre la Comtesse de Saint Quentin & le Chapitre de cette Ville. *Ibid. page* 84. 1214. Simon, Sire de Joinville, fait hommage à Blanche, Comtesse de Champagne, de la Sénéchaussée de Champagne & des droits qui

Cour Législative.	Cour de la Pairie.	Cour Palatine.
Troisieme Race.	*Troisieme Race.*	*Troisieme Race.*
Le Roi confirme le traité fait entre le Comte d'Auxerre & l'Eglise de Vezelay. *Ibid. p. 82. v.*	Odon, Duc de Bourgogne, & par plusieurs autres Evêques & Barons.	en dépendent. *Bruss. tome* 1. *p.* 638.
	Savoir les Evêques de Chartres, de Senlis, de Lisieux, les Comtes de Ponthieu, de Dreux, de Bretagne, de St. Paul, le Vicomte des Roches, Sénéchal d'Anjou, le Vicomte de Joigny, les Comtes de Beaumont & d'Alençon, écoutans & approuvans le jugement. *Ib.*	1215.
Lettres - Patentes du Roi sur le patronage des Eglises de Normandie. *Ibid. p.* 83.		Arrêt d'homologation d'un accord fait entre l'Abbé & Couvent de Saint Denis & les Marchands de la Ville de Paris qui fréquentent la Foire du Landy. *Reg. du trésor des chartes,* cotté 34. *bis. p.* 18.
1211.		
Charte de Commune accordée par le Roi à la Ville & aux habitants d'Athier, pareille à celle de Peronne, toutes fois à la réserve de la justice & de l'ost & chevauchée. *Ib. P.* 86.	Ce jugement a pareillement été notifié par les Lettres des Pairs qui y ont assistés, & par celles des Comtes de Blois & de Clermont, qui n'y sont pas dénommés. *Cartulaire de Champagne, an.* 1216.	Si le Roi eût refusé à un Haut-Seigneur de le faire juger par ses Pairs, ce Seigneur auroit été autorisé à refuser le service de sa Cour Palatine, qu'il devoit comme Vassal. *Brussel, tome* 1. *P.* 162.
1212.	Les Lettres des Seigneurs portent le Roi écoutant & approuvant le jugement, *audiente domino rege & judicium approbante.* On y trouve aussi le nom de l'Evêque d'Auxerre. *Ib.*	1217.
Lettres de Guillaume, Evêque d'Auxerre, par lesquelles		Lettres du Roi accordées aux Abbés & Religieux de Saint

TABLEAU.

Cour Législative.	Cour de la Pairie.	Cour Palatine.
Troisieme Race.	*Troisieme Race.*	*Troisieme Race.*

il reconnoit devoir au Roi le service d'ost, comme les autres Evêques & Barons, & promet le faire à l'avenir par ses Chevaliers. *Ibid. p.* 84.	Il est fait mention dans le cartulaire de Champagne de Lettres du Roi adressées aux Evêques de Beauvais, de Noyon, de Chartres, d'Auxerre, de Lisieux & aux Comtes de Dreux, de Bretagne, des Roches, Sénéchal d'Anjou, aux Comtes d'Alençon & de Beaumont, par lesquelles il leur mande & requiert qu'ils donnent leurs Lettres-Patentes sur ce jugement & ses erremens. *Ibid.*	Maximin dont l'exécution est attribuée au Bailli Royale. *Regist. du trésor des chartes, cotté* 34. *bis. p.* 28. *v.*
		1218.
1215.		Lettres par lesquelles Manassés, Evêque d'Orléans, reconnoit que lui & ses successeurs, Evêques d'Orléans, sont obligés de rendre au Roi, à grande & petite force, la Cour neuve qu'il a fait bâtir à Sully, toutes les fois qu'il en sera requis. *Ibid. p.* 17.
Charte de Commune accordée par le Roi aux habitans de Crépy en Valois. *Ibid. p.* 115.	**1217.**	
	Les Pairs choisissoient d'autres Pairs pour être leurs arbitres & Juges. *Ibid.*	
Mandement du Roi à la Comtesse de Champagne, de faire exécuter dans son Comté l'ordonnance générale qu'il a faite de sa seule autorité, touchant les Champions, *Brussel, tome* I. *p.* 320.	Lettres du Roi Philippes Auguste, où il atteste que les Pairs avoient été assemblés par son ordre, qu'ils ont la prérogative de rendre de tels jugemens, qu'ils ont attesté par leur record, le jugement dont il s'agit & que Manassés, Evêque d'Or-	Lettres par lesquelles les habitans de Narbonne s'adressent au Roi comme étant sous sa sauve-garde & sous celle de son Sénéchal de Besiers. *Reg.* 30. *du trésor des chartes, Lett.* 19. *P.* 37.

TABLEAU.

Cour Législative.

Troisieme Race.

1217.

Le Roi termine par la voie Législative le différent entre l'Abbé & le Couvent de Chaalis & les habitans au sujet des bois & fossés de cette Abbaye. *Reg. du trésor des chartes, cotté* 34. *bis.* P. 57.

1218.

Ordonnance du Roi concernant les Juifs. *Ordonnance du Louvre, tome* 1. P. 35.

1219.

Autre Ordonnance portant que les héritiers des femmes mariées décédées avant leurs maris sans enfans, ne prendront pas de part dans les conquêts que les maris auront faits. *Ib.* P. 38.

Cour de la Pairie.

Troisieme Race.

léans qui l'avoit critiqué, en a fait satisfaction en sa présence & celle des Pairs. *Duchesne, tom.* 4. P. 27.

1218.

Les Vassaux de Pairie inférieure ne pouvoient creuser des fossés & faire des creneaux ou autres forteresses, sans la permission de leur Seigneur Suzerain, leurs forteresses étoient rendables à grande & petite force. *Ib.*

1219.

Les Hauts-Seigneurs donnoient les Abbayes & Prieurés en fiefs liges *Ibid. Chantereau le Fevre,* p. 103.

1220.

Thibault, Comte de Champagne promet de bien & fidelement servir Philippes, Roi de France,

Cour Palatine.

Troisieme Race.

1219.

Le Roi, par aumône, affranchit à perpétuité de tout pouvoir séculier, la Chapelle Notre-Dame de Fice-Bois, la maison & pour pris des Chanoines, la mettant sous sa protection Royale. *Ibid.* p. 122.

1220.

Les fiefs se donnoient en garde & ils étoient rendables à grande & petite force. Il y avoit aussi beaucoup de fiefs de reprise, dont les conditions étoient exprimées dans les Chartes. *Miscell,* p. 880.

1221.

Le Monastere de Pruim étant sous la garde de Blanche, Comtesse de Champagne, lui demande la permission d'élire un Abbé. *Ib.* p. 885.

TABLEAU.

Cour Législative.	Cour de la Pairie.	Cour Palatine.
Troisieme Race.	*Troisieme Race.*	*Troisieme Race.*
1221.	son Seigneur-lige contre tous hommes & femmes qui peuvent vivre & mourir, à quoi il ne manquera pas, tant que le Roi lui fera droit en sa Cour, par le jugement de ceux qui peuvent & doivent le juger. *Ibid.* p. 115.	1222.
Lettres du Roi, touchant les priviléges des Clercs, en matiere criminelle. *Ibid.* p. 43.		Le Comte de Champagne notifie par ses Lettres le jugement qui a été rendu par les Commissaires nommés par le Pape entre les Moines de St. Martin des Champs, & Jean de Montmirel. *Cartulaire de Champagne. Chatreau le Fevre*, p. 137.
Ordonnance contre les blasphêmateurs. *Ib.* p. 45 & 46. aux *Observations.*		

1221.

Hugues, Comte de Rhetel, déclare avoir juré sur les choses saintes, suivant la requête & commandement de son Seigneur Thibault, Comte Palatin de Champagne & de Brie; que si ce Comte manquoit de rendre bon & fidele service au Roi de France, Philippes son Seigneur lige contre tous hommes & femmes, tant que le Roi lui voudroit faire droit en sa Cour, par le jugement de ceux qui le peuvent & doivent juger, il servira le Roi contre le Comte Thibault, avec tous les fiefs qu'il tient de lui. *Ibid.* p. 128.

1222.

Gauthier d'Avesnes, Comte de Blois, jure à Philippes, Roi de France, que si son Seigneur Thibault, Comte de Champagne, manquoit de le servir bien & fidelement, tant que le Roi lui seroit droit en sa Cour par le jugement de ceux qui le doivent & peuvent juger qu'il viendra au secours du Roi avec tous les Fiefs & Domaines qu'il tient de Thibault. *Ibid.* p. 132.

TABLEAU.

Cour Législative.

Troisieme Race.

1223.

Lettres-Patentes de Jean Clément, Maréchal de France, portant qu'il a juré au Roi Louis VIII, que ni lui, ni ses hoirs ne reclameront point cette Maréchauffée pour la tenir à titre héréditaire. *Bruffel, tome* 1. p. 630.

Lettres-Patentes de Guillaume, Evêque d'Angers, portant qu'il a fait le serment de fidélité au Roi, & que si le Comté d'Anjou étoit séparé du Domaine de la Couronne, l'Evêché y demeura attaché. *Ibid.* p. 296.

1224.

Entreprises du Pape sur l'autorité & les droits du Roi, par la cession du Comté de Toulouse, à Simon de Montfort. *Hist. de Languedoc, tome* 3. p. 290.

1225.

Le Roi termine par voie de Législation les différents qui s'étoient élevés entre les Maîtres & les Ouvriers de la Monnoie. *Ordonn. du Louvre tome* 2. p. 141.

Reconnoissance de l'Evêque de Meaux, qu'il tient en fief du Roi, le droit de battre Monnoie. *Bruffel, tome* 1. p. 200.

Lettres

Cour de la Pairie.

Troisieme Race.

1223.

Le Vicomte de Turenne promet de faire la foi hommage au Roi, & d'y obliger tous les Vaffaux Pairs *Cagul de Champagne. Chantereau le Feare* p. 149.

Les Evêques de Nîmes, d'Agde & de Lodeve, remercient le Roi de ce qu'il veut bien convoquer les Pairs de France a Melun, sur l'affaire des Albigeois. *Hist. de Languedoc, tome* 3. p. 278.

1224.

Arrêt qui décide que c'est à la Cour ordinaire du Roi & non à celle de la Pairie que doit être porté l'appel de défaut de droit ; il juge encore que les grands Officiers de la Couronne sont compétents pour juger avec les autres Pairs de France. *Bruffel, tome* 1. p. 235.

1225.

Ferrand, Comte de Flandres, se soumet au jugement des Pairs de France. Il promet au Roi le service d'Armée & de Cour, tant qu'il lui fera droit par le jugement des Pairs. *Recueil étant à la Bibliotheque de la Ville*, p. 30.

Dans le traité fait en 1109, entre Henri I, Roi d'Angleterre & Robert, Comte de Flandres,

il

TABLEAU.

Cour de Parlement.
Troisieme Race.

1223.

Le Roi confirme les franchises & priviléges de la Commune de Rouen, en vertu de laquelle les habitans étoient sous la sauve-garde du Roi & sous la jurisdiction de son Parlement. *Ordonnance du Louvre, tome 2. p. 412.*

1224.

Les appels de la Pairie subalterne sont portés à la Cour ordinaire du Roi, même entre les Hauts-Seigneurs & malgré leurs oppositions & réclamations de la Cour de Pairie. *Brussel, tome 1. p. 234.*

1226.

Le Roi met l'Abbaye de Grasse sous sa sauve-garde, sous la jurisdiction de ses Baillis, & par appel à son Parlement. *Hist. de Languedoc, tome 3. p. 318.*

1233.

Lettres par lesquelles Bernard, Evêque de Besiers, promet à Monsieur Odon le Quessy, Sénéchal pour le Roi dans ce pays, de comparoir par lui ou par ses Procureurs devant le Roi de France, au sujet des prises que cet Evêque prétend avoir été faites

Chambre des Comptes.
Troisieme Race.

1223.

Il existe à la Chambre des Comptes un livre ou registre cotté ✠, il y est dit que ce registre a commencé en 1223 & finit en 1337.

En tête de ce registre est un extrait des registres de la Chambre des Comtes, qui porte qu'en 1585, la Chambre ordonna de payer à Michel Louvet, Clerc au Greffe d'icelle, dix écus soleil sur & tant moins des salaires qui lui seront taxés pour la copie qu'elle lui a ordonné de faire du livre cotté ✠, premier des registres dudit Greffe, duquel l'écriture s'efface par antiquité.

Ce registre est le 184 de manuscrits de M. Godefroy, étant aux manuscrits de la Bibliotheque de la Ville.

Un autre registre de la Chambre des Comptes, appellé *Mémorial*, contient une charte où le Roi

TABLEAU.

Cour Législative.

Troisieme Race.

1226.

Lettres-Patentes du Roi par lesquelles il donne commission à Thibault, Comte de Champagne, pour faire terminer les différents qui s'étoient élevés au sujet de la garde & protection de Châlons. *Chantereau le Fevre*, p. 172.

1227.

Adelmare Valentin, Comte de Poitou, promet au Roi de lui rendre son Château de Bidaut, à grande & petite force, quand il en sera requis. *Ibid.* p. 174.

1228.

Ordonnance en faveur des Eglises, & contre les hérétiques du pays de Languedoc, contenant dix articles. *Ordonn. du Louvre*, tome 1. p. 50.

Restitution du Château de Termes faite au Roi & à ses Commissaires. *Hist. de Languedoc*, tome 3. p. 325.

Traité

Cour de la Pairie.

Troisieme Race.

il est dit que c'est aux Pairs à juger si ce Comte est obligé de donner secours au Roi d'Angleterre, *& hoc per pares suos qui eum jure judicare debent*. Ib. p. 8 & 9. Voyez aussi *Duchesne*, tome 4. p. 315.

L'Abbé Suger assemble les Evêques & les Hauts-Seigneurs pour avoir leurs avis, suivant qu'ils y sont obligés par leur serment de fidélité. *Ibid.* p. 10.

Il y avoit douze Pairs & un Maire pour gouverner la Commune de Beauvais. *Ib. page* 20.

1226.

Alliance des Pairs de France pour s'aider mutuellement sans aucune sujetion féodale. *Chantreau le Fevre*, p. 169.

Lettres-Patentes du Roi par lesquelles il convoque les Prélats & les Barons, & fait jurer de faire foi & hommage à Louis son fils aîné. *Ibid.* p. 172.

Signification faite par douze Prélats & grands Vassaux au Comte de Champagne, après la mort du Roi, de se trouver à Reims au jour qu'ils lui marquent pour assister au sacre du nouveau Roi. *Bruffel*, tome 1. p. 68 & 69.

Les Barons Pairs de France & les grands Officiers de la Couronne donnent leurs avis au Roi, touchant l'affaire des Albigeois, promettent & s'obligent

TABLEAU.

Cour de Parlement.

Troifieme Race.

faites en fon Evêché, ou fur les dons à lui faits & à fon Eglife, par le Comte de Montfort, dont il remettra la connoiffance au Roi & à fa Cour. *Reg. du tréfor des chartes, cotté* 30. *Lett.* 100. *p.* 163.

1234.

Le Queux, Sénéchal du Roi & autres Officiers, terminent les différens entre le Roi & l'Evêque d'Agde. *Ibid. Lettre* 101. *p.* 169.

Il fut dit par un arrêt en forme de réglement, que fi par l'événement il fe trouvoit que le record d'affife fit pour le Juif, la terre du Chevalier appartiendroit au Roi en la place du Juif, & que fi au contraire le record d'affife fefoit pour le Chevalier, fa terre lui demeureroit. Ce jugement eft rapporté dans le livre St. Juft de la Chambre des Comptes. *Bruffel, tome* 1. *p.* 591.

1235.

Sentence d'excommunication prononcée contre les Capitouls de

Chambre des Comptes.

Troifieme Race.

le Roi Philippes Augufte de l'année 1204, mais il eft à croire qu'elle y a été inféré après cette datte. *Bruffel, tome* 1. *p.* 543.

Le regiftre cotté +, porte gites, que le Roi Louis notre Sire prit en l'année 1223, fçavoir le Dimanche avant la Fête de Saint Pierre Es-Liens à Beauvais, le Lundi à Saint Juft, le Jeudi à Saint Médard de Soiffons, le Vendredi à Reims. *Fol.* 36. *v.*

1224.

La veille de la Fête Saint Philippes & Saint Jacques, le Roi prit gite à Sarnefe, *apud Sarnefiam*, & fes gens y trouverent tout ce qui leur étoit néceffaire. *Ibid. fol.* 37.

1225.

Le Lundi avant la Fête Saint Denis, le Roi prit gite à Andrefi, le Mercredi à Boifville en Beauce, le Jeudi à Santilly, le Vendredi à Blandi. *Apud Blandi.*

Le

H

TABLEAU.

Cour Législative.

Troisieme Race.

Traité par lequel Raymond, Comte de Toulouse, reconnoit ses torts & les droits du Roi. *Ibid.* p. 329.

Lettres du Roi au Comte de Toulouse, où il lui en joint d'obéir à ses ordres. *Ibid.* p. 340.

Soumission du Comte de Foi à l'Eglise & au Roi. *Ibid.*

1230.

Charte du Roi en faveur de l'Eglise de Maquelone & de l'Université de Montpellier, où il prescrit le serment que doivent faire les Licentiés & les Docteurs. *Ibid.* pag. 350.

Les gestes du Roi Saint Louis portent que ce Prince ordonna aux Professeurs des Sciences qui s'étoient retirés de Paris, d'y revenir, & qu'il rendît leur lustre aux anciennes Fleurs de Lys. *Duchesne, tome 5. p. 330.*

1231.

Le Roi Saint Louis ordonne la réformation du Monastere de Saint Denis, & la restitution d'un des Clouds de la Sainte Croix. *Ibid.*

1232.

Charte de confirmation des biens de l'Eglise d'Evreux & réglement sur les droits de cette Eglise

Cour de la Pairie.

Troisieme Race.

gent de l'aider comme leur Seigneur Lige. *Hist. de Languedoc, tome 3. p. 299.*

Les Prélats & Barons de France attestent que par leur avis, le Roi a mis le siége devant Avignon. *Hist. de Languedoc, tome 3. p. 311.*

Raymond, Comte de Toulouse, ayant été sommé de subir le jugement des douze Pairs de France, répondit qu'il falloit auparavant qu'il fut reçu à foi & hommage, parce qu'autrement on ne voudroit peut-être pas le regarder comme Pair. *Recueil étant à la Bibliothèque de la Ville*, p. 35 & 37.

1230.

Les Evêques & Hauts-Seigneurs notifient par leurs Lettres le jugement des Pairs de France rendu en présence du Roi, contre Pierre, Comte de Bretagne. *Ibib.* p. 38. *Brussel* p. 33.

1233.

Le Roi offrit, comme il le devoit, de faire droit à l'Evêque de Beauvais par les Pairs qui devoient le juger, mais cet Evêque & quelques autres refuserent de reconnoître la jurisdiction temporelle & mirent leurs Diocèses en interdit. *Ibid.* p. 40. *Gérard Dubois, hist. Eccl. Paris.* p. 336 & *suiv.*

Thomas

Cour de Parlement.

Troisieme Race.

de Toulouse qui avoient refusé de recevoir l'inquisition. *Miscel.* p. 992.

1237.

Jugement rendu contre le Comte de Foix, & contre ses Vassaux accusés d'hérésie, lequel jugement a été attaqué comme vicieux dans la forme. *Hist. de Languedoc*, tome 3. p. 383.

Autre jugement sur enquêtes au sujet du crime d'hérésie imputé à Othon, à ses freres, & à sa mere. *Ibid page.* 385.

1238.

Lettres d'Albert fondé de pouvoir par le Pape, à l'effet de révoquer le procès sur le fait de la prébende de Pontoise. *Reg. du trésor des chartes*, cotté N, *Lett.* 1. p. 65.

1239.

Déclaration par Gauthier de Ligne Chevalier, d'être caution de son fils envers le Roi, pour l'amende due par son petit-fils, à cause d'un homme par lui induement justicié. *Ibid.* p. 26.

Notification

Chambre des Comptes.

Troisieme Race.

Le Samedi avant la Fête Saint Nicolas, le Roi prit gite à Arras dans la maison de l'Evéque. *Ib.* p. 38.

1226.

Dans e registre de Philippes Auguste, cotté A, il est fait mention d'une Lettre par laquelle le Roi donne le Comté & la Ville de Lugues au Seigneur le Breton, il y est dit que cette Lettre n'a point été portée sur le registre, mais par lui remise, scellée dans la Chambre des Comptes & déposée au trésor des Chartes. *Lett.* 13. p. 24. *ecrin.* 223.

Le registre de la Chambre des Comptes cotté +, fait mention d'une Ordonnance pour la dixme de l'année 1226 dont on trouve une copie dans Robillard p. 69. *v.*

1249.

Dépense faite après le retour du Comte de Poitiers d'Aiguemortes, qui se trouve comprise

dans

TABLEAU.

Cour Législative.

Troisieme Race.

Eglise. *Reg. du trésor des chartes*, cotté A. Lett. 6 & 7. p. 97.

L'Abbé de Coulont reconnoit qu'il doit fournir gratuitement au Roi un de ses Religieux pour célébrer tous les jours le service divin dans la Chapelle du Roi au Château de Nogent. *Ibid.*

1233.

Lettres-Patentes du Roi Saint Louis adressées au Comte de Champagne & à ses Officiers, portant injonction de délivrer les Régales à Nicolas, Evêque de Troyes, qui lui a fait le serment de fidélité. *Brussel, tome* 1. p. 310.

Autres Lettres-Patentes du même Roi, qui annullent les confédérations & ligues que les Vassaux & sujets de l'Evêque de Langres avoient jurés entre eux au préjudice de cet Evêque. *Ibid.* p. 276.

1234.

Le Roi enjoint à Thibault, Roi de Navarre & Comte de Champagne, de rendre à la Comtesse de Dreux, en exécution de l'Edit d'établissement des Juifs, ceux qui avoient passé de ses terres dans le Comté de Champagne. *Ibid. page* 590.

Ordonnance

Cour de la Pairie.

Troisieme Race.

1237.

Thomas de Savoie, Comte de Flandres, requit d'être jugé par la Cour de ses Pairs sur le traité dont le Roi demandoit l'exécution. Trois Pairs déciderent la question & attesterent par leurs Lettres leur jugement & l'acquiescement du Comte à ce jugement. *Ibid. page* 41.

Lettres de Gauthier de Guistelle, qui promet de ne donner aucun secours ni conseil aux Comte & Comtesse de Flandres, en cas qu'ils contrevinssent au traité fait entr'eux & le Roi jusqu'à ce qu'il y eût jugement rendu par les Pairs de France. *Ib.* p. 45.

1238.

Lettres des Barons de L'Empire Romain au sujet de l'engagement & du rachat de la Sainte Couronne d'épine. *Reg. du trésor des chartes*, cotté J, Lett. 2. p. 51.

1239.

Lettres des Prélats & Barons étant à la guerre de la Terre-Sainte, à Thibault, Roi de Navarre & aux autres Hauts-Seigneurs de France, auxquels ils proposent quatre questions à résoudre. *Miscell.* p. 1012.

Marguerite

TABLEAU.

Cour de Parlement.

Troisieme Race.

1231.

Notification & confirmation d'une composition ou traité fait par les personnes dénommées entre le Doyen & Chapitre de Meaux, d'une part, Henri de Chatillon, Comte de Saint Pol, & Blaise, Seigneur de Crécy, d'autre part, pour certains droits énoncés pour lesquels il y avoit instance entre les parties. *Reg. cotté* 17. *Lett.* 3. *p.* 161.

1242.

Géofroy & Hugues de Lusignan, terminent leurs différens avec le Roi, en lui remettant leurs Châteaux. *Ibid. p.* 145.

1243.

Jugement pout la dixme de Malle, vendue à Saint Thomas du Louvre. *Registre* 2. *c. Lettre* 5.

1245.

Le Roi confirme l'abonnement fait par Ythier, Evêque de Laon, des droits de mainmortes

Chambre des Comptes.

Troisieme Race.

dans les comptes des Fêtes de la Toussaint & de la Chandeleur. *Histoire de Languedoc*, *tome* 3. *p.* 482.

1250.

Compte de la dépense depuis la Chandeleur jusqu'à la Toussaint en cette forme ; ce est la somme de la recette, Mestre Pierre de Santoil, de la Chandeleur jusqu'au Samedi devant la Fête Saint Luc, en l'an notre Seignor M. cc. l. *Ibid. p.* 483.

1251.

Recette pour le terme de l'Ascension, d'abord de la Baillie de Poitiers & de plusieurs autres personnes. *Ibid. p.* 484.

1252.

Recette au terme de l'Ascencension de la Baillie de Toulouse de la Monnoye de cette ville de la terre & de la dixme du Venesin. *Ibid. p.* 484.

Recette

H iij

TABLEAU.

Cour Législative.	Cour de la Pairie.
Troisieme Race.	*Troisieme Race.*

1235.

Ordonnance du Roi pour abolir de mauvaises coûtumes & en établir de nouvelles, touchant le relief ou rachat des fiefs. *Ib. tome 2. p. 34.*

1236.

Bulle du Pape adressée à Thibault, Roi de Navarre, par laquelle il l'invite à révoquer des statuts qu'il prétendoit contraires à la liberté de l'Eglise, quoiqu'ils eussent été approuvés par le Roi de France & ses Barons. *Miscell. p. 993.*

Lettres de Hugues de Chatillon, par lesquelles il reconnoit que Godefroy de Sargines est homme Lige du Roi avant d'être le sien. *Rég. du trésor des chartes, cotté D. Lett. 6. p. 121.*

Le Roi approuve & confirme le traité fait entre le Comte de Saint Pol & la Comtesse de Blois. *Ibid. p. 119.*

1237.

Le Roi étoit en pariage avec l'Eglise Dupuy, le Chapitre de cette Eglise lui déclare la disposition où il est d'achever certaine cloture de murs près le cloître en l'étendue de la terre &

1244.

Marguerite, Comtesse de Flandres, ratifie les traités faits par ses prédécesseurs, Comtes de Flandres & promet de s'en tenir au jugement rendu par les Pairs. *Recueil étant à la Bibliotheque de la Ville, p. 46.*

1246.

Guillaume de Dampierre, Comte de Flandres, rend hommage au Roi pour ce Comté, & se soumet aussi au jugement des Pairs. *Ibid.*

Diplôme de l'Empereur Frédéric II, par lequel il se soumet au jugement des Pairs & de la Noblesse de France. *Ibid. p. 49.*

1252.

Les Pairs de France se plaignirent de ce que le Roi Saint Louis & la Reine Blanche sa mere se proposoient de rendre au Roi d'Angleterre les terres confisquées par l'arrêt de la Cour des Pairs de 1202. *Ibid. p. 51.*

1255.

Le Roi Saint Louis déclare au Roi d'Angleterre que les douze Pairs & les Barons s'opposent à la restitution de la Normandie. *Ibid. p. 52.*

Le

TABLEAU.

Cour du Parlement.

Troisieme Race.

morte & formariage des hommes & femmes de corps de son Diocèse tenus en fiefs mouvans de sondit Evêché. *Reg. cotté B, Lett.* 13. p. 85.

1246.

Conventions arrêtées en présence des Juges, entre l'Evêque de Clermont & Humbert de Beaujeu, sur les différens qui étoient entr'eux. *Miscel.* p. 623.

1247.

Ceux qui avoient des différens avec le Roi, se soumettoient à sa volonté & à celle de ses Officiers & donnoient des otages pour sureté de leur soumission, comme il étoit d'usage dans ce tems-là. *Ibid.*

1248.

Le Roi Saint Louis notifie & ordonne l'exécution d'un jugement qui avoit été rendu en sa présence. *Ibid.* p. 463.

Le

Chambre des Comptes.

Troisieme Race.

1253.

Recette au terme de la Toussaint de la Baillie de Poitiers & de la Sénéchaussée de Toulouse. *Ibid.* p. 484.

1254.

Comte du terme de l'Ascension & recette du même terme, il y est parlé de la Baillie d'Albi. *Ibid.*

1255.

Compte du terme de l'Ascension & recette de la Baillie de Toulouse, de celle de Cahors, de celle d'Agen, du Venesin. *Ibid.* p. 486.

1256.

Compte & recette au terme de la Chandeleur, il y est dit que ce compte a été rendu en présence d'Alphonse à Long-Pont, le Samedi avant les Rameaux.

Ordonnance touchant les Mairies dans toutes les bonnes villes du Royaume. *Ordonn. du Louvre, tome* 1. p. 82.

Cette Ordonnance se trouve dans le registre *Croix* de la Chambre

H iv

Cour Législative.

Troisieme Race.

& du Domaine de l'Eglise. Reg. du tréfor des chartes, cotté L, Lett. 3. p. 56.

1238.

Transaction entre le Roi & le Maître de la Milice du Temple en France fur la collation de la Vicairie d'une demie prébende en l'Eglise de Poissy. Reg. du tréfor des chartes, cotté N, Lett. 3. p. 65.

1239.

Déclaration par Pierre Savari, Chevalier du traité fait avec la Reine de France pour le rachat de la terre de Montbason & de Colombiers. *Ib.* Lett. 9. p. 26.

1240.

Lettres de l'Evêque de Senlis qui notifient celles par lesquelles les Doyen & Chapitre de Saint Thomas de Crépy en Valois, ont délaissé au Roi de France la Pescherie qu'ils avoient en son vivier d'Autilly du don d'Aliénor, Comtesse de Vermandois & Valois. Reg. du tréfor des chartes, cotté L, Lett. 9. p. 78 & 79.

Lettres du Comte de Touloufe par lesquelles il reconnoit avoir juré au Roi de le servir fidelement

Cour de la Pairie.

Troisieme Race.

1256.

Le Sire de Coucy fut ajourné au Parlement & il y demanda son renvoi à la Cour de la Pairie, pour y être jugé par ses Pairs suivant la coutume de Baronie; on prétendit qu'il ne possédoit pas sa terre en Baronie, ce qui détermina à l'ajourner, non pas par des Pairs, mais par les Sergents de la Cour. *Ibid.* page 53.

1257.

Le Roi encouragea les grands du Royaume, & ceux sur-tout qu'on a appellé les douze Pairs de France, savoir l'Archevêque de Reims, l'Evêque de Noyon, qui est Comte Palatin, l'Evêque de Beauvais, qui est aussi Comte Palatin, l'Evêque de Châlons, l'Evêque de Langres, l'Evêque de Laon, qui est Duc & Comte, à cause de St. Remi.

Les Ducs de Normandie, d'Aquitaine, de Bourgogne, les Comtes de Flandres, de Champagne & de Toulouse. *Ib.* p. 55 & 56.

1258.

Arrêt donné au profit du Roi Saint Louis, contre ses freres, pour le Comté de Clermont en Beauvoisis. Reg. 26. p. 374. Lett. 242. *Ibid.* p. 56.

Cour de Parlement.

Troisieme Race.

Le Comte de Toulouse, l'Evêque d'Alby, & Sicard d'Alaman terminerent en préfence de leurs Officiers, la contestation qui s'étoit élevée au fujet de la monnoye d'Alby. *Ibid. p.* 469.

1249.

Appel interjetté au Parlement par le Vicomte de Lomagne, des griefs qu'il avoit contre le Comte de Touloufe. *Ibid. page* 471.

1251.

Lettres du Roi pour notifier que la contestation qui étoit entre le Prince & Dreux de Mello a été terminée par le transport qu'a fait ce dernier au Roi des Châteaux de Loches & de Châtillon fur Indre & par 600 liv. de rentes que lui a fait le Roi, assignée fur fes comptes. *Regift. cotté* 17. *Lett.* 1. *p.* 155.

1252.

Le Roi Saint Louis accorde fes Lettres-Patentes pour notifier & confirmer une Sentence rendue par Olivier de Terme, en faveur de plufieurs Chevaliers du Languedoc. *Ibid. p.* 497.

Le

Chambre des Comptes.

Troisieme Race.

Chambre des Comptes, *p.* 49. *v.* Il y eft dit que le premier compte rendu en exécution de cette Ordonnance eft de l'octave de Saint Martin d'hiver. 1262.

Ordonnance touchant l'élection des Mairs dans les bonnes villes de Normandie, il eft dit dans l'article premier, que le Maire apportera chaque année fon compte aux gens qui tiendront les comptes du Roi, à l'octave de Saint Martin d'hiver. *Ordonnances du Louvre, tome* 1. *p.* 83.

Cette Ordonnance eft dans le regiftre *Croix. P.* 60. *v.*

Ordonnance pour l'utilité du Royaume. L'article 16 enjoint aux Sénéchaux, Baillis & autres Officials, ne tienne trop grand plente de Sergent, ne de Bediaux, mes au plus poque, il pourront en ayant pour faire les commandemens de nous & de nos Cours.

Cette Ordonnance eft dans le regiftre *Croix*, *p.* 45. *v.* en marge eft écrit qu'elle a été regiftrée au Livre cotté *Nofter*, *p.* 17.

1257.

Terre de Toulouse en l'année 1257, affermée à Geofroy de Chevenre, étant alors Sénéchal.

La Baillie de Rouergue à M. Pierre de Landreville, Sénéchal.

La

Cour Législative.
Troisieme Race.

delement de faire la guerre à ſes ennemis qui ſont en Albigeois, de faire abbattre les Châteaux & fortifications. *Reg. du tréſor des chartes*, cotté 30. Lett. 252. *p.* 321.

Serment de fidélité des habitans d'Aleth, par lequel ils ont juré d'être toujours fideles au Roi, de le garder & défendre envers & contre tous. *Ib. p.* 247.

1241.

Lettres de Pierre de Cugenen & Berenger, freres, par leſquelles ils ſoumettent leurs perſonnes, haut & bas, à la volonté du Roi. *Ibid. p.* 270.

1242.

Lettres du Comte de Toulouſe, par leſquelles il déclare mettre le Château de Saverdun, par ordre du Roi, entre les mains de M.M. Hugues, Evêque de Clermont & Imbert de Beaujeu, au nom du Roi, pour en diſpoſer à ſa volonté. *Ibid.* p. 319.

Autres Lettres par leſquelles ce Comte promet & convient fermement avec M.M. Ferry, Maréchal de France, le Gay, Chevalier, & Maître Guillaume de Limoges, Commiſſaires du Roi. *Ibid. p.* 312.

Lettres

Cour de la Pairie.
Troisieme Race.

La Comteſſe de Flandres fut du nombre des Juges, à cauſe de ſa Comté Pairie. *Ibid.*

Les Evêques de Normandie alléguoient qu'il étoit d'uſage en Normandie de tems immémorial, que lorſqu'un Sergent ajournoit un Evêque, il y avoit quatre Chevaliers pour atteſter l'ajournement. *Ibid.*

L'ancienne Coutume de Normandie porte, les Barons doivent être ſemons par le Bailli ou par le Vicomte, ou par le maître Sergent, pardevant quatre Chevaliers au moins, qui puiſſent porter témoignage de la ſemonce. Chap. 61. *Ib. p.* 57.

1259.

Le Roi Saint Loüis remit au Roi d'Angleterre pluſieurs terres confiſquées par l'arrêt des Pairs de France, à la charge de la foi & hommage, lige comme Pair de France. *Bruſſel*, tome 2. page 9.

Arrêt touchant la garde de l'Abbaye de Saint Remi de Reims. L'Archevêque de cette Ville

TABLEAU. 107

Cour de Parlement.

Troisieme Race.

1253.

Le Roi notifie par ses Lettres Patentes l'arrangement fait avec l'Abbaye de Grace touchant les Bénéfices des hérétiques qui avoient été confisqués, les Lettres-Patentes furent envoyées par Maître le Grand, son Clerc. *Reg. cotté* 30. *Lett.* 88. *p.* 139.

1254.

L'Evêque & le Chapitre du Puy, prétendoient que la régale ne s'étendoit pas hors de la Ville, l'Archevêque de Bourges est choisi pour terminer ce différent. *Ibid. p.* 297.

Arrêt du Parlement qui juge qu'une femme peut succéder à un Office judiciaire en le faisant exercer. *Reg. Olim.* 1. *p.* 2.

1255.

Lettres du Roi par lesquelles appert que l'Archevêque de Maguelone a reconnu en présence du Sénéchal de Beaucaire, que toute la ville de Montpellier & ses appartenances sont du Fief de la Couronne. *Registre cotté* 30. *p.* 234.

Lettres

Chambre des Comptes.

Troisieme Race.

La Baillie d'Alby affermée au même Landreville, les salaires des Juges pour cette année ont été de 323 liv. 5 sol.

1258.

Ordonnance touchant les usures & les biens des Juifs, le Roi nomme des Commissaires pour en faire la recherche, ainsi que des droits dont il n'avoit pas été compté. *Ord. du Louvre, tome* 1. *p.* 85.

Cette Ordonnance est au Registre *Pater, p.* 201.

1259.

Lettres contenant plusieurs réglemens pour le Languedoc, tirées du livre de la Chambre des Comptes de Paris, intitulé, Registre de la Cour de France, du Roi, des Fiefs & affaires des Sénéchaussées de Carcassonne, de Beaucaire, de Toulouse, de Cahors, de Rouergue. *Ordon. du Louvre, tome* 1. *p.* 86.

1260.

Recette des termes de l'Ascension & de la Toussaint, dont le compte a été présenté à Alphonse, Comte de Toulouse, à Long-Pont. *Hist. de Langued. tome* 3. *p.* 488.

Ordonnance

Cour Législative.

Troisieme Race.

1243.

Lettres de Commission du Roi au Sénéchal de Beaucaire, pour l'exécution de Lettres-Patentes, portant défense de faire construire ou rétablir aucune forteresse sans le consentement du Roi. *Ibid. p.* 193. *& suiv.*

Le Roi confirme la transaction passée entre l'Evêque de Laon, & les Mairs Jurés de cette Ville. *Reg. cotté* B, *p.* 81.

1245.

L'Evêque de Laon notifie la confirmation faite par le Roi, de la convention sur le fait des mortes-mains & formariages entre le Trésorier de l'Eglise de Notre-Dame de Laon, & ses hommes & femmes de Corps. *Ibid. p.* 85.

1246.

Lettres par lesquelles l'Evêque de Cahors expose que M. de Malmort, Sénéchal du Roi, lui a dit de sa part de ne point obliger les habitans de Cahors de plaider devant la Justice Episcopale, sur les causes qui concernent les affaires de la Communauté de la Ville, dont la connoissance appartient aux Juges Royaux. *Reg. cotté* 30. *Lett.* 218. *p.* 299 *& suiv.*

Lettres

Cour de la Pairie.

Troisieme Race.

Ville y demanda le renvoi à la Cour de la Pairie, pour y être jugé par ses Pairs. *Recueil de la Ville, page* 57 *& suiv.*

Dans la question de la Saisine du Comté de Boulogne, entre Mairie, épouse de l'Empereur Baudouin, le Comte de Saint Paul & sa femme, le Comte reclama l'usage de la Cour de Pairie d'Artois, sauf à se pourvoir par appel en la Cour de Pairie Supérieure, le Parlement retint la cause sans préjudice de la coutume & de la dignité de la Cour des Pairs. *Ibid. p.* 63.

1261.

L'Evêque de Châlons ayant été ajourné à la Cour de Parlement, pour cause d'abus de sa Justice, prétendit devoir être renvoyé à la Cour de la Pairie, comme Baron Pair de France & Homme Lige du Roi, il fut jugé que cette cause ne compromettoit pas la Pairie. *Ibid. page* 63.

L'Evêque

TABLEAU.

Cour de Parlement.

Troisieme Race.

1256.

Lettres du Roi par lesquelles il notifie l'accord fait entre Louis, Comte de Sancerre & les Doyenné & Chapitre de Saint Martin de Tours, sur leurs droits de Seigneuries. *Ibid. page 12.*

1257.

Lettres du Roi qui notifient qu'Alphonse, Comte de Poitiers, a remit le droit de Garde & d'Avourie à l'Abbaye de Marmoutier. *Ibid. p. 559.*

Arrêt du Parlement rendu contre deux faux monnoyeurs. *Olim. p. 4.*

1258.

Dans la contestation qui s'éleva au sujet de la Garde de l'Abbaye de Saint Remi de Reims, l'Archevêque de cette Ville, comme Pair de France, demanda son renvoi à la Cour de Pairie & il en fut débouté. *Ibid. p. 11. v.*

Letres

Chambre des Comptes

Troisieme Race.

1262.

Ordonnance ou Réglement touchant les Monnoyes. Elle est au registre *A*, de la Chambre des Comptes, *p. 83. Ordon. du Louvre, tome 1. p. 93.*

Dépense des Fiefs & aumônes pour le tout, 496 liv. *Registre Croix, p. 50. v.*

Comptes des Villes de Compiennes, de Saint Quentin & de Crespy. *Ibid.*

Comptes des Villes d'Amiens, de Noyon, de Saint Riquier, de Corbie, de Chandadie, de Soissons, de Mantes, de Meulant, Beaumont, de Chaulny, de Perronne, de Pont, d'Achers, de Chambly, Poissy, de Neufville, de Monstreuil, de Roye, d'Asniers, de Crandeleu, de Crespy, de Sens, de Provins, de Montdidié. *Ibid. page 49 & suivantes.*

1263.

Compte de la Ville de Doulens, de Saint Riquier, de Villeneuve en Beauvoisis, de Chaviny, d'Amiens, de Beauchesne. *Ibid. p. 57 & suiv.*

Noms des Villes qui ont le droit de Communes. *Ib. p. 62.*

Ordonnance

Cour Législative.

Troisieme Race.

1247.

Lettres du Roi portant que l'Abbaye de Cusset, & les biens qui lui appartiennent ne seront point démembrés de la Couronne. *Ordon. du Louvre*, tome 4. p. 206.

1248.

Lettres par lesquelles le Roi donne à la Reine sa mere la Régence du Royaume. *Ibid.* tome 1. p. 60.

1249.

Le Roi Saint Louis accorde ses Lettres-Patentes pour confirmer la fondation d'un Monastere de filles, de l'Ordre de Citeaux. *Miscell.* p. 1043.

1250.

Charte du Roi Saint Louis, par laquelle il ordonne au Sénéchal de Carcassonne, de remettre à Olivier de Terme, les terres qui avoient été sur lui confisquées. *Hist. de Languedoc*, tome 3. p. 481.

1251.

Le Roi Saint Louis mande à la Reine Blanche sa mere, de faire

Cour de la Pairie.

Troisieme Race.

1264.

L'Evêque de Toulouse accusé de plusieurs crimes, fut jugé par les Inquisiteurs établis pour lors en Languedoc. Les Nobles s'opposerent à cette procédure, L'Evêque de Toulouse recusa les Juges Inquisiteurs, il interjetta appel en Cour de Rome.

1266.

Guillaume de Courtenay fit assigner au Parlement le Comte de Saint Cerre, ce dernier demanda son renvoi à la Cour de Pairie du Bourbonnois, où il avoit son domicile. La Cour ordonna qu'il procéderoit au Parlement. *Recueil étant à la Bibliotheque de la Ville*, p. 64.

1268.

Le Chatelain de Noyon ne fut point renvoyé à la Cour Féodale de Pairie de l'Evêché, parce que l'Evêque demanda lui-meme qu'il fut jugé en la Cour du Roi. *Ibid.* p. 64.

1271.

Dans l'étendue de la Pairie de Laon, le Roi étoit en possession de confisquer les meubles de

TABLEAU.

Cour de Parlement.

Troisieme Race.

1259.

Lettres scellées de deux Sceaux de l'Archevêque de Reims & de l'Evêque de Liége, pour notifier l'accord fait entr'eux, touchant leurs Seigneuries indivises. *Reg. cotté* 17. *Lett.* 7. *p.* 165.

1260.

Olivier de Cliffon interjetta appel au Parlement, d'un jugement rendu en la Cour du Comte de Bretagne, & il fut jugé que ce Comte procéderoit au Parlement. *Regist. Olim.* 1. *page* 16.

Le Parlement décide que les Vassaux du Duc de Gascogne, Roi d'Angleterre ne sont point obligés d'aller en Angleterre pour lui rendre hommage. *Ibid. page* 16. *v.*

1261.

Lorsque le Roi exerce la régale à titre de Souverain, il n'est pas tenu de donner au Chancellier de Bayeux, ce que l'Evêque lui donnoit. *Ibid. page* 19. *v.*

1262.

Les Echevins d'Artois s'étoient pourvus en sa Cour contre

Chambre des Comptes.

Troisieme Race.

1265.

Ordonnance ou Réglement touchant les Monnoyes inférée au Regiftre *A*, de la Chambre des Comptes. *Ordonnances du Louvre, tome* 1. *p.* 94.

1268.

Lettres-Patentes contre les Lombard, les Cahoriens & les autres usuriers étrangers, il est enjoint de les chasser des territoires des Seigneurs. Ces Lettres sont au Regiftre cotté *Pater*, de la Chambre des Comptes de Paris. *page* 114. *v.* & au Regiftre cotté *A. page* 45. *v. Ibid. page* 96.

1269.

Arrêt rendu par l'avis des Maîtres de la Cour, qui étoient pour lors à la Chambre des Comptes au Temple. *Recueil étant à la Bibliotheque de la Ville, p.* 66.

Lettres

Cour Législative.

Troisieme Race.

faire exécuter le traité fait avec l'Abbaye de Grasse. *Miscell. p.* 1047.

1252.

Notification & confirmation faites par le Roi, d'une Sentence rendue par Olivier de Terme. *Trésor des chartes, Toulouse, sac.* 9. n. 47.

1253.

Vuillaumes, Roi des Romains, notifie & confirme un jugement rendu en la Cour de Pairie inférieure. *Miscell.* p. 1053.

1254.

Le Roi de sa seule autorité & pour remplir le devoir de la puissance Royale, fait une Ordonnance pour la réforme de la Justice dans son Royaume. *Ord. du Louvre, tome* 1. p. 67.

Le dernier article de cette Ordonnance porte, retenue à nous la plenité de la Royale puissance, de y déclarer, muer ou corriger, ajouter ou amenuiser. *Ibid.* p. 73.

Lettres

Cour de la Pairie.

Troisieme Race.

de ceux qui étoient coupables d'homicides. *Ib.* p. 67.

Ordonnance portant qu'entre les Prélats de France, les Pairs Ecclésiastiques seuls peuvent amortir leurs arrieres Fiefs. *Ibid.* page 68.

1275.

Lettres d'Edouard I, Roi d'Angleterre, pour s'excuser auprès de Philippe le Hardi, Roi de France, de ce qu'il ne peut assister en personne au procès, entre Robert, Duc de Bourgogne, & Robert, Duc de Nevers, touchant le Duché de Bourgogne; pour le jugement duquel procès les Pairs avoient été convoqués. *Ibid.* p. 68.

Lettres de Guy, Comte de Flandres, par lesquelles il promet s'en tenir au jugement des Pairs, rendu en 1244. *Ibid.* page 46. *trésor des chartes, reg.* 31.

1276.

Edouard, Roi d'Angleterre & Duc d'Aquitaine, reconnoit qu'il tient du Roi à l'hommage lige comme Duc d'Aquitaine & Pair de France. *Rimer, tome* 2. page. 134.

Arrêt

Cour de Parlement.

Troisieme Race.

tre leur Comte ; mais la Cour se resouvint qu'en pareil cas, elle avoit renvoyé au Tribunal du Comte. *Ibid.* p. 19. v.

Le privilége de cléricature n'empêche pas qu'on ne soit ajourné au Parlement en ce qui concerne le service du Roi.

1263.

Les Evêques qui sont sujets à la régale, doivent payer 5 liv. au Grand Bouteiller de France & 10 liv. au Grand Sénéchal. *Ibid.*

1264.

Les habitans de St. Antoine ont été condamnés à 50 livres d'amende pour injures faites à l'Archevêque de Bourges. *Ibid.* page 2.

L'homme lepreux n'exemptoit pas sa femme des tailles, parce qu'elle étoit commune en biens avec lui. *Regist. Olim* 1. *page.* 29. *v.*

1265.

Arrêt du Parlement qui a jugé que les titres de l'Evêque de Paris n'exemptoient pas ses hommes de la Jurisdiction du Roi, ni du Guet de Paris. *Ibid.* p. 31.
Le

Chambre des Comptes.

Troisieme Race.

1270.

Lettres par lesquelles le Roi commet Maître Henri de Vezelay & Maître Jean de Troyes, & les Archidiacres, en l'Eglise de Bayeux, Nicolas d'Auteuil & Jean Sarracin, pour les Echiquiers, pour les comptes du Temple & pour faire les autres comptes du Royaume. *Ordonn. du Louvre, tome* 1. p. 295.

Suivant Matthieu, Paris, dès l'année 1231, les Evêques négligeans le soin Pastoral, siégeoient à l'Echiquiers pour juger les causes laïques & rendre des jugemens à mort. Au tems de Saint Louis en 1259, l'Echiquier tenoit à Pâques & à la Saint Michel. *Du Cange, Gloss. v. Scacarium.*

1272.

Reglement sur les droits des Chambellans. Il est au registre de Saint Just de la Chambre des Comptes, *page* 11. & dans un rouleau aux Terriers. *Ordon. du Louvre, tome* 1. p. 296.
Lettres

I.

TABLEAU.

Cour Législative.

Troisieme Race.

1255.

Lettres d'affranchissement données par le Roi à tous les habitans de la Châtellenie de Pierrefond, à la charge par eux de donner douze d. parisis pour livre de tous leurs biens, meubles & immeubles. *Registre du trésor des chartes*, cotté 30. Lett. 489. p. 531.

1256.

Le Roi décide par voie de Législation les différents entre la Comtesse de Provence & Charles, Comte d'Anjou & de Provence, au sujet des fruits & revenus des Comtés de Provence & de Forcalquier, & du Marquisat de Provence. *Ibid.* Lett. 483. p. 619 & suiv.

1257.

Aimar de Poitier, Comte de Valentinois, promet au Roi de lui rendre à grande & petite force le Château de Bidage. *Ibid.* p. 220.

1258.

Traité sur les différents entre le Roi de France & le Roi d'Aragon, concernant le Comté de Barcelonne

Cour de la Pairie.

Troisieme Race.

1283.

Arrêt de la Cour de Pairie rendu pour le Roi contre Charles de Sicile, son oncle, au sujet du Comté de Poitiers & terres d'Auvergne. *Ibid. & du Tillet, recueil des rangs des Grands de France*, p. 33.

1284.

Le Roi Philippe III, confirme l'accord où Blanche, Comtesse de Champagne, prétend qu'elle doit tenir le bail de sa fille jusqu'à onze ans accomplis par la coutume des Pairs & Barons de France. *Recueil, Ibid.* page 75.

1287.

Dans l'Ordonnance qui exclu les Clercs de l'exercice de la jurisdiction temporelle & subalterne, les Pairs Laïcs sont mis en ordre & en rang avant les Pairs Ecclésiastiques. *Ibid.* p. 82.

1290.

Sur l'appel du jugement comme faux & irrégulier, le Comte de Flandre demanda que la cause fut renvoyée à sa Cour de Pairie subalterne, mais le Parlement retint la cause. *Ibid.* p. 83.

Lettres

TABLEAU.

Cour de Parlement.

Troisieme Race.

Le Seigneur de Meudon a été maintenu par arrêt du Parlement à lever sur les Bourgeois de Paris tenans héritage en sa censive de Sievre, un droit pour le mariage de sa fille & pour la Chevalerie de son fils. Ibid. p. 27. v.

1266.

Les habitans de la terre de Saint Oportune se plaignirent de ce que l'Evêque de Paris prétendoit y percevoir un droit sur les choses vendues. Il y eût enquête, & il en résultat que la prétention de l'Evêque étoit mal fondée. Ibid. p. 35.

1267.

L'Evêque de Châlons accusé d'abus dans l'administration de sa Justice temporelle, reclama la Cour de Pairie, comme Baron Pair de France, & homme lige du Roi, mais il fut ordonné qu'il procéderoit en la Cour de Parlement. Ibid. p. 38.

1268.

Le Parlement a jugé que, conformément à la Coutume de France, le frere affranchit sa sœur du rachat pour son premier mariage seulement. Ibid. p. 43.

Chambre des Comptes.

Troisieme Race.

1274.

Lettres du Roi au sujet des Lombards Caorcins & autres usuriers; elles sont au registre *Pater* de la Chambre des Comptes, page 114. v. au registre *Noster*, page 29. & au registre *A*, p. 46. Ibid. page 299.

1275.

Ordonnance touchant les nouveaux acquets. Elle est inscrite dans le registre *Croix*, p 89, & à la *page 97*, on trouve les instructions & décisions adressées aux Commissaires qui étoient chargés de faire exécuter cette Ordonnance. Ibid. p. 303.

1285.

Ordonnance concernant les dépenses de la maison du Roi & de la Reine, desquelles on comptoit à la Chambre des Comptes.

Le Pannetier qui sera devers le Roi, aura 4 sol. 4 d. par jour pour toutes choses, & vin & chandelle.

L'Ecuyer

TABLEAU.

Cour Législative.

Troisieme Race.

Barcelonne & les limites de chaque Royaume. *Ibid. page* 659 *& suivantes.*

1259.

Le Roi confirme les Lettres de l'Abbé de Saint Germain-des-Prez, par lesquelles il affranchit tous les habitans du Bourg de Saint Martin-des-Prez, moyennant 200 liv. & à la charge d'un cens de 3 sol. par mesure. *Ibid. page* 753 *& suiv.*

1260.

Lettres portans amortissement au profit de l'Abbesse & Couvent de Saint Antoine de Paris, le Roi se réservant la Justice & les cens des biens donnés & légués à ladite maison. *Ibid. Lett.* 250. *p.* 349 *&* 350.

Le Roi abolit dans le Bailliage de Tours, la mauvaise coutume suivant laquelle le larcin d'un pain, d'une poule ou du pot de vin, étoit puni par la perte d'un des Membres du voleur. *Regist. Olim.* 1. *page* 15. *v.*

Le

Cour de la Pairie.

Troisieme Race.

1293.

Lettres-Patentes du Roi pour ajourner Edouard, Roi d'Angleterre, comme Duc de Guienne à la Cour de Pairie de France. *Ibid. p.* 84.

Procès-verbal de la publication de l'ajournement du Roi d'Angleterre faite par le Sénéchal de Perrigort en présence de deux Chevaliers. *Ibid. p.* 86.

1294.

La Chronique de Flandres porte, que le Roi manda tantôt les Pairs de France, & leur montra les injures que le Roi d'Angleterre lui faisoit, & les conjura que droit lui en dissent & les Pairs jugerent qu'on envoya deux des Pairs au Roi d'Angleterre, tantôt on y envoya l'Evêque de Beauvais & l'Evêque de Noyon, qui lui baillerent leurs Lettres & lui dirent : Sire, les Pairs de France ont jugés qu'on vous ajourne sur les demandes que le Roi de France vous fait, & nous qui sommes Pairs de France, vous

TABLEAU.

Cour de Parlement.

Troisieme Race.

1269.

Le Maréchal de l'Albigeois Seigneur de Mirepoix, a été maintenu par arrrêt dans le droit de faire brûler les hérétiques dans sa terre. *Olim.* 1. p. 46.

1270.

Un Juif nommé Abraham, reclamé par le Bailli du Duc de Bourgogne fut adjugé au Roi, *Ibid.* page 48.

1271.

Dans une contestation concernant la régale de Châlons, il a été jugé ou prononcé par les Maîtres de la Cour qui étoient à la Chambre des Comptes au terme de l'Ascension dans le Temple. *Ibid.* p. 50.

1272.

Enquête qui prouve que le Roi est en possession de percevoir

Chambre des Comptes.

Troisieme Race.

L'Ecuyer, pour le corps du Roi aura bouche à la Cour, sans gages. *Ibid.*

Le Maître de l'Hôtel du Roi & le Maître d'Hôtel de la Reine auront par jour 4 sol. comme devant, & livraison de chandelle, & deux quartes de vin. *Ibid.* p. 75. & *suiv.*

1288.

Le registre de la Chambre des Comptes cotté ✢, contient un détail curieux du Grand Bouteillier de France. Il est maître des Evoisiens ou Messagers par tout le Royaume de France & Souverain de la Chambre des Comptes, & doit avoir un faix de bourse & nombre de jettons de quoi nos Seigneurs des Comptes jettent chacun an. *Ibid.* p. 71 & 72.

1289.

Copies faites sous les sceaux des Cours de France d'une Bulle du

I iij

Cour Législative.

Troisieme Race.

1261.

Le Roi abolit à Meaux la mauvaise coutume par laquelle celui qui étoit accusé d'avoir fait une plaie à sang, étoit obligé de s'en innocenter par le témoignage de 3 ou 4 témoins nommés par la personne blessée, ou de lui payer 2 livres 7 sols.

1262.

Suivant l'Ordonnance du Roi sur la procédure, on ne pouvoit faire que deux productions dans un procès. *Ibid. p.* 23.

1263.

Le Roi, malgré l'usage des lieux & celui de la Cour, autorise la Vicomtesse de Comborn, à plaider sans l'autorisation de son mari. *Ibid. p.* 25.

C'étoit une Loi en France qu'un alleu noble ne pouvoit être porté en Fief qu'au Souverain.

Le

Cour de la Pairie.

Troisieme Race.

vous y ajournons, & que dedans quarante jours veniez répondre à cette chose. *Recueil étant à la Bibliotheque de la Ville, p.* 103 & 106.

1296.

Le Comte de Flandres prétendoit que ce n'étoit pas au Roi à décider dans son Conseil, si une cause devoit être portée au Parlement ou à la Cour des Pairs, le Parlement jugea que c'étoit au Roi en son Conseil à juger cette compétence. *Ibid. p.* 112.

Disoit li Cuens au Roi, que vous le Comté de Flandres qui étoit une Pairie & dont il étoit Pair de France, & tout ce qu'il tenoit entierement, vous aviez saisi & teniez en contre sa volonté par violence & à force à vo tort, sans cause & sans raison, & en contre coutume & en contre droit, sans loi & sans jugement. Que Juge n'en étiez mie, ne juger n'en deviez, ains en étoient Juges, li Pair de France & juger devoient. *Ibid. page.* 113.

Le

TABLEAU.

Cour de Parlement.

Troisieme Race.

voir la taille à Paris dans la terre de Saint Eloi, dans celle de Saint Magloire & dans celle de Saint Germain-des-Prez. *Ibid. page* 58.

1273.

Arrêt qui confirme l'ancienne Loi de France, par laquelle les enfans des hérétiques étoient privés de leur succession. *Ibid.* p. 70.

1274.

Il a été jugé que le Roi à son glorieux avenement, usoit de son droit Royal en mettant un homme dans les Monasteres de Religieux & une fille dans ceux de Religieuses. *Ibid.* p. 71.

1275.

Les habitans de Reims doivent contribuer à proportion de leurs biens à la taille qu'on impose à Reims pour le Couronnement du Roi.

Les

Chambre des Comptes.

Troisieme Race.

du Pape Nicolas, concernant la dixme accordée au Roi pour le subside de la guerre d'Arragon. *Ibid.* p. 62. v. & 69. v.

1291.

Nouvelle Ordonnance sur les Fiefs & acquets. Cette Ordonnance se trouve dans le registre *Croix de la Chambre des Comptes*, on y trouve aussi une constitution faite par Saint Louis sur le droit d'amortir. *Ibid.* p. 94. & 95. v.

1294.

Ordonnance portant défenses à tous ceux qui n'ont pas 6000 liv. Tournois de rente, d'avoir de la vaisselle d'or & d'argent. Cette Ordonnance est au reg. cotté Noster, *de la Chambre des Comptes*, p. 211.

1302.

Ordonnance pour le bien, l'utilité & la réformation du Royaume,

Liv

TABLEAU

Cour Législative.
Troisieme Race.

1264.

Le Roi ordonne aux Drapiers de Paris de faire guet en présence ou en l'absence du Prevôt, suivant l'usage. *Reg. Olim. 1. page* 30.

1265.

Sur les plaintes du Clergé, le Roi annulle l'association faite entre le Comte d'Angoulême, ses Barons & Vassaux & défend d'en faire de semblables. *Ibid. page* 33. v.

1266.

Le Roi accorde à la Commune d'Amiens un impôt de 20 s. sur les marchandises vendues. *Ibid. p.* 36. v.

1267.

Ordonnance du Roi par laquelle il interdit le retrait en cas de vente d'une dixme inféodée faite à l'Eglise Paroissiale. *Ibid. p.* 40. v.

1268.

Il est défendu de rejetter le témoignage sous prétexte d'excommunication du témoin, si elle n'est pas sur le champ bien prouvée. *Ibid. p.* 44. v.

Ordonnance

Cour de la Pairie.
Troisieme Race.

1297.

Le Roi érige en Pairie les Comtés d'Anjou & d'Artois, & il en donne pour motif que le nombre ancien des douze Pairs étoit tellement diminué, que la forme du Gouvernement en étoit altérée. *Ibid. page* 116 & 117.

1302.

Le Roi défend, hors le cas d'appel, de porter à la Cour de Parlement les causes qui doivent être portées en premiere instance en la Cour de Pairie subalterne du Duché de Bretagne. *Recueil étant à la Bibliothéque de la Ville, p.* 172.

1304.

Lettres du Roi d'Angleterre où il atteste qu'il a rendu au Roi de France la foi, hommage qu'il lui doit, comme Duc d'Aquitaine & Pair de France. *Ibid. p.* 175.

1305.

Quoique les Sentences d'excommuniement fussent encourues & les forfaitures commises avant lesdites Sentences, soient publiées

TABLEAU.

Cour de Parlement.

Troisieme Race.

1276.

Les Barons de France requirent au Parlement que les ajournemens y fussent donnés par leurs Sergents & non par ceux du Roi, la Cour jugea que le Roi n'étoit pas obligé d'y consentir, & qu'il ne le devoit pas. *Ibid.* p. 76. v.

1277.

Il fut défendu par arrêt au Sénéchal de Gascogne, de connoître des causes dont il y avoit appel au Parlement, pour cause de mauvais ou faux jugement. *Ibid.* p. 77. v.

Ceux qui étoient sous la garde spéciale du Roi, n'étoient pas sujets à la jurisdiction des lieux, ils pouvoient se pourvoir directement en la Cour de Parlement. *Ibid.* p. 80.

1278.

Il fut jugé que les Clercs d'une Paroisse devoient contribuer aux dettes de la Ville, à cause des héritages qu'ils y possedent. *Ibid.* p. 82.

Chambre des Comptes.

Troisieme Race.

Royaume. Cette Ordonnance est au reg. Croix de la Chambre des Comptes, p. 96. v.

1306.

Ce Registre *Croix* contient une Ordonnance faite en l'Echiquier de Pâque 1306, du tems du Roi Philippe-le-Bel, qui fut Roi en 1295, commanda aux Baillis de Normandie, par M. l'Archevêque de Narbonne, M. le Comte de Saint Paul, le Seigneur de Chambly, M. Enguerrand de Marigny, M. Guillaume de Harcourt, M. Mahy de Trie, le Trésorier du Temple, Maître Jean de Dammartin, M. Pamce de la Charmoye, Regnaut Barbon, M. Jean de Saint Juss.

Par le premier article, il est enjoint aux Baillis de venir & se présenter pour compter sans faillir au jour de l'Echiquier accoutumé, c'est à savoir aux octaves de Pâques & de Saint Michel.

Il est ensuite enjoint aux Baillis de n'affermer en membres ou parties, que par le Conseil des gens des Echiquiers de la Chambre des Comptes.

Cour Législative.

Troisieme Race.

1269.

Ordonnance contre ceux qui jurent le *vilain serment*, c'est-à-dire, qui blasphêment contre Dieu, la Vierge & les Saints. *Ordonn. du Louvre, tome 1. p. 99.*

1270.

Le Roi, de sa seule autorité, établit Pierre, son frere, Régent du Royaume, au cas que son fils décéda avant l'âge de quatorze ans. *Ibid. p. 295.*

1271.

Confirmation des Lettres de sauve-garde Royale accordées à l'Eglise de Prémontré. *Ibid. tome 8. p. 433.*

1272.

Quoique les habitans de Bourges fussent par leur chartes d'affranchissement, exempts de tous droits, ils devoient néanmoins l'imposition pour la défense de l'Etat qui est un droit Royal dû, suivant la Coutume générale du Royaume. *Olim. 1. p. 57. v.*

1273.

Lettres du Roi, confirmatives de celles de Raymond IV, Comte

Cour de la Pairie.

Troisieme Race.

publiées comme encourues, ni lesdites satisfactions mises à exécution, le Roi notre Sire doit ajourner par cri fait publiquement en son Palais, à Paris, les Seigneurs de Flandres ou ses successeurs, par trois mois de terme, pour venir à sa Cour, à droit, auquel terme s'il ne venoit ou ne s'excusoit suffisamment de ce qu'il ne seroit venu, ou s'il venoit & ne peut s'en purger des méfaits & de l'obéissance que l'on lui mettoit susdevant, tant *de Pairs de France*, comme si le Roi Notre Sire pourroit avoir bonnement audit terme & devant deux grands & hauts hommes de son Conseil soient Prélats ou Barons ou autres des plus grands & des plus convenables qu'il pourroit & auroit en sa bonne foi, aincois fut jugé par lesdits Pairs, qui lors s'y pourroient être bonnement & pour les autres douze, ou pour la plus grande part d'iceux. *Ibid. p. 176.*

1306.

Arrêt par lequel il est jugé qu'il ne se trouve ni Loi, ni Coutume pour les douaires des veuves des Pairs. *Ibid. p. 176.*

L'Evêque

TABLEAU.

Cour de Parlement.

Troisieme Race.

1279.

Le Comte de Nivernois fut condamné à payer une amende au Roi pour avoir fait Chevalier un des fils de Philippes de Bourbon. *Ib. p.* 84.

1280.

Malgré l'usage allégué & prouvé par le Comte de Flandres, il fut dit & prononcé contre lui, qu'il ne pouvoit faire d'un roturier un noble, sans l'autorité du Roi. *Ibid. p.* 88.

1281.

Par le témoignage du record de Cour, il fut prouvé qu'il avoit été plusieurs fois jugé en cette Cour que la jurisdiction sur les libertés & priviléges de la Commune de Beauvais appartenoit au Roi. *Recueil étant à la Bibliotheque de la Ville, p.* 71.

1282.

Le Bailli de Vermandois remontre à la Cour que l'Evêque de Laon s'oppose aux appels par voies de fait & d'excommunication, qu'il fait juger les causes par son Official de Cour d'Eglise, que de là elles vont par

Chambre des Comptes.

Troisieme Race.

Il est fait mention d'amende qui sera payée aux Clercs des Comptes. *Ibid. p.* 113 *& suiv.*

A la suite de cette Ordonnance, plusieurs autres se trouvent transcrites dans ce registre *Croix*, ayant pour objet des écrits de la Chambre des Comptes. *Ib. p.* 115. *v.*

Ces écrits contiennent les comptes ordinaires, c'est-à savoir les comptes des Baillies de France, de Normandie & de Champagne, des Sénéchauffées & de Navarre, amendés par les Clercs. *Ibid. p.* 115. *v.*

On y propose que l'une partie des Clercs & des Maîtres fut prise à amender les comptes du tems passé, jusqu'à la Saint Jean, l'an 1303, que le Trésorier fut remis au Temple. *Ib. page* 116. *v.*

On y voit qu'il y avoit six Clercs & que trois Maîtres Clercs pouvoient suffire aux comptes. *Ibid. p.* 115. *v.* 117. *v.*

Et

TABLEAU

Cour Législative.

Troisieme Race.

Comte de Toulouse, par lesquelles il déclare le Prieuré & la ville de *Alpreriis*, exempts de toutes sortes d'impôt. Ord. du Louvre, tome 5. p. 307.

1274.

Ordonnance touchant les fonctions & les honoraires des Avocats. Ibid. tome 1. p. 301.

1275.

Le Roi ordonna au Comte de Bretagne de chasser les Lombards de son Comté. Olim. 1. page 72.

1277.

Les hommes de Villeneuve Saint George doivent contribuer avec ceux de Saint Germain, aux impositions pour le service militaire. Ib. p. 78. v.

1280.

Le Roi, de l'avis des gens de bien, & à la requisition des Officiers du Roi d'Angleterre, abolit la mauvaise coutume de Gascogne, suivant laquelle un homme qui pouvoit aisément être convaincu de crimes, en étoit déchargé en jurant sur le corps de Saint Severin ou d'un autre

Cour de la Pairie.

Troisieme Race.

1307.

L'Evêque de Laon a été doté en Pariage ou Pairie, & comme tel il tient à l'honneur du Roi & du Royaume. Ib. p. 177.

1309.

Déclaration faite par le Roi Philippe le Bel, à Yoland de Dreux, que l'érection du Duché de Bretagne en Pairie, ne porte préjudice aux Duc & Duchesse de Bretagne & n'empêche que la Coutume ait lieu entr'eux. Ib. page.

1311.

Le Roi Philippe le Bel fit donner ajournement par Lettres-Patentes & par personnes convenables à Robert, Comte de Flandres, pour comparoître en la Cour de Pairie & y être jugé. Ib. p. 187.

1312.

Lettres du Roi à Edouard, Roi d'Angleterre, par lesquelles il lui mande de se trouver dans trois semaines à la Cour garnie des Pairs, qui se tiendra à Paris pour juger le Comte de Flandres. Ibid. p. 193.

Jugement

TABLEAU.

Cour de Parlement.
Troisieme Race.

par ressort à l'Archevêque, & de l'Archevêque à la Postole, & ainsi le Roi perd son ressort, sa justice & sa souveraineté, que l'Evêque étend sa jurisdiction Ecclésiastique sur ce qui n'est ni de son domaine, ni de sa mouvance. *Olim.* 1. *p.* 56.

La connoissance du crime de sortilége lorsqu'il n'y avoit point d'ouverture à la peau, ni d'effusion de sang, appartenoit à la jurisdiction Ecclésiastique. *Olim.* 1. *p.* 94.

1283.
Il est permis au Comte de Ponthieu de fabriquer de la monnoye de poids, mais à la condition qu'elle n'auroit cours que dans son Comté. *Ibid. page.* 88. *v.*

1284.
Sur le vû des chartes des Villes de l'Orléanois & du Gatinois, il fut jugé qu'elles ne les exemptoient pas de la contribution pour la Chevalerie du fils aîné du Roi. *Ibid. p.* 1.

1285.
Il fut pareillement jugé que les chartes de franchise des Bourgs & Villages ne les exemptoient pas de la contribution aux charges de l'Etat. *Ibid. p.* 100. *v.*

Arrêt

Chambre des Comptes.
Troisieme Race.

Et seroit bon, y est-il dit, que aux comptes ou Temple, aussi comme il souilloit, eût de grands Seigneurs qui s'en allassent dillec les comptes faits & ouis au Parlement ou aux besognes du Seigneur ou ailleurs & laissassent les Maîtres des Comptes avec les Clercs amender les écrits. *Ib.*

Deux fois la semaine, c'est-à-savoir les Mardi & Jeudi, M. Guillaume de Mareilly, M. Guillaume Gourteheuse & Fremin Coqueres, ou l'un d'eux qui seroit présent avec l'un des autres Laïcs de la Chambre, & l'un des Clercs. *Ib. p.* 118. *v.*

Item, Que cil que li Roi y à ordonné y fussent le plus souvent qu'ils pourroient pour ce que les grosses besognes & finances ne fussent retardées. *Ib. page* 119.

Item, quand on envoira Commissaires qu'ils soient ordonné par le commun du Conseil de la Chambre. *Ib. p.* 119.

Item, Semble bon que nulles requêtes ne fussent ouies en la Chambre des Comptes qui touchent les Baillis, Sénéchaux, Receveurs. *Ibid. p.* 120.

C'est

Cour Législative.

Troisieme Race.

tre Saint, qu'il n'en étoit pas coupable, ce qui avoit donné lieu à plusieurs appels au Parlement. *Ibid. p. 86. v.*

1281.

Le Comte d'Angoulême, malgré son ancienne possession, ne pourra faire une monnoye plus foible que celle qui a été cassée. *Olim.* 1. *p. 89.*

1282.

C'est par la lézion & non par le seul défaut d'âge que les actes sont resiliés. *Ib. p. 93.*

1283.

Il est permis au Comte de Ponthieu de faire battre sa monnoye, pourvu qu'elle n'ait cours que dans son Comté. *Ib. p. 98. v.*

1284.

Lettres du Roi portans confirmation de la sauve-garde Royale accordées à l'Abbaye de Moyssac. *Ordonn. du Louvre,* tome 8. *p.* 442.

1285.

Les exemptions ou modérations des droits de directe, n'affranchissent

Cour de la Pairie.

Troisieme Race.

1315.

Jugement des Pairs de France & Barons, contre Robert, Comte de Flandres, ce jugement a été notifié par les Lettres des Pairs, & entr'autres par Mahault, Comtesse d'Artois, il y est fait mention des Lettres-Patentes d'ajournement données au Comte de Flandres.

Le dispositif porte, nous li per à la requête & mandemens du Roi à nous, venîsmes en sa Cour à Paris & fismes & tenîsmes Cour avec 12 autres personnes, Prélats & autres grands & hauts hommes élus & mis à ce faire de par le Roi Notre Sire avec nous comme Cour garnie de nous deux & d'autres plusieurs Sages gens, fut jugé de par nous Pairs en notre nom par la bouche de Pierre de Dicy à qui nous le commisînes & commandaînes expressément & especiaument. *Ibid. p.* 197.

1316.

Philippe, Comte de Potiers, fut sacré Roi quoique les grands & les Pairs n'y fussent pas tous présens. La Duchesse de Bourgogne fit même signifier à ceux qui assisterent au Couronnement de ne pas y procéder. L'Evêque de

TABLEAU.

Cour de Parlement.

Troisieme Race.

1286.

Arrêt qui regle les cas d'appel du Duché de Guyenne, savoir en causes criminelles pour faux jugemens & défaut de droit. A l'égard de la terre régie par le droit écrit, en matiere civile & criminelle, il y aura appel au Sénéchal, & du Sénéchal à la Cour du Roi. *Recueil d'Arrêts étant à la Bibliotheque de la Ville*, p. 78.

1287.

Le Comte de Bar reconnu en plein Parlement que pour tout ce qu'il possede dans la Province de Champagne, il étoit tenu & il offre de comparoître en cette Cour. *Olim.* 1. p. 102. v.

1288.

Il fut défendu de porter à Paris la hallebarde, le bouclier, l'épée & autres armes semblables, & pareillement de faire des fêtes pendant la nuit, même sous prétexte de nôces. *Ib.* page 104. v.

1289.

Malgré les raisons proposées par le Comte de Flandres, il fut jugé que l'Ordonnance faite par

Chambre des Comptes.

Troisieme Race.

1317.

C'est l'Ordonnance de l'Hôtel, le Roi Philippe le Grand, faite à Loris en Gatinois.

Premierement en l'Hôtel, n'aura que six Chambres seulement, c'est-à savoir le Chancellier, le Confesseur, l'Aumônier, les Chapelains, les Maîtres de l'Hôtel & la Chambre aux deniers, & seront ces six Chambres herbergiers par les Fourriers du Roi, & n'auront nul autre Fourrier pour eux & leur sera livré par devers la Fourriere auxdites Chambres, *Registre* Croix *de la Chambre des Comptes*, p. 120.

Ceux qui suivront le Roi pour les requêtes, auront trois jours à court un clerc & un laïc, & s'ils y sont plus, ils ne prendront rien. *Ib.* p. 122. v.

Item, plaît au Roi que ledit Enoud, Contrôleur, montre par écrit toutes les semaines la recette faite en la Chambre toute la dépense de son Hôtel & toutes autres mises comptées par ladite Chambre du commandement fait à Loris par Mons de Sully, présent Monsieur Regnaut de Lor, Guy Florant, & Martin des Essars, le Jeudi dessusdit. *Ibid.* p. 126. v.

Item,

Cour Législative.

Troisieme Race.

n'affranchissent pas de la contribution aux besoins de l'Etat. *Olim.* 1. *p.* 100. *v.*

1286.

Il est défendu aux personnes laïques de comparoître au Tribunal de la jurisdiction spirituelle pour leurs affaires temporelles. *Ibid. p.* 101. *v.*

1287.

Il est ordonné aux Ducs, Comtes, Barons, Archevêques, Evêques, Abbés, Chapitres, Colléges, Ecuyers, & à toutes personnes du Royaume ayant la Justice temporelle, de la faire exercer par des personnes laïques. *Ibid. p.* 103.

1288.

Il a été ordonné que les Clercs ne pourront plus être Jurés ou Echevins, Maires ou Prévôts. *Olim.* 1. *p.* 104.

1289.

Le Comte de Flandres est tenu de se conformer & de faire exécuter l'Ordonnance du Roi, touchant les monnoyes. *Ibid. p.* 105.

Ordonnance

Cour de la Pairie.

Troisieme Race.

de Beauvais y eût la préséance sur l'Evêque de Langres. Mahault, Comtesse d'Artois soutint la Couronne. *Ib. p.* 217.

1317.

Lettres-Patentes de Semonce présentées au Comte de Flandres par deux Chevaliers, pour comparoître à la Cour qui sera garnie de Pairs, de Prélats, de Barons & d'autres. *Ibid. p.* 242.

Lettres-Patentes adressées au Duc de Bourgogne, pour assister à la Cour des Pairs. *Ibid. page* 243.

Pareilles Lettres furent aussi adressées à Charles, fils du Roi de France, Comte de Valois, d'Alençon & d'Anjou, Pair de France, à Charles, fils du Roi de France, Comte de la Marche, de Bigorre & Sire de Crécy, à Mahaut, Comtesse d'Artois, Pair de France. *Ibid. page* 244.

Déclaration donnée par le Roi à Mahault, Comtesse d'Artois,

TABLEAU.

Cour de Parlement.

Troisieme Race.

par le Roi sur les monnoyes seroit observée dans le Comté de Flandres, & il fut enjoint au Comte de la faire garder & observer. *Ibid.* p. 105. v.

1290.

Plusieurs Bourgeois de Reims, faute de payement de l'imposition faite pour les dépenses du Couronnement du Roi, furent envoyés à Laon comme prisonniers. On exigea d'eux le *Torage*, *Toragium*, il fut dit par arrêt qu'ils ne devoient pas ce droit qui signifie geolage ou prison fermée. *Ibid.* p. 82.

1291.

Il a été jugé que la connoissance des Comptes du Maire dans la Ville de Rouen n'appartient point à la Commune, mais au Roi & à son Conseil & qu'elle ne peut faire aucune imposition sans l'ordre du Roi. *Olim.* 1. p. 108. v.

1292.

Sur le vû, des priviléges des Prieur & Freres de Saint Jean de Jérusalem, il fut jugé qu'ils ne les exemptoient que pour les biens d'ancienne fondation. *Ib.* page 110. v.

L'Evêque

Chambre des Comptes.

Troisieme Race.

Item, Les Maîtres des forêts s'ils viennent à court ne prendront rien lorsqu'ils y mangeront. *Ib.* p. 135.

Philippe, par la grace de Dieu, Roi de France & de Navarre, à nos Amés & Féals le Seigneur de Sully & les autres gens de nos Comptes de Paris. *Ord. du Louvre, tome* I. p. 628.

Avant cette Ordonnance, les adresses se faisoient aux Baillis & Sénéchaux, & il leur étoit enjoint d'écrire à la Chambre des Comptes les jours qu'ils les auroient reçus. *Ibid.* p. 527.

Les gens des Comptes doivent commander chacune semaine aux jugeurs des Enquêtes, que les Enquêtes qui leur seront apportées chacun jour, ils délivreront tantôt sans y faire délai, pourquoi les exploits des jugiés, que ils féront pour le Roi soient tantôt levés & apportés au trésor, ou là où ils devront tourner, & est à savoir que le Clerc qui sera en la Chambre pour ledit Souverain, rapportera par écrit bien & loyaument & diligemment la value de tous les dixiemes du Royaume. *Ibid.* p. 629.

A nos Amés & Féaux, les gens de nos Comptes de Paris, salut & dilection, savoir vous faisons que nous avons ordonné par délibération de notre Conseil, que nous n'aurons doresnavant

K

TABLEAU.

Cour Législative.

Troisieme Race.

1290.

Ordonnance portant que les Juifs venus d'Angleterre & de Gascogne seront expulsés du Royaume, à compter de ce Parlement jusqu'à la mi-carême suivant. *Ibid. p.* 108.

1291.

Reglement concernant la discipline du Parlement, par lequel le Roi commet trois personnes de son Conseil pour les requêtes & quatre ou cinq pour les causes. *Ordonn. du Louvre, tome* 1. *page* 320.

1292.

Ordonnance faites des dépits, désobéissances, dommages & méfaits du Comte de Hainault & des siens, & la peine qui lui est enchargée. Il est dit & ordonné par le Roi contre le Comte de Hainault, que li Cuens rendra sans contredit & sans délai, tous les dommages faits par lui ou par ses gens à nos gens, nos sujets & à ceux qui sont en notre garde, & enterinera tous les jugés fait en notre dite Cour contre lui. *Ol.* 1. *p.* 109. *v.*

Lettres

Cour de la Pairie.

Troisieme Race.

tois portant que les réponses par elle faites sur certains délits à elle imposés, ne pourront préjudicier à la Pairie de France, ni au droit qu'elle avoit de ne répondre que devant tous ses Compairs. *Ib. p.* 245.

1319.

Lettres des Pairs de France où ils requierent que le Comte de Flandres ait satisfait au Roi avant que de traiter avec lui. *Ibid. p.* 294. *& suiv.*

1322.

Pour le Couronnement de Charles le Bel furent ajournés tous les Pairs de France, tous les Princes & les Barons du Royaume. *Recueil étant à la Bibliotheque de la Ville, p.* 300.

Le Duc de Bourgogne ayant formé une demande concernant le Comté de Poitou, requit que la

TABLEAU.

Cour de Parlement.

Troisieme Race.

1293.

L'Evêque de Dôle certifia en présence des députés par la Cour, qu'il étoit présent lorsque le Feu Roi Philippe fit remise aux Evêques de Lodève & d'Agde, de l'amende à laquelle ils avoient été condamnés faute de remplir le service militaire. *Ibid.* 111.

1295.

Le Roi avoit fait saisir les biens de l'Abbaye de St. Vast, le Comte de Flandres en demanda main levée pour pouvoir contraindre cette Abbaye au service militaire. *Ibid. v.*

1296.

Fait le Cuens d'Artois protestation & retenue que le plet qui est la Cour de Céans entre le Roi, le Comte & la Comtesse d'Eu ne fassent préjudice audit Comte d'Artois, ou d'autres querelles ou en autre cas du tems à venir. *Ibid. p. 113.*

Le Parlement condamna le Comte de Flandres à faire sortir ses gens de Valenciennes.

Le Comte fut encore condamné à l'amende, pour avoir manqué de fidélité au Roi. Il en donna pour cautions Guillaume de Flandres son fils, Guy, Comte

Chambre des Comptes.

Troisieme Race.

navant que deux Mestres de nos Forez & de nos Eaues. *Ib. p. 654.*

1318.

Ordonnances du Roi pour le Gouvernement de son Hôtel, faites à Pontoise par le Conseil Mons de Valois, Mons de la Marche, Mons de Clermont, Mons de Sully, Mons de Noyers, Mons de Joinville & de plusieurs autres. *Ibid. p. 146 v.*

Item, Chacun mois nous sera rapporté l'état de notre trésor. *Ibid.*

Item, nous avons ordonné que nous verrons chacun an notre Etat une fois par les gens de nos Comptes. *Ibid. p. 147.*

Item, nos Trésoriers & les Gens de notre Hostiez compteront chacun an deux fois. *Ib.*

Item, tous Baillis, Sénéchaux & autres manieres de Receveurs viendront compter chacun an aux termes anciennement accoutumés, sans faute, & ceux qui seront défaillis, de venir compter auxdits termes, nous avons donné pouvoir & commandement aux gens de nos Comptes de les punir selon ce qu'ils verront qu'il sera à faire. *Ibid.*

Item,

TABLEAU.

Cour Législative.

Troisieme Race.

1293.

Lettres de sauve-garde pour le Monastere de Nenenque, de Vabres. *Ordonn. du Louvre*, tome 6. p. 513.

1294.

Ordonnance portant défenses à tous ceux qui n'ont pas six mille livres de rente, d'avoir de la vaisselle d'or & d'argent. *Ib.* tome 1. p. 324.

1295.

Le Roi adresse directement au Comte de Nevers l'Ordonnance qu'il a faite sur le taux des monnoyes pour qu'il la fasse crier dans ses terres. *Ib.* p. 543. *aux notes.*

1296.

Le Roi ordonna au Comte de Flandres de ne faire aucune entreprise sur les cinq bonnes villes de Flandres qui ont reçu les Officiers du Roi, il se soumit à cette Ordonnance & promit de l'exécuter. *Olim.* 1. p. 114.

Le Pape ayant mandé de lever une dixme en France, il fut défendu à ceux qui la levoient d'en disposer sans l'ordre du Roi. *Ibid.* p. 115. v.

Ordonnance

Cour de la Pairie.

Troisieme Race.

la Cour fut garnie de Pairs & qu'il appartenoit aux Pairs de juger si la Cour devoit être garnie de Pairs ou non, il fut décidé que la Cour étoit suffisamment garnie pour ce qui étoit à juger. *Ibid.* p. 301.

Arrêt par lequel le Comté Pairie de Flandres est adjugé à Louis, Comte de Nevers, ce jugement est notifié par les Lettres-Patentes du Roi Charles. *Ibid.* p. 302.

La contestation qui s'éleva sur la succession au Comté de Flandres, fut portée devant le Roi & les Pairs de France, lesquels par leur jugement déférerent à Louis, dit de Cressy, le Comté de Flandres. *Ib.* p. 305.

1324.

Edouard, Roi d'Angleterre, Duc d'Aquitaine, déclare qu'il est près de paroitre à la Cour du Roi de France, en sa présence & celle de ses Pairs, pour défendre son droit. *Rymer*, tome 2. p. 99. *seconde partie*, & page 112.

Le

TABLEAU.

Cour de Parlement.

Troisieme Race.

Comte de Saint Paul, & Jean Sire d'Harcourt. *Ibid.* p. 114.

La Cour jugea que la preuve par le duel ne devoit pas être admise pour crime de poison. *Ib.* p. 116.

Par arrêt de la Cour, les femmes veuves de Paris ont été condamnées à contribuer suivant leurs facultés, aux 100000 liv. de l'imposition ordonnée par le Roi sur la ville, pour la défense du Royaume. Jean de Forêt & Guillaume de Hangest, Trésoriers, ont été nommés Commissaires pour l'assise ou taxe. *Ibid.* page 119.

1298.

La Cour n'a point accordé au Comte de Nevers la connoissance du crime de ceux qui dans sa jurisdiction & dans sa terre, contrefaisoient la monnoye du Roi. *Ibid.* p. 131. *v.*

1299.

Il a été permis à la Commune de Riom, d'imposer les Lombards à la taille qui se leve sur les Bourgeois. *Ibid.* p. 122.

1300.

Il est ordonné par la Cour, que quand débat sera entre parties

Chambre des Comptes.

Troisieme Race.

Item, les Trésoriers seront continuellement sur le trésor & ne seront pas du Conseil de la Chambre des Comptes. *Ibid.* page 148.

Item, les assietes de terres que nous ferons faire des ores en avant nous seront rapportées & enregistrées en la Chambre des Comptes avant que les personnes à qui lesdites terres devront être bailliées en soient mises en Saisine. *Ibid. page* 149.

Item, le Chancellier envoiera des ores en avant les commissions de tous les Commissaires qui seront envoyés par notre Royaume pour faire exploits pour nous en la Chambre des Comptes, pour enregistrer leurs noms & pour quelle cause ils seront envoyés & pour savoir quand ils se partiront pour aller en leurs commissions & pour faire serment de bien & loyaument faire les besoignes à eux commises, & ils se viendront présenter en ladite Chambre, le jour ou le lendemain qu'ils seront retournés de leur commission. *Ibid.*

Item, les Clercs a qui nous avons donné certaine pension jusqu'à tant qu'ils fussent pourvus de Bénéfice, l'on saura lesquels sont pourvus, & ceux qui sont pourvus, la pension que nous leur avons donnée leur sera ôtée & est commandé à notre confesseur

K iij

Cour Législative.

Troisieme Race.

1297.

Ordonnance sur le commerce entre la France & le Haynault. *Ordonn. du Louvre, tome* 1. *page* 330.

1298.

Ordonnance du Roi Philippe le Bel, portant que les hérétiques & fauteurs condamnés par les Evêques ou les Inquisiteurs, seront punis par les Juges séculiers sans appel. *Olim.* 1. *page* 119. *v.*

1299.

Le Roi adresse à ses Baillis de Tours & du Maine, l'ordonnance faite pour empêcher de vexer ses Ecclésiastiques. *Ibid. page* 119. *v.*

1300.

Ordonnance du Roi Philippe le Bel, portant que les Clercs absous en Cour d'Eglise, peuvent être punis par la justice séculiere & leurs biens confisqués si le crime est notoire. *Ordonn. du Louvre, tome* 1. *p.* 543.

Ce

Cour de la Pairie.

Troisieme Race.

Le Roi d'Angleterre au Duc de Bretagne. Cosin & Pier de France, saluz, très cher Cosin, tu soit il eu & usé, & c'est reson que tous les debatz & questions entre le Roi de France & nul des Piers touchantz leurs fiedz devient être tirez en la grant-Chambre de Paris devant les Piers & par eux à ce appellez. *Ib. p.* 114. 116. *&* 117.

Un Pair de France ne peut être jugé, même par contumace, sans la présence des Pairs comme il est d'usage. *Recueil des Preuves de Pairie, p.* 326.

1327.

Le Roi peut seul ajourner un Pair de France, non par un autre Juge, mais par lettres de Chancellerie adressées à un Bailli, excepté le cas de nouvelleté, ou quand il s'agit de lui faire défense d'attenter aux appellans. *Du Moulin, tome* 2. *page* 835.

Le

Cour de Parlement.

Troisieme Race.

ties de leurs articles accordés, si l'Avocat d'une partie ne veut recevoir aucun article, en disant qu'il ne fut mie plaidé, si ledit article appartient à la cause. Et si ledit Avocat qui la fait veut jurer qu'il l'a plaidé, il sera reçu. *Ibid. p.* 124.

1307.

L'Abbé de Saint Magloire ayant été élu sans l'ordre du Roi, les biens de l'Abbaye furent saisis. *Olim.* 1. *p.* 133.

1308.

Le Seigneur de Montmorenci peut convoquer par cri public tous les domiciliés dans l'étendue de sa Chatellenie, mais il ne peut exiger le service militaire des Hôtes de Saint Martin des Champs, à cause de l'immunité & garde Royale. *Ib. page* 133. *v.*

Le Comte de Nevers fut condamné à 4000 livres d'amende envers le Roi, & 1000 livres envers l'Evêque de Nevers pour violences exercées. *Ib. p.* 137.

Les Seigneurs de Montpesat firent pendre deux hommes, nonobstant l'appel interjetté devant le Sénéchal; leur justice fut confisquée à perpétuité au profit du Roi. *Ibid. v.*

Le

Chambre des Comptes.

Troisieme Race.

seur qu'il nous rapporte lesquels de nos Clercs nous auront pourvus & en quoi, & se hâtera de l'en faire pourvoir ceux qui seront à pourvoir, afin que nous ayons ce qu'ils tiennent de nous. *Ib. p.* 149. *v.*

Item, tous Procureurs seront ôtés, exceptés ceux qui sont es lieux, esquels on use du droit écrit & soutiendront les Baillis & défendront nos causes par un conseil qu'ils prendront. *Ibid. page* 150.

Item, les Maîtres des Eaux & Forêts compteront en la Chambre des Comptes des émolumens de leurs Offices, aussi comme les autres Officiaux.

Ce fut fait le Dimanche devant Noël, l'an 1319, à Saint Germain-en-Lay, si comme M. P. de Condé, & Cirault Queult on témoigné en la présence de tous les Maîtres. *Ib. p.* 152. *v.*

Nous ordonnons que tous Baillis, Sénéchaux & autres manieres de receveurs verront compter chacun an & termes anciennement accoutumés, sans faute, & ceux qui seront défaillans de venir

Cour Législative.

Troisieme Race.

1301.

Ce Prince donne la force de Loi à un reglement fait par le Parlement, touchant le droit de main-morte & de bâtardise. *Ol.* J. *p.* 124.

1302.

Sur les plaintes portées au Roi contre Jean de Montigny, son Conseiller, au sujet des présens & des pensions qu'il recevoit des bonnes villes, le Roi commis pour en informer & sur le vû de l'information, il le déclara innocent, & il le fit déclarer tel par sa Cour de Parlement. *Ibid. p.* 126.

Le Roi ordonne que les appellans ne seront soustraits à la Jurisdiction du Duché de Bretagne qu'en ce qui concerne les jugemens dont est appel. *Recueil de Pieces concernant la Pairie*, p. 120.

Le Roi, de sa seule autorité fait une loi pour la réforme de son Royaume & pour fixer les fonctions de ses Officiers. Les jugemens ou arrêts du Conseil doivent être exécutés sans appel. Les affaires par Enquêtes doivent être terminées au plus tard en deux années. Les Conseillers seront choisis par le grand Conseil. Il y aura continuellement dans les Parlemens quatre ou

Cour de la Pairie.

Troisieme Race.

1328.

Les douze Pairs & les Barons de Frances donnerent de leur commun accord, le Royaume de France à Philippe de Valois. *Recueil p.* 312.

1329.

Acte de présentation d'hommage par Edouard III, Roi d'Angleterre, à Philippe de Valois, pour le Duché & Pairie de Guienne. *Ibid. p.* 340.

1331.

L'acte de foi & hommage d'un Pair de France porte, vous devenez homme lige du Roi de France, Monseigneur qui cy est comme Duc de Guyenne & Pair de France, & li promettez foi & loyauté porter, dites *Voire* & ledit Roi & Ducs ses successeurs diront Voire. *Ibid. p.* 338.

Le

TABLEAU.

Cour de Parlement.

Troisieme Race.

1309.

Le Comte de Foix fut condamné à 5000 livres d'amende pour causes de violences & il fut mandé au Sénéchal de Toulouse de faire exécuter l'arrêt. *Ibid. page* 143. *v.*

1310.

Les amendes en cas de forfaitures par émeutes, conspiration, rébellion, fausse monnoye, appartiennent au Roi. *Ibid. page* 150. *v.*

1311.

Le juge de l'Evêque ayant ordonné les gages de bataille par contravention à l'ordonnance des duels notoire & solemnellement publiée, la procédure fut annullée avec amende. *Ib. p.* 161. *v.*

1314.

Le Roi mande à Philippe Camus, Clerc du Parlement, de faire une enquête sur le droit de tiers & danger & de consulter à ce sujet les gens de la Chambre des Comptes à Paris. *Olim.* I. *p.* 171.

Le Roi mande au Prévôt de Paris que sur le vû du jugement rendu

Chambre des Comptes.

Troisieme Race.

venir compter auxdits termes, nous donnons pouvoir & commandement aux gens de nos comptes de les punir. *Ibid. p.* 663.

Ce qui s'ensuit fut fait & ordonné par le Roi en son grand Conseil, à Vincennes, avant Pâque, sur le fait des Domaines. *Ibid. p.* 153.

1319.

Ce est l'Ordonnance que nous avons faite pour notre Chambre de nos Comptes & du trésor au Vivier en Brie... publiée en ladite Chambre par Mons de Sully le 17 Avril 1320, & lors fit le serment, & le Trésorier aussi qui ne fut lors établi que comme garde, mais il fut confirmé pour Trésorier seul environ la Chandeleur cel an même. *Reg. Croix, p.* 153. *v.*

Premierement pour la grande multitude de comptes qui sont à corriger & amender en ladite Chambre de tems passé, en quoi nous soutenons moult de dommages, & plusieurs gens en sont en

Cour Législative.

Troisieme Race.

ou deux personnes, Prélats & Laïcs du Conseil, les appels auront lieu comme anciennement. Il y aura deux fois par an Parlement à Paris, Echiquier en Normandie, grands jours à Troyes & Parlement à Toulouse. *Ibid. page* 173.

1303.

Le Roi Philippe le Bel donne pouvoir au Bailli de Senlis de faire payer une subvention en argent à ceux qui ne feront pas le service militaire en personne. Cette taxe s'appelloit hériban sous la premiere & seconde Race de nos Rois. *Ordonn. du Louv. tome* 1. *page* 546.

Ordonnance par laquelle le Roi défend les querelles privées pour toujours, & les duels pendant que sa guerre durera. *Ibid. page* 390.

1304.

La subvention pour la guerre de Flandres est appellée *octroi de grace*, on fournissoit un Cavalier à raison de 500 livres de terres pour les nobles, & quant aux roturiers, ils fournissoient six Sergens à raison de 100 feux. *Ibid. p.* 412.

Lettres

Cour de la Pairie.

Troisieme Race.

Le Roi donna en Pairie le Duché de Normandie, les Comtés d'Anjou & du Maine, à Jean son fils, il l'en fit Pair de France pour qu'il prit séance de Pair de France au jugement de Robert d'Artois, qui fut pour lors ajourné pour la quatrieme fois. *Recueil de Pieces étant à la Bibliotheque de la Ville, p.* 534. *& suivantes.*

Abrégié des bons & loyaux procès fait par le Roi en sa noble Cour garnie duement de Pairs & autres, si comme il appartenoit, contre Monsieur Robert d'Artois, jadis comte de Beaumont. *Ibid. p.* 357.

Au délais du quatrieme ajournement, le Procureur du Roi se présenta & comparut pardevant le Roi, à sa Cour suffisamment garnie de Pairs & d'autres, si comme il appartenoit, & ne comparut ledit Robert ni autres pour lui seussisanment appellés & attendus & fut mis en défaut à la requête dudit Procureur, & donné lettres dudit défaut. *Ibid. p.* 362.

Edouard

TABLEAU.

Cour de Parlement.

Troisieme Race.

rendu par les gens de la Chambre des Comptes à Paris, il fasse saisir un serf & qu'il le mette en main souveraine pendant le procès poursuivi au Parlement. *Ibid.* p. 177.

1316.

Le Roi nomme des Commissaires pour le recouvrement des sommes dues pour son Sacre. Ces Commissaires consultent MM. de la grande Chambre, & ceux-ci envoyent à la Chambre des Comptes pour y consulter ses registres de recette. *Ibid.* p. 178. v.

1317.

Ce Lundi avant l'Ascension de notre Seigneur en présence du Roi, les Maîtres de la Chambre du Parlement traiterent une affaire qui concernoit l'Eglise de Laon, M. Pierre de Chape, Chancellier du Roi & Trésorier de cette Eglise, voulut se retirer ainsi que les Chanoines, de cette Cathédrale. Plusieurs des Maîtres soutinrent que le Chancellier comme personne publique ne devoit pas se retirer. *Ibid.* p. 182.

Lorque le Chancellier sortoit de la Cour, on l'instruisoit du nom du Rapporteur & de ce qui avoit été jugé. *Ib.* p. 183.

Les

Chambre des Comptes.

Troisieme Race.

en péril, jusqu'à tant qu'ils soient amendés & bonnement ne se peut faire sans avoir plus grand nombre de Meftres Clercs, voulons & ordonnons qu'il ait en ladite Chambre quatre Meftres Clercs, c'est à savoir les trois qui y sont à présent & Maître Jean Mignon que nous y mettons de nouveau. *Ibid.*

Avons ordonné que desdits quatre Maîtres Clercs, les deux seront toujours continuellement à la Chambre pour ouir les comptes, & les autres deux seront continuellement en bas pour corriger les Comptes. *Ibid.*

Voulons que par nos amés & féaux, l'Eveque de Noyon & le Seigneur de Sully soit ordonné cil qui seront à ouir les comptes & l'y autres qui corrigeront. *Ibid.*

Avons ordonné & voulons que en la Chambre là où les comptes seront ouis ait deux Clercs pour tenir les comptes. Item, un tiers pour tenir un livre que l'on appellera journal lequel nous voulons dès maintenant avoir en ladite Chambre. *Ibid.*

Item,

TABLEAU.

Cour Législative.

Troisieme Race.

1305.

Lettres de Philippe le Bel, par lesquelles il accorde à un bâtard la faculté de disposer de ses biens. *Ibid. p. 189. Note.*

1306.

Mandement adressé au Prévôt de Paris, touchant les Cours des Monnoyes & des payemens. *Ibid. page 493.*

1307.

L'élection faite sans l'ordre du Roi de l'Abbé de Saint Magloire auroit été nulle si le Roi n'y avoit pas consenti. *Olim. I. page 132. v.*

1308.

Ordonnance du Roi Philippe le Bel, par laquelle il déclare quelles sont les personnes qui peuvent exiger les vivres & denrées au prix du Roi. *Ibid. page 134.*

1309.

La contestation touchant le Comté d'Artois fut terminée par la voie Législative, les parties s'en étoient rapportées à Philippe

Cour de la Pairie.

Troisieme Race.

1336.

Edouard écrit au Roi que s'il s'éleve quelque contestation entre eux ou leurs Commissaires on la portera au Parlement de France, Cour garnie de six Pairs pour le moins. *Ibid. page 475.*

1337.

Commission pour saisir le Duché de Guyenne, Pairie de France, sur le Roi d'Angleterre, elle est adressée au Sénéchal de Perrigueux & au Bailli d'Amiens. *Ibid. p. 476.*

Protestation d'en appeller au Roi & à sa Cour garnie de Pairs dans la grande Cour du Roi où se portent les causes des Pairs de France. *Ibid. page 487.*

1340.

Le Roi Philippe eut Conseil à ses douze Pairs quelle chose il devoit faire... Le Duc de Bretagne ajourné par susisans messages, vint à Paris & entra dedans

Cour du Parlement.

Troisieme Race.

1318.

Les gens de l'Hôtel du Roi & de ses Cours sont exempts de péages & de coutumes pour les vivres & provisions qu'ils font venir à Paris. *Reg. Olim. 1. page 184.*

Lorsque le Parlement vacquoit, le Roi nommoit des Commissaires pour procéder aux enquêtes & les juger. *Recueil d'arrêts étant à la Bibliotheque de la Ville, p. 528.*

Ceux qui auront à faire au Parlement se présenteront au plus tard dans le premier ou second jour de leur Baillie ou de leur Sénéchauffée. *Ordonn. du Louvre, tome 1. p. 673.*

1319.

Il n'aura nulz Prélaz députez en Parlement, car le Roi se fait conscience de eus empeschier ou gouvernement de leur experituautez, & li Roys veut avoir en son Parlement genz qui y puissent entendre continuellement, sans en partir, & qui ne soient occupés d'autres grans occupations. Toutes voies l'entente du Roi n'est mie que les Prélats qui sont de son Conseil, en soient pour ce hors, ainçois est l'entente, que il demeurent de son

Chambre des Comptes.

Troisieme Race.

Item, nous avons ordonné qu'en notredite Chambre n'ait que trois Maîtres Laïcs, c'est à savoir G. Courteheuse, notre Chevalier Martin des Essarts, & Girault Guete, nos familiers. *Ibid.*

Item, nous voulons & ordonnons qu'es comptes des Sénéchaux Baillis, on ne compte rien fors seulement la dépense. *Ibid. p. 155.*

Voulons & nous plaît qu'on prenne deux ou trois ou quatre personnes de notre Parlement, sages & suffisans, selon ce que les cas le requereront, qui avec les gens de notredite Chambre soient toutes fois que métier sera.

1320.

Ordonné fût à Paris en Décembre par le Roi & son grand Conseil en la Chambre de ses comptes, que nuls Clercs quiex que. il soit Bénéficier par le Roi ou à sa contemplation ne aura ne tendra désores més pension d'argent, de quoi le Roi doie ou puisse être chargié. *Ib. page 158. v.*

Les

Cour Législative.

Troisieme Race.

lippe le Bel de haut & bas & sans figure de procès sur ce qu'il statueroit ou ordonneroit, & par son autorité Royale, le Roi dit & ordonna, &c. *Recueil concernant la Pairie, étant à la Bibliotheque de Ville*, p. 377.

1310.

Le Roi déclare que le port d'armes est un cas Royal dans tout le Royaume & il ordonne à ses Baillis de le faire exécuter. *Olim.* 1. p. 151. v.

1311.

Jean Dormoi accusé & prisonnier, demanda à être jugé par le Roi, cette grace extraordinaire lui fut accordée, mais le Roi décida en Législateur. *Ex titit. ordinatum. Ibid.* p. 152.

1312.

Le Roi approuve & appuie par son autorité Royale une Bulle du Pape, portant reglement sur l'étude du droit à Orléans. *Ordonn. du Louvre*, tome 1. p. 500.

1313.

Le Roi de sa seule autorité révoque l'ordonnance faite sous Nogaret,

Cour de la Pairie.

Troisieme Race.

dedans à plus de quatre cent chevaux & fut la tout le jour & toute la nuit. Le lendemain environ tierce, monta à cheval lui & toute sa compagnie, & chevaucha le Palais, la l'attendoit le Roi Philippe & tous les douze Pairs & grand planté des Barons de France, avec Monseigneur Charles de Blois. *Ibid.* page 516.

1341.

Arrêt qui adjuge le Duché & Pairie de Bretagne à Charles de Blois, il contient cette clause : en notre Cour dans notre grand Conseil suffisamment garni de Pairs de France, Prélats, Barons & autres. *Ibid.* p. 519.

La forme d'ajourner les Pairs de France est particuliere & solemnelle, suivant les Arrêts de Hugués de Roucy du 12 Mai 1341. Matthieu Buinard, 2 Juillet 1362, & plusieurs autres, deux Lettres-Patentes du Roi sont nécessaires, Arrêt du 25 Juin 1328. *Du Tillet, recueil des Rois de France*, p. 369.

1348.

En l'Arrêt de l'Evêque de Beauvais, est jugé que s'il est opposant avec complainte, la cause doit être envoyée au Parlement, parce qu'il est Pair. *Rec. concernant la Pairie*, p. 527.

Vint

Cour de Parlement.

Troisieme Race.

son Conseil, & il les appellera à ses autres grands besoins. *Ib. p. 702.*

1320.

Le Samedi devant la Saint Jean Baptiste fut finis le Parlement, mais toutes voies la Cour réserva que non contre estant ce la Chambre délivrera les causes qui pendent entre les parties qui s'ensuivent, C'est à savoir l'enquête de Montauban. *Recueil d'Arrêts, p. 329.*

Lettres-Patentes du Roi Philippe le Long, par lesquelles il notifie l'arrêt du Parlement qui annulle les dons faits par ses prédécesseurs, à Pierre de Chambli, de plusieurs châteaux & terres du Domaine. *Brussel, tome 2. p. 83. recueil des chartes.*

1321.

Edouard, Roi d'Angleterre & Duc de Guienne porte ses plaintes au Roi de France sur ce que l'Evêque de Condom inquiete & fatigue les citoyens de cette ville en la Cour du Roi. *Rymer, tome 2. p. 31. Part. 2.*

Ce Prince écrivit sur le même sujet à Me. Jean de Cherchamont, Chancellier de la Cour de France. *Ibid.*

Chambre des Comptes.

Troisieme Race.

Les Lettres des dons & des bois seront envoyés à la Chambre des Comptes, un des Clercs les recevra & enregistrera. *Ordonn. du Louvre, tome 1. p. 709. art. 7.*

Pour ce que nous voulons que l'ordonnance de nos gens & de nos Offices soit en la connoissance des gens de nos Comptes à Paris, savoir faisons que par notre grand Conseil nous avons ordonné & ordonnons que nos yaues & estans soient desores en avant gardées par nos Sénéchaux & Baillis, par chacun en son lieu & les profits & émolumens nous en soient rendus par leurs comptes. *Ibid. p. 715.*

Le Parlement baudra un Clerc & un lay dudit Parlement, lesquels avec un des Mestres de nos Comptes & notre Trésorier tous ensemble auront en certain lieu les relations des Sénéchaux, Baillis & Procureurs sur les causes & tous les fais qui nous touchent. *Ibid. p. 728. art. 3.*

Celui des Notaires qui tient le Greffe du Parlement sera tenu tous les Samedis à baillier en la Chambre des Comptes toutes les condamnations & amendes pécuniaires qui nous toucheront sans rien retenir ni assigner autre part. *Ibid. p. 729. art. 10.*

Que tantôt en face inventoire des enquêtes qui sont en la Chambre duquel inventoire on baudra copie en la Chambre des Comptes. *Ibid. 730. art. 2.*

Cour Législative.

Troisieme Race.

Nogaret, garde des Sceaux, & il rend au Clergé la connoissance & la perception des dixmes non inféodées. *Ib.* p. 533.

1314.

Affaire évoquée du Parlement par ordre du Roi, & renvoyée à la Chambre des Comptes, le Roi ordonne au Prévôt de Paris de faire exécuter le jugement rendu par la Chambre des Comptes. *Olim.* 1. p. 171 & 177.

1315.

Lettres-Patentes du Roi par délibération de son grand Conseil, par lesquelles il ordonne d'affranchir les serfs de son Domaine, moyennant finances pour récupérer la franchise naturelle des personnes & des héritages. *Ordonn. du Louvre,* tome 1. p. 538.

1316.

Le Roi adresse une Ordonnance au Parlement, portant suppression de Bailliages, & il lui ordonne de la faire publier & exécuter. *Olim.* 1. p. 177. *v.*
Les Commissaires nommés pour l'imposition due pour le couronnement du Roi, consulterent MM. du Parlement qui envoyerent

Cour de la Pairie.

Troisieme Race.

1353.

Vint le Roi de Navarre en Parlement pour la mort du Connétable, environ heure de prime & descendit au Palais en la Chambre de Parlement en laquelle le Roi étoit en siége & plusieurs Pairs de France, avec ses gens de Parlement & plusieurs autres de son Conseil, & si y étoit le Cardinal de Boulogne. *Ibid.* p. 528.

1354.

Le Procureur du Roi avoit fait saisir le temporel de l'Evêque de Langres, & l'avoit fait ajourner au Parlement & il y concluoit que comme criminel de leze-Majesté & de l'Etat, il fut ôté du catalogue des Pairs de France, l'Evêque proposa ses moyens & pria le Roi d'ordonner à son Procureur de cesser sa procédure, ce que le Roi ordonna & fit procéder à une information. Laquelle ayant été examinée au grand Conseil, il fut rendu Arrêt en présence du Roi qui jugea que le Procureur du Roi n'avoit pas eu de motifs suffisans & il accorda main levée de la saisie. *Ib.* page 532.

Suivant

TABLEAU.

Cour de Parlement.

Troisieme Race.

1322.

Il falloit obtenir la permission du Roi pour le pourvoir contre un Arrêt ; Edouard, Roi d'Angleterre, la demanda pour attaquer un Arrêt du Parlement rendu en faveur du Prieur de Saint Entrope. *Ibid. p.* 58.

1323.

Lorsqu'il y avoit appel au Parlement, les poursuites concernans la sentence devoient cesser. *Ibid. p.* 67.

Edouard, Roi d'Angleterre, se plaint au Roi de France de la procédure faite par les Commissaires de sa Cour. *Ibid. p.* 68.

Henri de Beaumont, Baron & Conseiller du Conseil, fut condamné à la prison par le Parlement d'Angleterre, pour avoir refusé avec mépris d'aider le Roi de ses Conseils. *Ibid. page.* 73.

Edouard,

Chambre des Comptes.

Troisieme Race.

Les poursuivans & Notaires pour eux acertener sur le contenu des Ordonnances avant recours en notre Chambre des Comptes ou nous avons fait regiſtrer nos Ordonnances & Baillées à garder. *Ibid. p.* 734.

Le Scelleur du Châtelet ne peut s'absenter pour trois jours ou plus, se n'étoit de notre especial licence ou de notre Chambre des Comptes. *Ib. p.* 739. *art.* 2.

Les gens des Comptes éliront les huit examinateurs du Châtelet. *Ibid. p.* 740. *art.* 10.

1321.

Il fut ordonné par le Roi & son grand Conseil en la Chambre de ses Comptes, que nuls Clercs quelqu'ils soient, Bénéficiés par le Roi ou à sa contemplation, n'aura pension. *Reg. Croix, p.* 158. *v.*

Cy s'ensuit l'Ordonnance du trésor baillée par la Chambre des Comptes.

Nous voulons & ordonnons qu'il n'y ait qu'un trésorier prudhomme féal & sage qui sache tout l'état du trésor, & ce qu'on doit faire... & aura un Clerc pour nous qui enregistrera toutes choses, qui, au trésor seront faites. *Ibid. p.* 159.

S'il avenoit que par erreur ou oubliance, si comme aucune fois

L

TABLEAU.

Cour Législative.

Troisieme Race.

envoyerent à la Chambre des Comptes pour savoir ce que contenoient les registres à ce sujet, & il se trouva que le Bailli de Vermandois avoit reçu & compté 8708 liv. 10 s. 1 d. *Ibid.* page 179.

1317.

Le Roi ordonne que son Chancellier, quoique trésorier de l'Eglise de Laon assistera à la délibération d'une affaire concernant cette Eglise, parce qu'il est personne publique représentant la personne du Roi. *Ibid.* page 182.

1318.

Mandement au Bailli de Vermandois de faire cesser dans son Bailliage toutes les guerres privées. Brussel, tome 2. page 79. recueil des chartes.

1319.

Ordonnance faite par le Roi pour le bien de l'Etat. Le Roi a ordonné par son grand Conseil que chacun mois il aura de son grand Conseil avec lui, là où il sera... Chacun mois sera rapporté au Roi l'état de son trésor... Les Trésoriers ne seront pas du Conseil de la Chambre des Comptes. *Ordonn. du Louv.* tome 1. p. 693.

Ordonnance

Cour de la Pairie.

Troisieme Race.

1359.

Suivant les anciennes Ordonnances, nos Rois établirent douze Pairs de France pour conserver l'honneur de la Couronne, pour le conseil & l'aide de la chose publique, pour assister aux conseils & jugemens difficiles pour se distinguer par les faits d'armes en soutenant le Trône & l'Etat. *Ibid.* p. 549.

1360.

Erection du Duché de Berry & d'Auvergne en Pairie. *Ibid.* page 553.

1363.

Erection du Duché de Bourgogne en Pairie. *Ibid.* p. 556.

1364.

Hommages des Pairs de France rendus à Charles V, après le décès du Roi Jean. *Ibid.* page 561.

Item,

TABLEAU.

Cour de Parlement.

Troisieme Race.

1324.

Edouard, Roi d'Angleterre, écrit aux vénérables & discretes personnes ses très-chers amis, les Maîtres du Parlement, du magnifique Prince & Illustre Roi de France, & il les prie de vouloir bien admettre & entendre volontier son Clerc, Maître Guillaume de Weston, son Procureur, dans les affaires qu'il a au Parlement, alors convoqué à Paris. *Ibid. p. 92.*

Lettres de ce Prince sur les appels interjettés au Parlement des Sentences des Officiers du Duché d'Aquitaine. *Ibid. page 94.*

1325.

Il paroit par un arrêt qu'il y avoit une rue de foaire près Saint Innocent. *Recueil de Pieces étant à la Bibliotheque de la Ville.*

Lettres-

Chambre des Comptes.

Troisieme Race.

fois avient, nous passissions & octroissions aucune chose contre la teneur ou l'entente de nos Ordonnances, nous voulons qu'il ne soit mis à exécution, mais soit délayé & retardé jusqu'à tant que de ce nous ait avisé pour en dire & éclaircir notre finale entente. *Ibid. v.*

Ordonnances des yaues, des maçons & des charpentiers du Royaume, adressée aux gens de nos Comptes à Paris.

Pour ce que nous voulons que l'Ordonnance de nos gens & de nos Offices soient en votre connoissance & enregistrée par devers vous à mémoire perpétuelle, savoir vous faisons que par notre grand Conseil, nous avons ordonné que nos eaux & étangs soient desores en avant gardées par nos Sénéchaux & Baillis par chacun en son lieu, & les profits & émolumens nous en soient rendus par leurs comptes. *Ib. p. 160.*

Ordonnance sur les changes & les forges du Grand Pont de Paris, Le Roi ordonna que non contrestant les impétrations & les dons faits par lui ou ses prédécesseurs desdites forges & changes, elles seroient vendues par encherre pour payer les assignés & la soutenance du Pont de laquelle le Receveur de Paris est chargé & dont il doit montrer aux gens des Comptes. *Ib. p. v.*

Suivant

L ij

Cour Législative.

Troisieme Race.

1320.

Ordonnance touchant la Chambre des Comptes, art. 23. Si quelques personnes se plaignent de quelques jugement rendus contre elles par cette Chambre, il n'y aura point d'autres Commissaires que de la Chambre, avec deux ou trois ou quatre personnes du Parlement. *Ord. du Louvre, tome* 1. *p.* 703.

1321.

Ordonnance en forme de Mandement, portant révocation des Domaines aliénés, ce qui fut fait & ordonné par le Roi en son grand Conseil. *Ibid. p.* 762.

1322.

Lettres du Roi pour faire publier & observer les ordonnances sur le fait des Monnoyes, de la maniere portée par lesdites Lettres. *Regist.* 17. *du trésor des chartes, Lett.* 10. *p.* 169.

1323.

L'Ordonnance du Roi touchant les Comptes, porte art. 16. Item, que les gens des Comptes ne soient chargés de juger ou voir aucunes enquêtes, ainçois soient vues

Cour de la Pairie.

Troisieme Race.

Item, contre l'Evêque de Châlons propose le Procureur du Roi, & dit comme plus les Pairs de France sont près du Roi, & plus sont-ils grands dessous lui, de tant sont-ils tenus & plus astraints de garder les droits & l'honneur du Roi & de la Couronne de France, & de ce sont-ils serment de fidélité plus espéciale que les autres sujets du Roi; ou s'ils font ou attestent à faire au contraire de tant sont-ils plus à punir.

1365.

L'ordre de Sacres & Couronnement des Rois reglé par Charles V. Les Pairs sont appellés par leur nom par le Chancellier, on en son absence, par l'Evêque, d'abord les Laïcs & ensuite les Clercs. La Couronne étant mise sur la tête du Roi, les Pairs Clercs & Laïcs y mettent la main & la soutiennent de tous côtés. *Ibid. p.* 566.

1366.

Hommage de Jean, Duc de Bretagne, au Roi pour son Duché de Bretagne & Pairie de France. *Ibid. p.* 568.

Hommage

TABLEAU.

Cour de Parlement.

Troisieme Race.

1326.

Lettres-Patentes du Roi portans que combien aussi que l'exécution de l'arrêt nous ayons cependant suspendue toures voies notre entente est & notre vol ınté que non contrestant ladite grace faite au diot deo dat, vous tuit & les autres de notre Chambre des Comptes & de notre Conseil, les quiex vous pourrez avoir oez lesdites erreurs & en connoissez. *Ibid.* p. 531.

1327.

L'ajournement doit être donné avant que le Parlement ouvre ses sćéances & le décès de la partie oblige de réassigner. *Du Moulin*, tome 2. p. 829.

1328.

Lettres-Patentes du Roi Charles, par lesquelles il notifie l'arrêt du Parlement qui en confirme un précédent d'après une nouvelle

Chambre des Comptes.

Troisieme Race.

Suivant le registre IX du Parlement de Paris des années 1320 & 1321, Martin des Assarts & Gérault Guette, Maîtres des Comptes, sont nommés dans les Arrêts rendus pour la réformation du Royaume. *Histoire des Chanceliers*, p. 287.

Le Roi ordonne aux gens des Comptes & Trésoriers à Paris, de payer de mois en mois les gages des gens des Enquêtes, & deux fois l'an leurs Mantiaux. *Reg. Croix*, p. 165.

1322.

Ordonnance du Roi qui porte que toutes les Commissions & Lettres concernant les recettes de Roi, seront registrées en la Chambre des Comptes. *Ordonn. du Louvre*, tome 1. p. 774.

1323.

Les gens des Comptes ne seront chargés de juger. Celles même des Enquêtes qui concernent la Chambre seront jugés par les gens du Parlement qui appelleront aucuns des gens des Comptes. *Ib. art.* 16. p. 777.

1324.

En cette année le Parlement vaquoit & le registre *Olim* fait mention

L iij

TABLEAU.

Cour Législative.

Troisieme Race.

vues & jugées par les gens du Parlement & des Enquêtes, qu'il appelleront avec eux aucuns des gens des Comptes & autres cas tant seulement où la besoigne touchera la Chambre des Comptes. *Ordonn. du Louvre, tome* 1. *page* 776.

1324.

Privilége accordé aux Prévôt des Marchands & Echevins de Paris, de porter leurs causes directement au Parlement lorsqu'il tient, ou pendant qu'il vaque, aux gens qui président à Paris pour le Roi. *Ibid. p.* 782.

1325.

Lettres du Roi Charles par lesquelles à la priere de son oncle Charles, Comte de Valois & d'Anjou, il lui accorde de pouvoir émanciper son fils âgé d'environ sept ans. *d'Achery. Miscell. tome* 3. *p.* 711.

1326.

Mandement pour la levée d'un subside qui étoit perçu au nom du Pape pour la guerre qu'il avoit en Lombardie. *Ord. du Louvre, tome* 1. *p.* 798.
Lettres

Cour de la Pairie.

Troisieme Race.

Hommage du Roi de Navarre pour le Comté & Pairie d'Evreux : *lui avons promis & promettons foi & loyauté envers tous & contre tous qui peuvent vivre & mourir, ainsi que tous les autres Pairs de France. Ibid. page* 581.

1368.

Ajournement du Prince de Galles au Parlement des Pairs pour faire justice aux Barons de Gascogne, il fut donné par le Comte d'Armignac, le Seigneur d'Albreth, le Comte de Périgord, le Comte de Comminges, le Vicomte de Carmaing, le Seigneur de la Barde, le Sire de Pincornet. *Ibid. p.* 583.

1369.

Le Roi Charles V, séant en son Parlement, la Reine Jeanne étoit assise de côté, le Roi, le Cardinal de Beauvais, Chancellier de France, au-dessous, au lieu auquel sied le premier Président,

TABLEAU.

Cour de Parlement.

Troisieme Race.

nouvelle Enquête de laquelle il a résulté que la nomination aux Canonicats de l'Eglise d'Amiens, vacans pendant la régale, n'appartient pas au Roi. *Specileg. d'Acheri, tome 3. p. 776.*

1330.

Arrêt du Parlement qui déclare que les Lettres produites par Robert d'Artois étoient fausses, & comme fausses seroient despeciées & chancellées. *Recueil de Pieces pour la Pairie, étant à la Bibliotheque de la Ville.*

1333.

Le Roi d'Angleterre prie le Roi de France d'empêcher l'exécution d'un Arrêt qu'il prétendoit avoir été rendu sans connoissance de cause. *Rymer, tome 2. page 86. part. 3.*

1334.

Arrêt du Parlement qui maintient l'Evêque de Langres dans le droit d'établir seul des Notaires dans la Ville de Langres & autres lieux de sa dépendance. *Ibid. p. 506.*

Arrêt

Chambre des Comptes.

Troisieme Race.

mention d'un Arrêt rendu par le Chancellier & par d'autres Juges, en la Chambre des Comptes. *Recueil d'Arrêts étant à la Bibliotheque de la Ville, p. 542.*

1326.

Mandement au Bailli de Chaumont, comme nous ayant métier de chariots, charettes & sommiers pour cause de notre guerre de Gascogne & en la Baillie soient plusieurs Religieux & autres personnes qui nous doivent de notre droit pour cause de nos guerres, chariots, sommiers & autres choses, les noms desquels nous tenons, en une cédule avec le service qu'ils nous doivent, nous te mandons que tu leur signifie qu'ils nous les envoient à Paris la veille de Pâques Flories.

En outre nosdits devoirs & services, tu nous pourvoie le chariot de cinq chevaux, la charette de quatre, non des pauvres personnes, mais des riches, Prélats, Abbés, Prieurs, & Chapitres & Bourgeois. *Reg. Croix p. 200.*

L'Evêque de Lizieux doit le service de vingt Chevaliers, & à son service trente Chevaliers, & sans ce, il a dix Chevaliers en la Banlieue de Lisieux qui demeurent pour garder la Cité jusqu'à tant l'arriere ban soit été

L iv

Cour Législative.

Troisieme Race.

1327.

Lettres par lesquelles le Roi nomme & constitue les Procureurs envoyés pour sommer & requérir les Comtes Regnault de Gueldres & Guillaume de Julliers, pour faire leurs préparatifs & envoyer des secours au Roi, contre le Roi d'Angleterre, Robert d'Artois & autres leurs adhérents. *Regist.* 17. *du trésor des chartes*, Lett. 8. p. 4.

1328.

Lettres par lesquelles le Roi ordonne que les appellations des jugemens rendus par les Sénéchaux de Bretagne, seront portés aux grands jours du Duc & de ses grands jours au Parlement de Paris. *Ordonn. du Louvre, tome* 2. p. 18.

1329.

Le Roi ordonne de restituer ce qui avoit été reçu pour l'aide accordé à cause de la guerre de Gascogne qui n'avoit pas été commencée. *Ibid.* p. 29.

1330.

Ordonnance portant révocation de l'ancienne coutume par laquelle la procédure en matiere réelle

Cour de la Pairie.

Troisieme Race.

Président & de ce rang soient les Archevêques de Reims, de Sens & de Tours, & plusieurs Evêques jusqu'au nombre de 15, & plusieurs Abbés & autres gens d'Eglise envoyés à cette convocation, seoient es bancs & par terre.

Au rang où sient les Laïcs du Parlement, seoient les Ducs d'Orléans & de Bourgogne, le Comte d'Alençon, le Comte d'Eu. *Ibid.* 585.

Exoine ou excuse du Duc de Bretagne de ne s'être pas rendu à l'ajournement pour le jugement du Roi d'Angleterre. *Recueil d'Arrêts de la Pairie*, p. 589.

1370.

Arrêt rendu par la Cour de Pairie, portant confiscation du Duché de Guienne. Le principal crime imputé au Duc de Guienne étoit son opposition & celle de ses Officiers aux appels interjettés au Parlement. *Ibid. page* 590.

En

TABLEAU.

Cour de Parlement.

Troisieme Race.

1335.

Arrêt donné contre plusieurs faux témoins compris au procès de Robert d'Artois. *Ibid.* P. 467.

1336.

Lettres du Roi touchant une revision d'Arrêts & portant permission de transiger sur procès pendant au Parlement.

1339.

Lettres du Roi Philippe à nos amés les députés en notre grande Chambre du Palais à Paris, pour l'expédition des causes en l'absence de notre Parlement. *Recueil d'Arrêts*, p. 533.

1342.

Suivant les statuts ou anciennes coutumes d'Angleterre, toutes les causes concernant le patronage de quelque Bénéfice que ce soit doivent être portées à la Cour du Roi. *Rymer, tome* 2. *p.* 133. *part.* 4.

Tout Bénéfice tenu immédiatement du Roi rentre dans sa main après le décès du Bénéficier avec le droit de le conférer. *Ibid.*

Arrêt

Chambre des Comptes.

Troisieme Race.

ôté, & ils vont aux propres dépens de l'Evêque. *Ibid page* 240. *v.*

En l'annnée 1326, le Parlement ne résida point à Paris, à cause de la guerre de Gascogne. Le premier Arrêt du registre de cette année est datté du 13 Décembre, il fut prononcé dans la Chambre des Comptes. *Hist. des Chancelliers*, p. 543.

1328.

Le Roi assemble son grand Conseil à la Chambre des Comptes, pour régler les frais du Sceau. *Ib.* p. 229. *v.*

1329.

Guillaume de Saint Maure, Chancellier de France & Martin des Essarts, Maîtres des Comptes, furent envoyés vers Pierre d'Arragon, la dépense du voyage monta à 160 livres 14 d. *Ib.* p. 301.

1331.

Le Conseil du Roi composé des gens du Parlement & des Maîtres de la Chambre des Comptes, Juge sommairement des torts faits par les Officiers du Roi aux Marchands fréquentans les Foires de Champagne

&

Cour Législative.

Troisieme Race.

réelle étoit suspendue jusqu'à ce que les mineurs fussent devenus majeurs. *Ibid. p. 63.*

L'appéllant étoit tenu d'intimer le juge & sa partie adverse sur l'appel. *Ibid. p. 51.*

1331.

Le possesseur d'alleux n'est pas obligé de communiquer ses titres, l'alleu roturier n'est point sujet à finance, c'est à la Chambre des Comptes à en juger. *Ibid. p. 69.*

1332.

La régale a lieu tant que l'Evêque n'a pas rendu hommage & fait le serment de fidélité. *Ib. page. 82.*

1333.

Edit du Roi de France sur la justice qu'il veut être rendue aux Marchands d'Angleterre par les gens des Comptes à Paris, auxquels l'Edit est adressé. Rymer, *tome 2. part. 3. p. 63.*

1334.

Les Bénéfices vacans de fait ou de droit sont sujets à la régale. Brussel, *tome 2. page 93. Recueil.*

Lettres

Cour de la Pairie.

Troisieme Race.

1371.

En la cause du Duc de Berry il fut dit que la forme d'ajourner les Pairs de France par deux Lettres, est quant est question de Pairie ou que l'appel vient du Pair ou son Officier qui est jugé. Qu'en instance d'exécution de Lettres obligatoires, un Pair peut être ajourné par une Lettre autre chose est en cas d'appel. *Ibid. p. 596.*

Dans la cause de l'Evêque de Noyon, il fut jugé que la pairie est un privilége dont le Pair peut ne pas user. *Ibid.*

1372.

Le Comte de Flandres s'excuse auprès du Roi du soupçon d'avoir fait enlever la Comtesse de Bar, il lui déclare qu'il est son homme lige, son sujet & Pair de France. *Ibid. p. 596.*

Les

TABLEAU.

Cour de Parlement.

Troisieme Race.

Arrêt entre le Duc de Lorraine & Guy de Châtillon. *Dumoulin*, tome 2. page 828.

L'Ordonnance concernant les Notaires, porte art. 4. qu'ils seront examinés par le Parlement qui recrira la suffisance d'eux & se fera ladite examination tantôt après la *Quasimodo*.

Art. 7. Quand notredit Parlement sera fini, nous mandrons notredit Chancellier, les trois Maîtres Présidens de notre Parlement & dix personnes, tant Clairs comme Laïcs de notre Conseil, tels comme il nous plaira. *Ibid. p. 175.*

1344.

De par le Roi, nos gens de notre Parlement, nous avons ordonné être personnellement par long-tems en notre présent Parlement, & pour ce & autres causes, voulons que les Prélats qui affaires y auront, y soient en leurs personnes & non par Procureurs. *Recueil d'Arrêts étant à la Bibliotheque de la Ville*, p. 534.

L'art. 5. de l'Ordonnance concernant les appels interjettées au Parlement porte, suivant le stile observé en la Cour, si quelqu'un appelloit de la Sentence d'un Pair de France, d'un Duc, Comte, Baron ou d'un autre Seigneur temporel par défaut de droit,

Chambre des Comptes.

Troisieme Race.

& de Brie. *Ordonnance de Louvre*, art. 5. p. 76. tome 2.

1332.

L'Ordonnance des Monnoyes adressée aux Officiers de Justice leur enjoint de récrire aux gens des Comtes à Paris, à quel jour ils auront reçu cette Ordonnance. *Ibid. p. 88.*

1333.

Edit du Roi adressé à ses gens des Comptes à Paris, pour rendre justice aux Marchands d'Angleterre. *Rymer part. 3. tome 2. page 93.*

Le Roi Philippe de Valois approuve & confirme des Lettres passées à la Chambre des Comptes à Paris touchant les décimes. *Ibid. p. 93.*

Ce Prince enjoint aux Mestres des Forêts & aux Baillis & Sénéchaux d'écrire à la Chambre des Comptes l'état des Châteaux & des Etangs. *Ibid. p. 94.*

Il enjoint aux gens du Parlement de la Chambre des Comptes & du Trésor, de se contenter de leurs gages sans percevoir aucun autre droit. *Ibid. p. 97.*

De

Cour Législative.

Troisieme Race.

1335.

Lettres-Patentes & Arrêt portans défenses à tous Prélats & Officiaux, de mettre en interdit aucunes terres du Roi, à peine de saisie du temporelle. *Ord. du Louvre*, tome 2. p. 103.

1336.

Lettres-Patentes & Arrêt qui défendent à l'Evêque d'Amiens & à ses Officiers, de lever des amendes sur les nouveaux mariés.

1337.

Lettres d'Eudes, Duc de Bourgogne, Comte d'Artois, Seigneur de Salins, par lesquelles il déclare qu'à l'avenir il fera mettre telle différence entre sa monnoye, qu'elle ne sera point semblable à celle du Roi & qu'elle n'aura cours que dans le Comté de Bourgogne & dans l'Empire. *Regist.* 17. *du trésor des chartes*, Lett. 13. p. 169.

1338.

Ordonnance touchant la solde des gens de guerre. L'Albalêtrier à pied 15 den. le simple piéton 12 den. l'Ecuyer avec un cheval de 25 liv. 6 s. 6 d. le Chevalier Banneret 20 sol. *Ordonn. du Louvre*, tome 2. p. 120.

Lettres

Cour de la Pairie.

Troisieme Race.

1373.

Les Pairs en vertu de leur privilége peuvent demander leur renvoie en la Cour de Pairie. *Ibid.* p. 601.

Suivant ce privilége, l'ajournellement d'un Pair ne peut être fait que par deux Pairs de Lettres par les Ordonnances & stile de la Cour. *Ibid.*

1374.

Le Parlement fut au Conseil jusqu'à Prime & après aux obseques de M. Jean de Craon, jadis Archevêque de Reims & Pairs de France. *Ib.* p. 602.

1375.

L'Edit du Roi Charles V sur la majorité des Rois à 14 ans, fut publié au Parlement où étoient les Prévôts des Marchands & Echevins de la Ville de Paris.

Jehan

TABLEAU.

Cour de Parlement.

Troisieme Race.

droit, il falloit non-seulement intimer le Juge, mais même le Pair, le Duc, le Baron ou le Seigneur.

Et parce que suivant l'ancien usage, nous devions accorder nos Lettres pour les ajourner & en adresser d'autres aux Baillis ou Juge pour les présenter aux Pairs; nous voulons que les Lettres soient seulement présentées à leur Juges ou au lieu où a été rendu la sentence dont est appel.

D'abord la regle étoit qu'un Pair de France ne pouvoit être ajourné que par deux autres Pairs, ce qui avoit lieu lorsque c'étoit un Pair qui faisoit ajourner un autre Pair, dans la suite un Pair a pu être ajourné par un Sergent du Roi, delà est venue la regle qui est rapportée par Loysel, Sergent à Roi est Pair à Comte.

1345.

Déclaration du Roi en faveur de l'Université de Paris, le registre du Parlement cotté *A*, porte que cette déclaration fut écrite dans la Chambre du Parlement le 17 May, en présence de ceux qui y sont dénommés, savoir 24 Clercs & 24 Laïcs. *Ordonnance du Louvre, tome 2. page 228.*

Lettres

Chambre des Comptes.

Troisieme Race.

1334.

De par le Roi, nos gens du Parlement, nous avons fait certaine Ordonnance sur le fait de nos Chambres du Parlement, des Enquêtes & de nos Requêtes du Palais par délibération de notre grand Conseil, laquelle nous avons envoyé sous le sceau de notre secret enclose qui vous en bailleront la copie. *Ib. p. 220.*

1335.

Lettres par lesquelles le Roi ordonne aux gens des Comptes de faire payer aux Receveurs tout ce qu'ils doivent & de les y contraindre par corps. *Ibid. page 105.*

Le Mémorial B de la Chambre des Comptes, *page 59.* porte le 14 Juin 1335, vint Amaulry de Crecy en la Chambre des Comptes, présent Messire Guy Baudet, Chancellier & autres. *Hist. de la Chancellerie, p. 315.*

1340.

Mandement adressé au Sénéchal de Beaucaire à l'égard des dettes des regnicoles envers les Italiens & les Juifs, il y est permis aux débiteurs de se retirer vers les gens des Comptes qui leur feront bonne courtoisie & grant. *Ord. du Louvre t. 2. p. 143 & 144.*

Le

TABLEAU

Cour Législative.
Troisieme Race.

1339.

Lettres-Patentes adreſſées aux gens des Comptes à Paris, par leſquelles il leur commet plein pouvoir juſqu'à la Fête de la Touſſaint prochain de octroyer de par lui à toutes gens tant d'Egliſe de Religion, comme féculier, graces ſur acquefts tant fait comme à faire à perpétuité, d'octroyer privilége & graces perpétuels & à tems à perſonnes, ſingulieres Egliſes, Communautés & habitans des Villes. *Recueil étant à la Bibliotheque de la Ville*, p. 533.

1340.

Lettres du Roi Philippe de Valois à Edouard III, Roi d'Angleterre, où il lui déclare qu'il ne remplit pas ce que l'homme lige doit regarder à ſon droit ſouverain Seigneur. *Recueil d'Arrêts de la Pairie étant à la Bibliotheque de la Ville*, p. 507.

1341.

Ordonnance du Roi qui abolit les Lettres qui accordoient aux Officiers des gages à vie. *Ord. du Louv. t.* 2. p. 172.

1342.

L'appel des jugemens rendus par les Mairs & Pairs de Rouen, concernant

Cour de la Pairie.
Troisieme Race.

1378.

Jehan de Montfort, Duc de Bretagne, fut ajourné à comparer perſonnellement en Parlement devant les Pairs. Le Roi fut en la Chambre de ſon Parlement, ſéant en jugement la Cour garnie de Pairs, & pour ce que les Pairs n'étoient pas tous préſens, jaſoit ce que ils euſſent été ajournés & mandés par le Roi, pour cette cauſe & ſe excuſoient par leurs Lettres ouvertes. *Ibid.* p. 607.

Lettres-Patentes du Roi portans rémiſſion donnée à la Comteſſe de Flandres & d'Artois & à ſes Officiers, en la Comté & Pairie d'Artois, pour les délicts & méfaits commis ſur le ſujet du reſſort de ladite Pairie. *Ibid.* p. 616.

1381.

Au ſacre du Roi Charles VI, Philippe, Duc de Bourgogne, comme premier Pair de France, prétendoit avoir la préſéance ſur ſon frere aîné, le Duc d'Anjou, Régent du Royaume. Philippe ſauta par-deſſus les bancs, & ſe mit entre le Roi & le Duc d'Anjou, ce qui lui fit donner le ſurnom de Philippe le Hardi. *Ib. p.* 624.

Hommage

TABLEAU.

Cour de Parlement.

Troisieme Race.

1347.

Lettres du Roi Philippe de Valois par lesquelles il déclare qu'il institue Robert le Cocq, Avocat en son Parlement son espécial Avocat & Conseiller, au lieu de Messire Pierre de la Forêt, pour lors Chancellier du Duc de Normandie. *Hist. des Chancelliers*, p. 332.

Simon de Bucy & Jacques la Vache, Chevalliers, & Pierre Demeville, Présidens du Parlement furent nommés par le Roi, Commissaires, pour donner prévôtés en garde le mandement qui leur fut adressé au sujet, est au registre du Parlement cotté *A*, p. 20. *v.* & 21. *Ordonnance du Louvre*, tome 2. page. 262.

Au Parlement après la Saint Martin d'hiver en 1347, le Roi Philippe de Valois fit une Ordonnance sur les complaintes à à la relation des gens tenans son présent Parlement. *Ib*. p. 266.

1352.

Commission du Roi donnée en son Parlement en faveur de Messire Simon de Bucy, Chevalier & Président en Parlement, contre les péagers de Mante & Meulant qui avoient perçu les droits de Péage au préjudice de l'exemption

Chambre des Comptes

Troisieme Race.

1346.

Le Roi donne aux Mestres des Eaux & Forêts la jurisdiction qu'avoient auparavant les Baillis & Sénéchaux, il supprime les Sergens des Eaux & Forêts il ordonne qu'ils viennent compter en la Chambre des Comptes à Paris.

Le Roi ordonne aussi aux Mestres des Eaux & Forêts de n'obéir à aucunes autres Lettres *si elles ne sont commandées de nous, signées par l'un de nos Secretaires, scellées de notre scel & passées par nosdites gens des Comptes*, au bas de l'Ordonnance est écrit par le Roi à la relation des gens des Comptes. *Ordonnance du Louvre*, tome 2. Page 244 & *suiv.*

Lettre du Roi au Chancellier.

Chancellier, nous avons ordonné qu'en la Chambre de nos Comptes y aura trois Clercs & quatre Maîtres Laïcs, & douze Clercs sous eux, si vous mandons que iceux vous instituey en notredite Chambre, ôtez tous autres Maîtres & Clercs auquel nous entendons pourvoir de bons & convenables états selon leur bon port & service de tems.

Lettre

Cour Législative.

Troisieme Race.

concernant leur Communauté, seront portés sans moyen devant l'Echiquier de Rouen. *Ibid. tome* 4. *p.* 480.

1343.

Déclaration du Roi sur la Relique & joyau de la Sainte Chapelle qu'il a envoyé au Pape. *Regist. du trésor des chartes cotté* J, *Lettre 9. p.* 21.

1344.

Ordonnance reglant le nombre & les gages du Parlement, par délibération du grand Conseil adressée sous le sceau secret enclose aux gens des Comptes qui en donneront copie. *Dachery, tome* 3.

1345.

Lettres par lesquelles le Roi confirme l'attribution de toute jurisdiction donnée aux Généraux, Maîtres des Monnoyes. *Ordonn. du Louvre, t.* 2. *p.* 230.

1346.

Le Roi enjoint au Parlement d'entériner & accomplir l'Ordonnance touchant la régale, parce qu'elle donnoit droit à Estienne Rogier qu'il avoit pourvu en régale. *Ibid. p.* 243.

Lettres

Cour de la Pairie.

Troisieme Race.

1381.

Hommage de Jean, Duc de Bretagne, au Roi, pour son Duché & Pairie de France. *Ibid. page.* 625.

1385.

Il a été jugé au Conseil, en faveur d'un Pair de France qu'il doit être reçu à plaider en Parlement en premiere instance, pour cause qui vient des terres qu'il ne tient en Pairie. *Ib. p.* 628.

1386.

Lit-de-Justice du Roi Charles VI au Parlement de Paris, contre Charles II, Roi de Navarre, ses Pairs présens. *Ibid p.* 628.

Au Lit-de-Justice tenu contre le Roi de Navarre, Pair de France, le Procureur du Roi requit défaut & comparut contre ledit Roi de Navarre a qui fut répondu & appointé que le Roi, ses Pairs & Conseil verroient, les mandemens, relation & ajournement, & auroient avis quel exploit l'on donneroit au Procureur du Roi.

Moulins, Avocat, dit que le Roi est le Chef de la chose publique en son Royaume & à la garder & défendre, & réside

tout

Cour de Parlement.

Troisieme Race.

l'exemption accordée à Messieurs du Parlement pour leurs provisions. *Abrégé des Ordonnances du Parlement étant à la Bibliotheque de la Ville*, tome. 1. p. 23.

1354.

Lettres du Roi Jean en faveur de Maître Jacques d'Adélaincourt, Conseiller au Parlement, Doyen de Langres & Chanoine de Paris, touchant l'exemption de toute imposition pour ses provisions à Paris. *Ibid*. p. 23. v.

1355.

Commission donnée au Parlement sous le nom du Roi Jean, par laquelle appert que de droit, usage & coutume appartient au Roi & à sa Cour par prévention, la connoissance de l'exécution des testamens. *Abrégé des Ordonn*. tome 1. p. 37.

1356.

Par l'Ordonnance que Charles V, Régent du Royaume, fut contraint de rendre par la faction des états, plusieurs Conseillers du Parlement furent supprimés, ces Etats se firent donner la faculté de lever des aides & de s'assembler à cet effet sans être convoqués par le Roi. *Ordonn. du Louvre*, tome 3. p. 121.

Ordonnance

Chambre des Comptes.

Troisieme Race.

Lettres du Chancellier à la Chambre. Chers amis, le Roi a voulu & ordonné que Guillaume Balbet soit en la Chambre des Comptes, si comme vous appera par ses Lettres, si vous mande de par lui & prie affectueusement de par moi que ledit Guillaume vous receviez en la maniere qu'il appartient; notre Seigneur vous garde. *Hist. des Chancelliers*, p. 325.

Il paroit par le Registre B, de la Chambre des Comptes, page 124, que les Officiers de la Chambre des Comptes, notre Seigneur le Roi, n'étoient pas résidens à Paris, si comme ils ont été sous Monseigneur St. Louis. Ainçois tous les Maîtres & les Clercs grands & petits suivoient la Cour des Rois... Jusques à tems que Guillaume de Crespy fut Chancellier qui suspendit auxdits Clercs leur part de la Chancellerie pour ce qu'ils ne suivoient plus la Cour. *Ordonn. du Louv*. t. 2. p. 251. aux notes.

1347.

S'il y avoit aucun trouble ou aucun doute sur le payement ou sur la value du marc d'argent, le Roi réserve la déclaration par devers ses Amés & Féaux, les gens de ses Comptes à Paris. *Ordonn. du Louvre*, tome 2. p. 276.

Le

Cour Législative.
Troisieme Race.

1347.

Lettres de Philippe, Roi de France, par lesquelles il remet en leurs états, Offices renommées & biens, plusieurs, tant de ses sujets que de ceux du Duc de Brabant que le Roi avoit bannis du Royaume à l'occasion des guerres. Reg. *du trésor des chartes*, cotté C, Lett. 46. Ecrin. 218.

1348.

Mandement du Roi aux gens de la Chambre des Comptes, par lequel il leur enjoint de faire payer les aumônes avant les assignations. Ordonn. *du Louvre*, *tome 2. p. 300.*

1350.

Lettres du Roi portant révocation des Domaines aliénés dans la Prévôté & Vicomté de Paris. *Ibid. p.* 315.

1351.

Lettres touchant la levée d'une aide dans le Bailliage d'Amiens adressées à trois de ses Conseilliers, que le Roi établit Commissaires en cette partie. *Ibid. page.* 439.

Lorsqu'on

Cour de la Pairie.
Troisieme Race.

tout au Prince, & dit, outre que crime de lèze-Majesté est si détestable que l'on s'en enquiert. *Etiam post mortem.*

1388.

Sur le différent si l'Evêque de Châlons étoit tenu plaider devant les Généraux de la Justice des Aides, pour raison du mesurage du sel dudit Châlons. Fut le 10 Mars 1388 jugé que non ailleurs qu'audit Parlement, lequel pouvoit appeller au jugement aucuns desdit Généraux. *Ibid. page 636.*

1392.

Seront données & assignées journées à chacun Pair de France pour ouir leurs causes & ne seront ouis aucunes autres causes. *Ibid. p.* 637.

Du Tillet parle d'une semblable Ordonnance du 13 Novembre 1396, pour les rôles des causes des Pairs. *Ibid.*

1394.

En la cause du Duc d'Oléans, le Procureur Général soutint que les Pairs de France ont leurs privilèges quant aux Pairies, leur domaine ou Patrimoine, auquel cas les faut ajourner à la

TABLEAU.

Cour de Parlement.

Troisieme Race.

1358.

Ordonnance qui porte que les appels des Sentences des Maîtres des Ports, des Forêts & des Eaux seront portés immédiatement devant le Sénéchal de Carcassonne & ensuite devant le Parlement. *Ibid. p. 336.*

1359.

Ordonnance de Charles V, Régent du Royaume, où il atteste que des traitres & conspirateurs en contre la Majesté du Roi l'ont obligé du supprimer des Conseillers du Parlement & de la Chambre des Comptes, de consentir que d'autres articles plus préjudiciables aux droits du Roi, fussent néanmoins publiés comme loix, & que le tout a été fait à son grand déplaisir. *Ibid. p. 345.*

Le Roi accorde des Lettres de sauve-garde au Chapitre du Vivier en Brie, parce qu'il est de fondation Royale. En vertu de ces Lettres, les causes de ce Chapitre seront portées au Parlement quand il tiendra, & lorsqu'il vaquera, aux Présidens qui y siégent ou aux Requêtes du Palais. *Ibid. p. 374.*

Ordonnance

Chambre des Comptes.

Troisieme Race.

Le Roi adresse à ses Amés & Féaux, les gens de son Conseil secret, les gens de ses Comptes & ses Trésoriers une Ordonnance contre les Trésoriers, pour la faire exécuter. *Ib. p. 281.*

Mandement du Roi à ses Amés & Féaux, Pierre de Becourt son Chevalier & Conseiller, & les gens de ses Comptes. *Ibid. page 283.*

1348.

Mandement du Roi à la Chambre des Comptes, portant que les aumônes seront payées avant les assignations. *Ibid. p. 300.*

1349.

La Chambre des Comptes délibere avec le Général des Monnoyes sur la crue des Monnoyes. *Ibid. p. 301.*

Le Roi se plaint de ce que les Receveurs s'enrichissent, parce que la Chambre des Comptes ne les oblige pas à compter. *Ibid p. 304.*

Les Prévôt des Marchands & Echevins, peuvent connoître & ordonner des impositions & au cas où ils ne pourroient les accorder, Le Roi veut que les gens des Comptes en connoissent. *Ibid. p. 321.*

Ordonnance

TABLEAU.

Cour Législative.
Troisieme Race.

1352.

Lorsqu'on intimoit le Juge & la Partie en cas d'appel, l'appellant ne devoit plus l'avoir pour Juge durant l'appel, mais il n'en étoit pas moins sujet à la jurisdiction Seigneuriale dans ses autres causes. *Regist.* 81. *du trésor des chartes.*

1353.

Lettres du Roi qui ordonnent aux Sénéchaux & Baillis d'obliger les détenteurs des Fiefs & arrieres-Fiefs, de fournir leurs aveux & dénombremens à la Chambre des Comptes à Paris. *Ordonnance du Louvre, tome 4 page* 134.

1354.

Le Roi ordonne que les Lettres de grace & de don accordées par les Lieutenans ou Capitaines, ne seront point exécutées qu'elles n'aient été confirmées par le Roi & passées à la Chambre des Comptes. *Ibid. page* 152.

1355.

Ordonnance faite en conséquence de l'assemblée des trois Etats

Cour de la Pairie.
Troisieme Race.

la Cour. *Secus* en une question qui se commence de partie à partie. *Ibid.* p. 640.

1401.

Hommage fait au Roi Charles VI, par M. Louis de France, Dauphin de Viennois son fils, du Duché & Pairie de Guyenne. *Ibid. page* 641.

1403.

Déclaration du Roi Charles VI, en qualité de Comte de Champagne, sur le Doyenné des sept Comtes Pairs assistans, le Comte de Champagne.

Desquels Pairs le Comte de Joigny est le Doyen & le premier assistant, auprès le Comte de Champagne qu'and il tient son Etat es grands jours. *Recueil d'Arrêts sur la Pairie.* p. 647.

Le Comte de Champagne étoit décoré de sept Pairs comtes, & principaux membres de Champagne, assis avec ledit Comte en son Palais, pour le conseiller & décorer, savoir est les Comtes de Joigny, Retheil, Brenne, Poitiers, Grandpré, Boussy & Brenne. *Ibid.* p. 648.

Hommage

TABLEAU.

Cour de Parlement.

Troisieme Race.

Ordonnance portant réglement sur tous les Officiers du Royaume. Il n'y aura dans la suite que trois Présidens du Parlement, il n'y aura dans la grand-Chambre que 15 Clercs & 15 Laïcs, mais il y aura autant de Prélats, de Princes & de Barons que le Roi le jugera à propos pour ce qu'ils ne prennent nuls gages. *Ordonnance du Louvre*, tome 3. p. 383.

1361.

Le reglement pour les gages du Parlement de Paris porte, nous ordonnons suivant la requisition des gens du Parlement, qu'il y aura trois Registrateurs ou Greffiers touchant les gages qui ne seront payés de leurs gages & manteaux qu'après MM. du Parlement. *Ibid.* p. 482.

Reglement pour les Notaires du Roi. L'article 3. porte, les Notaires dessous nommés & non pas les Secretaires jureront les choses qui s'en suivent.

C'est à savoir à faire continuelle résidence & eulx présenter & démeurer suffisamment pour besogner une fois au moins chacun jour en Parlement ou es Requêtes de l'Hôtel ou es Requêtes du Palais, ou au grand Conseil quand il sera assemblé, ou

Chambre des Comptes.

Troisieme Race.

1350.

Ordonnance par laquelle le Roi Jean crée en la Chambre des Comptes de Paris quatre Maîtres Clecs & quatre Maîtres Laïques, savoir Chauvelli, premier & principal. *Ordonn. du Louvre*, tome 3. p. 334.

1351.

Es fermes du Roi les Juges des lieux appellés, à ce le Receveur & le Procureur du Roi auxdits lieux ou leurs Lieutenans, feront informations bonnes & dues sur les choses dessus dites, & icelles informations enverront aux gens des Comptes du Roi à Paris, qui, en consideration aux choses dessus dites, détermineront ce qui en devra être fait. *Ibid.* p. 486.

1352.

Lettres du Roi Jean, touchant une imposition de 6 d. pour liv. dans le Vermandois, le Roi y reconnoit qu'elle a été octroyée de grace, & qu'elle ne doit point être enregistrée en la Chambre des Comptes. *Ibid.* p. 505.

Lettres

M iij

Cour Législative.

Troisieme Race.

Etats des Pays de la Languedoie ou Coutumier qui établit une gabelle sur le sel & une aide. *Ibid. tome* 3. p. 19, *& 687.*

1356.

Commission pour les trois élus par les Etats Généraux, pour la levée de l'aide de l'autorité de Charles, fils aîné & Lieutenant du Roi départis dans le Diocèse de Clermont & de Saint Floure. *Ibid. tome* 4. *page* 181.

1357.

Lettres pour suspendre jusqu'à la Toussaint le payement de toutes les dettes du Roi, excepté les aumônes & les dettes dues aux pauvres. *Ibid. tome* 3. *page* 161.

1358.

Lettres du Roi pour regler le ressort du Bailliage de Sens. *Ib. page* 296.

1359.

Lettres par lesquelles les Officiers qui avoient été privés de leurs Offices par l'art. 11. de l'Ordonnance de 1357, ont été rétablis. *Ib. p.* 345.

Traité

Cour de la Pairie.

Troisieme Race.

1404.

Hommage fait au Roi par Jean, Duc de Bourgogne, pour la Pairie & le Doyenné des Pairs de France, à cause du Duché de Bourgogne. *Ibid.*

Erection des terres de Beaufort en Champagne, Soulaines, Nogent, l'Artaut, & Larzicourt en Pairie sous le titre de Duché & Pairie de Nemours, avec droit de grands jours qui seront néanmoins subordonnés aux grands jours de Champagne. *Ibid. page* 651.

1405.

Hommage du Duc de Bourgogne pour le Comté & Pairie de Flandres. *Ibid. p.* 654.

Hommage fait par le même Duc pour le Comté & Paire de Rethel. *Ibid. p.* 655.

1407.

Le Parlement fut présidé par le Chancellier & par les Archevêques

Cour de Parlement.

Troisieme Race.

ou en la Chambre ou aux Généraux & Chambre des Comptes, quand à ceux qui y sont ordonné à être.

On trouve dans la liste des noms de ces Notaires Maître Nevelon, Greffier civil en Parlement *obiit*, Maître Denis Tite, Greffier criminel en Parlement. *Ibid.* p. 532.

1363.

Ordonnance concernant la procédure pour le jugement des procès. L'article 10. porte qu'on procédera sommairement dans les causes qui auront pour objet les bénéfices qui sont à la collation du Roi. *Ibid.* p. 649.

1364.

La Cour condamna le Juif Manassès à faire amende au Roi & au Juif Jacob en plein Parlement, ce faisant sera en la premiere cotte sans chapperon & sans ceinture. *Olim. tome 3. page 3. v.*

1365.

La Cour fait main-levée aux Religieux de Fescamp des saisies faites à la Requête du Procureur du Roi sur leurs Domaines, Fiefs & Terres. *Ib.* p. 9. v.

Guillaume

Chambre des Comptes.

Troisieme Race.

1353.

Lettres qui ordonnent aux Sénéchaux & aux Baillis d'obliger les détenteurs des Fiefs & arriere Fiefs de fournir leurs aveux & dénombremens à la Chambre des Comptes de Paris. *Ibid. tome. 4. p. 134.*

1354.

Le Roi ordonne que les Lettres de grace & de don accordées par les Lieutenans du Roi ou Capitaines ne seront point exécutées, qu'elles n'ayent été confirmées par le Roi & passées à la Chambre des Comptes. *Ibid. page. 152.*

1355.

Lettres pour surseoir au Payement des dettes du Roi, ces Lettres sont adressées à la Chambre des Comptes, il lui est défendu d'allouer es comptes de celui qui auroit fait le payement. *Ibid. tome 3. p. 15.*

1356.

Ordonnance sur le fait des Monnoyes. Seront les noms & surnoms des Changeurs envoyés à Paris sous les Sceaux des justiciers des lieux par de vers les gens

Cour Législative.

Troisieme Race.

1360.

Traité de paix conclu à Bretigny, lez Chatres entre les Rois de France & d'Angleterre. *Bruss. tome 2. p. 98. Recueil.*

1361.

Lettres du Roi Jean, à son Parlement, par lesquelles il lui mande de n'avoir aucun égard à la nullité prétendue de sa collation sous prétexte qu'il étoit alors prisonnier en Angleterre. Cette Lettre finit par cette clause, qu'en cé il n'y ait faute, car il nous déplairoit. *Abrégé des Ordonn. tome 1. p. 39. v.*

Lettres du Roi aux gens des Comptes, portans que les Ordonnances & autres Lettres royaux ne seront adressées qu'aux Juges Royaux pour être publiées. *Ordonn. du Louv. tome 3. p. 555.*

1362.

Ordonnance adressée aux gens des Comptes, portant que les Prévôtés auparavant en garde, seront données en ferme. *Ibid. page 609.*

1363.

Ordonnance concernant différens réglemens pour les jugemens.

Cour de la Pairie.

Troisieme Race.

chevêques de Toulouze & de Sens & plusieurs autres présens, il y avoit cinq Présidens, Henri de Marle, premier Président, tenoit l'Echiquier à Rouen, Pierre Boschet étoit à son pays de Poitou, Imbert de Boisy tenoit les jours du Duc de Bourgogne à Beaune, Jacque de Builly & Robert Mauger, étoient en Commission. *Recueil de la Pairie, p. 660.*

Lettres du Roi Charles VI, adressées à Maître Jehan du Drac, Président aux Requêtes du Palais, pour tenir le lieu des Présidens en leur absence. *Ibid.*

Lit-de-Justice sur le Gouvernement de l'Etat durant la minorité du Roi; les Ducs Laïcs y sont d'abord dénommés, ensuite le Clergé, puis les Conseillers, tant du Grand Conseil & du Parlement, comme de la Chambre des Comptes, des Requêtes & Enquêtes. *Ibid. page 664.*

1408.

Lit-de Justice où étoient entr'autres le Prévôt des Marchands avec 100 Bourgeois ou environ. *Ibid. p. 669.*

Arrêt

TABLEAU.

Cour de Parlement.

Troisieme Race.

1366.

Guillaume de Folloy, Valet-de-Chambre du Roi, apporta en Parlement de par le Roi, un ciel, une couverture & un chevrier avec quatre oreillers tout neufs de velour semés de fleurs-de-lys d'or aux armes de France, pour tendre & asseoir en la Chambre du Parlement quand il plaira au Roi d'y venir. *Ibid.* p. 11.

La Dame d'Andesel renonça à meubles & dettes de Feu Sieur d'Andesel son mari, & quitta sa ceinture au parquet, & fut lue certaine lettre Royale qu'elle présenta sur ce. *Ibid.* p. 12.

1367.

Le 20 Décembre, la Cour devoit vacquer, mais du consentement du Roi fut conseillé l'arrêt de l'Université contre les Sergens du Guet. *Ib.* p. 13.

1368.

La Cour a donné congé à Maître Pierre de Ligny, Avocat en Parlement, pour aller porter à Lizieux les Bulles de l'Evêque de cette Ville & lui a continué ses causes. *Ibid.* p. 15.

Le

Chambre des Comptes.

Troisieme Race.

gens des Comptes, les Généraux, Maîtres des Monnoyes, prendront & auront les noms d'iceux changeurs. *Ordonn. du Louvre*, tome 3. p. 149.

1357.

Mandement de Charles V à la Chambre des Comptes d'enregistrer ses Lettres. *Ibid.* p. 214.

La Chambre des Comptes a inspection sur les droits qui se payent pour les marchandises qui entrent & qui sortent du Royaume. *Ibid.* p. 255.

1358.

L'appel des Sentences rendues par les Maîtres des ports & passages contre les Officiers subalternes qui auront mal versés dans leurs Offices sera porté devant le Parlement à Paris, s'il siége, & s'il ne tient pas, devant les gens des Comptes à Paris. *Ibid.* p. 256. art. 9.

Le Conseil du Roi siége à la Chambre des Comptes. *Ibid.* p. 337, 339, 340, 423.

1359.

L'Ordonnance pour établir une Gabelle est adressée à la Chambre des Comptes avec pouvoir d'instituer à cet effet des Receveurs Généraux & particuliers. *Ibid.* p. 358.

Edit

Cour Législative.

Troisieme Race.

gement des procès au Parlement. *Ibid. p.* 649.

1364.

Lettres de Charles V, par lesquelles il mande aux Officiers de son Parlemeut, gens des Comptes, Généraux & Trésoriers, d'exercer leurs Offices, comme sous le Roi Jean, jusqu'à tant que par lui en son grand Conseil en soit plus à plein ordonné, au bas est écrit qu'elles furent reçues & enregistrées en la Chambre des Comptes & ensuite envoyées au Parlement, où elles furent lues en toutes les Chambres, savoir celles du Parlement, des Enquêtes & Requêtes. *Abbrégé des Ordonn. tome* 1. p. 41. v.

Le Roi en son Conseil & en la Chambre du Parlemeut où étoient plusieurs Evêques & Abbés, fit un reglement pour la procédure en sa Cour de Parlement. *Olim. tome* 3. p. 2.

1365.

Ordonnance portant que ceux qui interjetteront appel au Parlement & qui y renonceront dans la huitaine, payeront une amende de 60 s. *Ordonnance du Louvre, tome* 4. p. 599.

Lettres

Cour de la Pairie.

Troisieme Race.

1410.

Arrêt portant que le Duc de Bretagne sera ajourné pour cause d'attentat contre & au préjudice du Roi & de sa Seigneurie. *Ibid.* p. 675.

Le Procureur Général du Roi en la cause des Archevêques & Archdiacre de Reims fit proposer que les Pairs de France furent créés pour soutenir la Couronne & qu'on ne doit souffrir qu'un Pair soit excommunié. *Ibid.* p. 676.

1411.

Chaque Pair de France est de plein droit membre de la Cour en la Pairie; la Cour de Parlement au contraire est obligée de recevoir pour membre ceux que le Roi lui adresse par ses Lettres. *Recueil de la Pairie, page* 677.

Jean, Duc de Bourgogne, se qualifie Doyen des Pairs de France & deux fois Pair & plus astraint au Roi & à sa génération, que autres quelconques de leurs parens & sujets. *Ibid.*

Lit-

TABLEAU.

Cour de Parlement.

Troisieme Race.

1369.

Le Roi tint sa Cour en Parlement & lui assisterent trois Archevêques, dix Evêques, quatre Abbés & plusieurs autres, la Reine Jeanne, les Ducs d'Orléans & de Bourgogne, quatre Comtes, le grand Prieur de France, le Comte de Tancarville, le Sire de le Bret, le Sire de Chatillon & plusieurs autres Barons & Chevaliers. *Ib.* page 16.

1370.

Cette année & la précédente, le Cardinal Beauvais, Chancellier de France, tint le Parlement. *Olim. tome* 3. *p.* 18 *&* 20.

1371.

Bassin accusé de crime de lez-Majesté étoit détenu es prisons de l'Evêque de Paris, parce qu'il étoit Clerc marié, deux Conseillers Clercs ont été présens avec l'Official de l'Evêque au jugement, en la maniere qu'il est accoutumé en tel cas d'ancienneté. *Ibid. p.* 22. *v.*

La Cour a obtempéré aux lettres du Roi, par lesquelles il a renvoyé une cause en la Chambre des Comptes. *Ibid.*

Le

Chambre des Comptes.

Troisieme Race.

1360.

Edit portant création de quelques Offices de Maîtres en la Chambre des Comptes à Paris & reglement pour leurs fonctions & droits. *Compilation Chron. tome* 1. *p.* 131.

Edit portant création de quelques Offices de Clercs d'en bas en la Chambre des Comptes à Paris, & reglement pour leurs fonctions. *Ibid.*

1361.

Le Roi rétablit les anciens ressorts des jurisdictions & il donne en mandement à ses gens des Comptes pour qu'ils les fassent exécuter par les Sénéchaux & Baillis. *Ordonn. du Louvre, t.* 3. *page* 507.

Le Roi enjoint aux gens des Comptes de réduire & taxer les gages des gens des trois Etats. *Ibid. page* 523.

Le Roi en son Conseil étant à la Chambre des Comptes, regle le teaux de Monnoyes. *Ibid. page* 530, 540, 555, 568, 581, 589, 609.

1362.

Le Roi prescrit à la Chambre des Comptes les sommes qu'elle doit rabattre dans ses comptes. *Ibid. p.* 602.

Mandement

Cour Législative.

Troisieme Race.

1366.

Lettres du Roi portans que nulle cause ne sera renvoyée du Châtelet de Paris au Parlement, si ce n'est en vertu de Lettres-Patentes, dans lesquelles la raison sera exprimée. *Ib. p.* 130.

1367.

Lettres qui ordonnent que les affaires de l'Eglise de Chartres seront portées sans moyen au Parlement de Paris. *Ibid. tome* 5. *p.* 22.

1368.

Le Roi confirme l'affranchissement fait par le Seigneur de Coucy de la main-morte de cette Baronnie. *Ib. p.* 150.

1369.

Mandement du Roi, aux gens du Clergé, aux nobles & aux bonnes Villes du Royaume de Languedoc de se rendre au Parlement pour avoir avis sur le fait de la guerre & la défense du Royaume. *Olim. tome* 3. *p.* 18.

1370.

Le Prévôt de Paris présenta au Parlement un commandement

Cour de la Pairie.

Troisieme Race.

Lit-de-Justice tenu en l'Hôtel de Saint Paul, au sujet d'une entreprise faite par le Pape sur l'autorité royale. *Ibid. p.* 678.

1412.

Assemblée des Pairs à Auxerre pour rétablir la paix entre les maisons de Bourgogne & d'Orléans. *Ibid.*

1413.

Lit-de-Justice, présens MM. le Dauphin, les Ducs de Berry & de Bourgogne, le Comte de Charolois, le Comte de Saint Paul, Connétable de France, les Archevêques & Evêques, plusieurs Chevaliers, l'Université de Paris, les Prévôts des Marchands, & Echevins & plusieurs Bourgeois de Paris. *Ibid. page* 686.

Se trouve que aucuns des Pairs de France ayans grands jours, ont commis certains personnages pour connoître par ressort des causes au lieu de leurs grands jours non assignés pour empêchement. *Ib. p.* 687.

1414.

Le Chancellier de Marle tint le Parlement avec plusieurs Pairs

TABLEAU.

Cour de Parlement.

Troisieme Race.

1372.

Le Roi en sa personne séant en sa Majesté, tint son Parlement & y assisterent le Cardinal de Beauvais, les Archevêques de Lyon & de Sens, avec plusieurs Evêques & Abbés, les Princes & Barons & les Seigneurs du Parlement, des Requêtes & de la Chambre des Comptes. *Ibid. p. 45. v.*

Fut plédoyé au Louvre en la présence du Roi. Furent au Conseil trois Evêques & trois Abbés & MM. de la Cour de Parlement à conseiller l'Arrêt. *Ibid. page 46.*

1373.

Le Chancellier au Conseil en Parlement, ordonna que si Maître Bertran de Thiarne ne vient servir de dans quinzaine, Maître Nicole de Lance sera mis & reçu en sa place, ce qui fut exécuté. *Ibid. p. 51.*

Le Roi notre Sire tint son grand & général Conseil au Louvre, des Prélats, des Princes & autres Nobles, des Seigneurs du Parlement, des Requêtes, de son Hôtel, des Comptes & autres Conseillers, jusqu'au nombre de six-vingt & dix personnes pour élire un Chancellier de France, fut d'Eglise ou autres.
Le

Chambre des Comptes.

Troisieme Race.

1363.

Mandement aux Généraux Maîtres des Monnoyes, par le Conseil étant à Paris auquel étoient MM. l'Archevêque de Sens, les Evêques de Chartres & de Laon, Jacques de Pacy, Olivier le Feuvre & plusieurs autres, de MM. des Comptes. *Ib. p. 638, 646.*

1364.

Ordonnance du Roi Charles V, par laquelle il confirme tous les Officiers à son avenement à la Couronne.

Cette ordonnance fut reçue à la Chambre des Comptes à Paris & enregistrée de mot à mot sur le livre des Mémoriaux, *page 60.* & ensuite envoyée au Parlement pour y être exécutés. *Ordonnance du Louvre, tome 4. p. 415.*

Le Roi confirme les Officiers du Parlement & il mande à la Chambre des Comptes à Paris d'enregistrer leurs noms & leurs provisions, comme il est d'usage. *Ibid. page 418.*

Lettres portans que les dons, assignations, confirmations concernant

Cour Législative.

Troisieme Race.

ment du Roi, & une cédule plaquée sous le scel secret du Roi, par laquelle il fit commandement à tous de payer dans trois jours les sommes à quoi ils étoient ordonnés de par le Roi. *Ib. page 20.*

1371.

Lettres qui portent que les Juges Séculiers contraindront les personnes qui ont été excommuniées par les Juges d'Eglise, pour n'avoir pas payé leurs dettes, ou pour d'autres offenses semblables, à se faire absoudre de ces excommunications : & que ses personnes ne payeront pour ses absolutions qu'une somme modérée. *Ordonnance du Louvre, tome 5. p. 414.*

1372.

Déclaration portant reglement pour la jurisdiction du grand Pannetier de France, & celle du Prévôt de Paris sur les Boulangers de la Ville de Paris. *Compilation Chronol. t. 1. p. 155.*

1373.

Reglement pour la levée des amendes prononcées au Parlement, lesquelles seront employées au payement des gages des

Cour de la Pairie.

Troisieme Race.

Pairs, le Procureur du Roi parla & requit, mais le Chancellier refusa de rien accorder & sceler, à cause de la maladie du Roi. *Ibid. page 690.*

1418.

Le Procureur du Roi appella d'une vérification & expédition de Lettres-Patentes faites à la Chambre des Comptes. *Ibid. page 700.*

Le Parlement déclare qu'il n'est point accoutumé de vacquer en invention de Finance. *Ibid. page 703.*

Le Parlement n'approuvera point la qualité de Régent du Dauphin, faute de Lettres-Patentes & sans convoquer les Pairs de France. *Ib. p. 704.*

Le Chancellier étant au Parlement y commande au Notaire d'écrire au bas de Lettres-Patentes du Roi ces termes, *lecta publicata & registrata*, quelques Conseillers requirent le Notaire de les supprimer, ce qu'il refusa de faire, comme excédent son pouvoir. *Ib. p. 705.*

Arrêt

TABLEAU.

Cour de Parlement.

Troisieme Race.

Le jour & fête de Noël, le Roi notre Sire fit & créa Chevalier au Louvre, M. son Chancellier, lors Maître Pierre d'Orgemont & Maître Arnault de Corbie, auparavant Conseiller Clerc en Parlement & depuis premier Président aux gages de 1000 liv. *Ibid.* p. 54.

Furent au Conseil du commandement du Roi plusieurs Ducs, Chevaliers, Archevêques, Evêques, Abbés, Comtes, Vicomtes, le Prévôt des Marchands & plusieurs Conseillers du Parlement. *Ib.* p. 55.

1374.

Le jeu de partie du Fief donnoit lieu à la confiscation du tout. *Ibid.* p. 56. v.

Le Roi commande très-étroitement à Eudes de Grancy de se délaisser d'un procès pendant au Parlement. *Ibid.* p. 59.

Trépassa Maître Denis Tite, jadis Greffier Criminel de Parlement, le Roi donna cet Office à Jean de Cressieres, Clerc du prédédent. *Ibid.*

1375.

Le Bailli de Macon demande à la Cour d'être entendu si quelqu'un forme des plaintes contre lui *Ibid.* p. 62.

Le

Chambre des Comptes.

Troisieme Race.

cernant le Domaine du Dauphiné, seront vues & visitées par les gens des Comptes pour les passer ou refuser. *Ib.* p. 498.

Lettres du Roi adressées à la Chambre des Comptes par le Conseil tenu en cette Chambre. *Ordonn. du Louv.* tome 4. p. 517.

1365.

Lettres du Roi portans commission pour arrêter les faux monnoyeurs. Le Commissaire sera tenu de rendre compte à la Chambre des Comptes à Paris, de tous les exploits qu'il aura fait... par les Laïs ou Conseil étant à la Chambre des Comptes, auquel étoient MM. des Comptes & les Généraux Maîtres des Monnoyes. *Ibid.* p. 559.

Les Barbiers de Paris sont exempts du Guet, parce qu'il n'a pas été trouvé dans les registres de la Chambre des Comptes qu'ils y fussent sujets. *Ibid.* page 609.

1366.

Mandement à la Chambre des Comptes. De par le Roi, gens de nos Comptes, nous vous mandons & expressément défendons que nulles telles graces vous ne passez par notre Chambre sans en avoir la finance qui

y

Cour Législative.

Troisieme Race.

des gens du Parlement & des Maîtres des Requêtes. *Ordonn. du Louvre, tome* 5. p. 613.

1374.

Ordonnance qui fixe la majorité des Rois de France à l'âge de 14 ans. *Ibid. tome* 6. p. 26.

1375.

Lettres par lesquelles le Roi mande au Chancellier de ne point sceller de commission ou ajournement sur les plaintes faites contre les jugemens de la Chambre des Comptes & de renvoyer l'affaire à ladite Chambre & non ailleurs. *Ibid.* p. 140.

1376.

L'église Cathédrale de Limoges étant sous la sauve-garde Royale, ses affaires ne peuvent être jugées que par le Parlement de Paris. *Ibid.* p. 204.

1377.

Lettres qui portent que l'Abbaye de Saint Benoît sur Loire étant de fondation Royale, ressortira à Orléans en Bailliage, & non en Prévôté. *Ibid.* p. 263.

Ordonnance

Cour de la Pairie.

Troisieme Race.

1420.

Arrêt du Parlement pour demander provision en bénéfices, attendu la petitesse des gages. *Ibid. page* 709.

1441.

Arrêt qui juge qu'une instance formée contre l'Evêque de Châlons, pair de France, ne peut être poursuivie qu'en la grande Chambre. *Recueil de la Pairie, page* 730.

1452.

Arrêt pour le renvoi des causes pardevant les Baillis, excepté celles du Domaine & des Pairs. *Ibid.* p. 744.

1453.

Ordonnance portant reglement pour le Parlement. L'article 6. porte que les causes des Pairs de France & celles touchant leurs terres tenues en Pairie & aussi en appanage, seront portées en premiere instance au Parlement. *Ibid.* p. 749.

Ordonnance

TABLEAU.

Cour de Parlement.

Troisieme Race.

1377.

Le Duc de Bar demande le renvoi en sa justice, d'une cause jugée au Bailliage de Sens, & il allegue que les sentences de ses Juges sont portées par appel au Parlement. *Ibid. p. 66. v.*

1378.

Causes renvoyées par le Parlement aux gens de la Chambre des Comptes. *Ibid. page 72. v. & 80.*

Arrêt qui déclare les Abbayes de fondation Royale sous le ressort immédiat du Roi dans le Duché de Berry. *Ibid. p. 81.*

1379.

Au Conseil, la Cour a ordonné qu'on plaidera d'orénavant quatre fois la semaine, les Lundi, Mardi, Jeudi & Vendredi. *Ibid. p. 82. v.*

Messire Arnault de Corbie, tint le Parlement où étoient un Cardinal, six Evêques, deux Abbés, plusieurs Messagers, Ambassadeurs ou Légats, de par les Rois d'Espagne & d'Arragon & plusieurs du Conseil du Roi. *Reg. Olim. tome 3. p. 82. v.*

Les

Chambre des Comptes.

Troisieme Race.

y devra appartenir, si par nous ne avez exprès commandement de boche. *Ibid. p. 680.*

Instruction faite par le Conseil du Roi notre Sire, étant en la Chambre des Comptes, présens l'Evêque de Chartres, le Comte de Salebruche, Guillaume de Dormans... Pour le Commissaire qui visitera en Normandie les héritages appartenants au Roi, l'Enquête faite sur la possession & le procès rapporté pardevant lesdits gens de Comptes. *Ibid. page 716. art. 20.*

Reglement fait par la Chambre des Comptes sur quelques-unes des fonctions des Vicomtes de Normandie. *Ib. p. 719.*

1367.

Lettres du Roi pour l'exécution de trois Bulles du Pape par le Conseil étant à la Chambre des Comptes. *Ordonn. du Louv. tome 5. p. 103.*

1368.

Le Roi ordonne & veut que toutes les lettres touchant amortissemens, bourgeoisies, légitimations & annoblissemens soient passées par la Chambre des Comptes. *Ib. p. 119. v.*

Le

Cour Législative.

Troisieme Race.

Ordonnance portant réglement sur le Domaine du Roi, sur les Finances, sur la Chambre des Comptes, sur les Généraux des Monnoyes & sur les Maîtres des Eaux & Forêts. *Ibid. p. 379.*

1379.

Mandemens adressés aux Baillis de Sens & d'Auxerre, de Troyes, de Chaumont, de Vitry & de Vermandois, par lesquels il leur est enjoint de faire publier & exécuter les anciennes Ordonnances sur les Monnoyes. *Ordonnances du Louvre, tome 6. p. 362 & 462.*

1380.

Révocation de toutes les aides & autres impositions extraordinaires qui ont été levées depuis le regne de Philippe le Bel. *Ibid. p. 527.*

1381.

Lettres par lesquelles est réduit le nombre des Officiers de la Chambre des Comptes, des Trésoriers de France, des Généraux Maîtres des Eaux & Forêts, des Généraux Maîtres des Monnoyes & des Secretaires du Roi. *Ibid. p. 604.*

Déclaration

Cour de la Pairie.

Troisieme Race.

1457.

Il fut dit qu'à la Cour de Pairie le Roi y doit être garni de Pairs ou la Cour garnie & conforme du Roi & de ses Pairs, au moins faut-il que le Roi y soit comme Chef. *Recueil sur la Pairie étant à la Bibliotheque de la Ville, Ibid. p. 764.*

1458.

Le Roi fit demander au Parlement quelles formes il falloit observer pour tenir régulierement la Cour de Pairie.

Le Parlement répondit que les Pairs devoient être convoqués, que ceux qui ont été créés Pairs de France & qui tiennent en Pairie doivent être appellés comme les anciens Pairs. *Ibid. page 807.*

Le Parlement répondit encore qu'on trouve avoir été observé esdits procès que les Pairs de France & autres y furent appellés & ne procéderent point sans la présence du Roi. *Ibid. page 811 & 812.*

Sur ce que mis a été en délibération si l'on doit plaider, juger,

Cour de Parlement.

Troisieme Race.

1380.

Les exécuteurs du testament & derniere volonté de feu Maître Pierre de la Neufville, jadis Chevalier & Conseiller du Roi notre Sire, ont soumis le fait de l'exécution à la Cour des céans, dont lettre est commandée. *Ibid. page 85.*

Le Chancellier, plusieurs Prélats, plusieurs de la Chambre des Comptes se rendirent au Parlement pour y répondre à la requête présentée par les gens des trois Etats assemblés à Paris. *Cette requête est au livre des Ordonn. du Parlement. Ibid. page 88. v.*

1381.

Maître Jean Fortin, Prêtre, exécuteur du testament ou derniere volonté de feu Maître Jean Vignant, a soumis le fait de l'exécution à la Cour de céans & en a requis acte. *Ib. p. 92.*

1383.

Maître Jean Ferrebene a aujourd'hui renoncé céans à une appellation qu'il avoit faite de MM. les Généraux en Parlement & a requis qu'il soit enregistré. *Olim. tome 3. seconde part. page 19. v.*

Chambre des Comptes.

Troisieme Race.

1369.

Le reglement pour les Brasseurs de la Ville de Paris, brassant cervoises, est adressé aux gens des Comptes, aux Généraux Trésoriers, ordonnés sur le fait des Aides. *Ordonn. du Louvre, tome 5. p. 222.*

1370.

Lettres du Roi adressées aux Chatelain de Crécy, données à la relation du Conseil en la Chambre des Comptes.

En notte est fait mention de lettres collationnées à l'original étant en la Chambre des Comptes. *Ib. p. 369, 402, 416, 417, 420, 424.*

1371.

Les Lettres du Roi accordées à l'Abbaye de Saint Victor lez Paris, pour les habitans de la Ville de Puiseaux, ont été vues & vérifiées en la Chambre des Comptes; les Religieux les ont fait porter en ladite Chambre des Comptes, & icelles ont montrées au Bureau à nos gens de nos Comptes, pour plus pleinement informer des choses. *Ibid. p. 383.*

TABLEAU.

Cour Législative.

Troisieme Race.

1382.

Déclaration portant reglement pour la suppression & la réduction des Officiers de la Chambre des Comptes de Paris; & le payement de leurs gages. *Compilation Chron. des Ordonn. tome* 1. p. 171.

1383.

Archambaut, Evêque de Châlons, fournit au Roi Charles VI, déclaration du temporel de son Evêché, concernant le Fief de la Vidamie de l'Eglise de Châlons. *Brussel, tome* 2. *page* 756.

1384.

Déclaration portant reglement pour les fraudes que les Officiers du Pape & des Cardinaux commettent au sujet du droit de resve. *Ibid* p. 176.

1385.

Lettres de Charles VI, par lesquelles il défend aux gens des Comptes de faire exécuter les mandemens & les ordres qu'il leur enverra lorsqu'ils seront contraires à l'ordonnance par lui faite sur le Domaine, leur enjoignant de lui envoyer des députés

Cour de la Pairie.

Troisieme Race.

juger & besoigner en la Cour de séans, cependant que le Roi vacquera & fera vacquer es procès de M. d'Alençon, & besongnes pour lesquelles il a fait ajourner au premier jour de Juin prochain en la Ville de Montargis, les Pairs de France & ceux qui tiennent en Pairie, & aussi mande deux de MM. les Présidens & certain nombre des Conseillers de ladite Cour.

Délibéré & ordonné a été par ladite Cour, que les plaidoiries cesseront jusqu'à ce que la Cour ait sur ce mandement du Roi. *Ibid.* p. 815.

Le 7 Juin, le Roi adressa au Parlement séant à Paris, des Lettres-Patentes, par lesquelles il lui ordonnoit de continuer ses fonctions, il délibéra si ces Lettres seroient lues & publiées en la salle à la fenêtre en la forme qu'elles sont; il arrêta qu'il y seroit sursit & que néanmoins on useroit du pouvoir donné par ces Lettres. *Ibid. page* 815.

Le 7 Septembre, le Roi adressa d'autres Lettres-Patentes à son seul Notaire, Secretaire, Maître Jean Chêneteau, Greffier

TABLEAU.

Cour de Parlement.

Troisieme Race.

1384.

Le Roi & sa Cour ordonnent qu'au Parlement seront plaidoyées les causes d'appel. 1°. Les causes touchant le Procureur du Roi, soit pour régale ou autrement. 2°. Les causes de Pairie & d'Eglises qui viennent de leur droit au Parlement & après les autres par ordre de Rôlle. *Ib. p.* 49.

Appel au Parlement d'une Commission établie par la Chambre des Comptes, la cause est jugée d'accord avec cette Chambre. *Ib. v.*

Ordonnance du Roi portant sursi à la poursuite des causes des Princes du Sang. *Ibid. p.* 51.

1385.

Les 10 & 11 Avril a été plaidoyée une cause criminelle entre deux Chevaliers du pays d'Aquitaine, & étoit le Procureur du Roi adjoint, avec le demandeur, & de cette cause, dit l'Auteur du registre, je ne me suis entremis & pour ce, n'ai-je pas si grand registre de ces deux jours comme est autres jours précédents. *Regist. Olim. tome 3. p.* 53. v.

La

Chambre des Comptes.

Troisieme Race.

1372.

Les Lettres du Roi Charles V, portent que les procès qui sont faits, soient expédiés en la Chambre des Comptes, suivant l'ordonnance. La collation a été faite à l'original, étant à la Chambre des Comptes pour le faire exécuter & en envoyer des copies à chaque Sénéchal & Trésorier. *Ibid. p.* 505.

1373.

Lettres de don ou de grace doivent être passées & expédiées en la Chambre des Comptes à Paris *Ibid. p.* 612.

Lettres du Roi à la relation du Conseil étant à la Chambre des Comptes, auquel vous MM. Archevêque de Sens, les Evêques de Beauvais & d'Amiens, les Comtes de Salebruche & de Brene & les gens des Comptes, Maîtres Jean d'Achiries, Hue, de Roche, Thomas, le Tourneur & plusieurs autres étiez. *Ibid. p.* 663.

1374.

Les informations faites sur ce qui concerne le recouvrement des droits du Roi, étoient apportées à la Chambre des Comptes. *Ordonnances du Louvre, tome* 6, *page* 7.

Les

Cour Législative.

Troisieme Race.

députés pour lui expliquer leurs motifs & recevoir ses ordres. *Ibid. tome 9. p. 695.*

1386.

Ordonnance qui porte que l'appel d'une saisie faite pour ce qui est dû au Roi, ne fera point surseoir cette saisie; sauf aux parties saisies à se pourvoir par devant les gens des Comptes, par voie de requête ou d'opposition. *Ordonn. du Louvre, tome 7. p. 147.*

1387.

Lettres qui défendent au Bailli de Macon, d'exécuter les autres Lettres à lui envoyées, sur le fait des Monnoyes & qui n'ont point été expédiées à la Chambre des Comptes; & qui lui ordonnent de les renvoyer à cette Chambre. *Ib. p. 173.*

Lettres qui établissent quatre Généraux Conseillers sur le fait des Aides; deux desquels seront chargés en particulier de l'administration des Finances qui en proviendront. *Ibid. p. 762.*

1388.

Etablissement d'un Aide en forme de taille pour une année seulement. *Ibid. p. 186.*

Lettres

Cour de la Pairie.

Troisieme Race.

fier de la Cour du Parlement, par lesquelles il lui mande & expressément enjoint de les faire publier à la fenêtre de la grande Salle du Palais & la fasse mettre au tableau près de l'huis & entrée de la grande Chambre ainsi & en la maniere accoutumée. *Ibid. p. 819.*

Le Roi pour se procurer des Pairs Laïcs, érigea en Pairie les Comtés d'Eu & de Foix. *Ibid. p. 820 & 821.*

On voit par l'ordre de la séance qu'à droite du Roi étoient les Princes du Sang, les Comtes & Pairs d'Eu & de Foix, le Comte de Dunois, Lieutenant Général, au côté gauche, les Pairs de France, Clercs, les Présidens du Parlement, Maître d'Hôtel, l'Amiral, les Maîtres des Requêtes étoient au-dessous des Ducs; sur un banc à côté, les Trésoriers & au tiers bancs les Conseillers du Parlement.

1460.

Le Comte d'Armignac ayant été ajourné au Parlement, demanda son renvoi à la Cour de la

Cour de Parlement.

Troisieme Race.

La Cour ordonne l'élargissement des Clercs de l'Evêque de Langres qui étoient dans les prisons de l'Evêque de Paris. *Ibid. page.*

1386.

La Cour renvoie les causes de la Comté de Champagne aux grands jours de Troyes, qui sont ordonnés être tenus le premier Septembre. *Ibid. p. 95. v.*

Assemblée de MM. du Parlement & de la Chambre des Comptes sur l'appel d'un jugement rendu par les derniers, le Parlement avoit ordonné de surcir sans en faire Lettres. *Ibid. page 96. v.*

1387.

L'Abbé & Couvent de St. Maur les Fossés, les Prieur & Couvent de Saint Eloy de Paris soutinrent, qu'étant de fondation Royale, ils n'étoient pas même sujets à la jurisdiction spirituelle de l'Evêque & la cause a été appointée. *Ibid. p. 141 & suiv.*

Pour

Chambre des Comptes.

Troisieme Race.

Les Juges Royaux doivent envoyer à la Chambre des Comptes les hommages & sermens de fidélité faits par les gens d'Eglise. *Ibid. p. 9.*

Par le Conseil étant à la Chambre des Comptes, auquel les Généraux Maistres des Monnoyes étoient. *Ibid. p. 13. 43.*

Lettres du Roi qui ordonnent d'assigner à jour compétent par devant les gens de notre grand Conseil & les gens des Comptes à Paris. *Ibid. p. 19.*

1375.

Pour certaine forme que les gens des Comptes veulent être gardée en nos Lettres qui n'ont encore été vérifiées... Nous enjoignons que ces Lettres ils vérifient & accomplissent. *Ibid. page 129.*

Mandemens des gens des Comptes adressés aux Baillis d'Anjou, du Maine & de Touraine, pour ajourner à certain & compétent jour par devers la Chambre. *Ibid. p. 130.*

Lettres par lesquelles le Roi mande au Chancellier de ne point sceller de Commission ou d'ajournement sur les plaintes faites contre les jugemens de la Chambre des Comptes, & de renvoyer l'affaire à la Chambre & non ailleurs. *Ibid. p. 140.*

Lettres

Cour Législative.

Troisieme Race.

Lettres qui portent que les Abbés & Prieurs, à l'exception de ceux qui sont du Conseil du Roi ne seront plus admis dans le Parlement. *Ibid.* p. 218.

Ordonnance portant reglement pour le Parlement. *Ibid.* p. 223.

Lettres par lesquelles le Roi institue six Généraux des Finances & regle leurs fonctions & le pouvoir & l'autorité qu'il leur donne. *Ibid.* p. 228.

Ordonnance portant reglement sur le Domaine & sur les fonctions des gens des Comptes, des Trésoriers, des Généraux sur le fait des Aides des Généraux Maîtres des Monnoyes, des Maîtres des Eaux & Forêts. *Ib.* page 236.

1389.

Ordonnance qui défend au Parlement d'avoir égard aux Lettres Royaux ou aux ordres qu'on lui apportera de la part du Roi, lorsqu'il jugera qu'ils tendent à empêcher ou retarder l'expédition de la Justice. *Ord. du Louv. tome* 7. *p.* 297.

1390.

Ordonnance portant que les affaires du Domaine seront traitées en la Chambre des Comptes, par les gens de cette Chambre

Cour de la Pairie.

Troisieme Race.

la Pairie, mais il fut reconnu qu'il n'avoit pas qualité pour former cette demande, *nec etiam par franciæ erat nec fuerat.* *Ibid.* p. 781.

1462.

La Cour, les Chambres d'icelles assemblées, pour certaines causes à ce la mouvant, a déliberé & conclut que dores en avant, les Archevêques & Evêques n'entreront point au Conseil en la Cour, sans le congé d'icelle ains seulement les Pairs de France & ceux qui par privilége ancien ont droit d'y entrer. *Recueil d'Arrêts étant à la Bibliotheque de la Ville*, p. 708.

1463.

Louis XI mande au Parlement de visiter & chercher au Trésor des Chartes, registres des Parlemens, Chambres des Comptes & ailleurs, les Lettres, Arrêts & enseignemens, servant à la matiere des priviléges octroyés aux Officiers du Parlement.

On voit par les Lettres de ce Prince, que les priviléges de ces Officiers étoient purement personnels & non réels, tels que ceux de la Pairie. *Abrégé des Ord. étant à la Bib. de la Ville*, tome 2. *p.* 22.

Le

Cour de Parlement.

Troisieme Race.

1388.

Pour ce que le Roi a mandé à la Cour que le Seigneur de Beaujeu fut élargi, sa personne mise & délivrée hors d'arrêt de la Ville de Paris, en baillant caution de certains Chevaliers, la Cour appointa. *Ib.* p. 149.

1389.

L'Evêque d'Auxerre avoit reclamé un Clerc à la jurisdiction des réformateurs, l'Evêque de Paris prétendit que ce Clerc devoit être son prisonnier. *Reg. Olim.* tome 3. p. 163. v.

1390.

Par Ordonnance de la Cour Maître Nicole de l'Espoisse, Clerc Notaire du Roi notre Sire fut commis & ordonné pour faire les registres de la Cour, tant des plaidoiries comme du Conseil, & à exercer ce qui appartenoit à l'office de Greffier, jusqu'à ce qu'autrement y fut pourvu. *Ibid* p. 197.

La Cour ayant fait mettre un Clerc en prison, il fut reclamé par l'Evêque de Xaintes, comme étant de son Diocèse, & par l'Evêque de Paris comme étant en possession & saisine que tous Clercs prisonniers à Paris lui doivent

Chambre des Comptes.

Troisieme Race.

Lettres du Roi qui portent qu'il n'y aura plus que six Maîtres des Eeaux & Forêts, compris dans ce nombre le Maître de la Vennerie & qu'ils seront élus par la Chambre des Comptes qui procédera à la réformation des Forêts du Royaume. *Ib.* p. 141.

Lettres du Roi adressées à la Chambre des Comptes pour les réparations des châteaux, forteresses, ports & autres bâtimens du Roi & mandement de la Chambre des Comptes, pour les faire exécuter. *Ordonnances du Louvre*, tome 6. p. 159.

Les Commissaires délégués pour la perception des droits Royaux, d'amortissement & de francs fiefs, déclineront la jurisdiction des lieux, par ce que la connoissance de ces sortes d'affaires appartient à la Chambre des Comptes, & si ses Juges continuent à poursuivre ces Commissaires, on obtiendra un mandat de la Chambre des Comptes qui leur défende de se mêler de ces sortes d'affaires. *Ib.* p. 171.

1376.

Les Ordonnances & instructions sur le fait de l'imposition foraine furent lues & publiées en la Chambre des Comptes à Paris, présens les Généraux Conseillers

Cour Législative.
Troisieme Race.

bre, & par les Tréforiers conjointement. *Ibid.* p. 404.

1391.

Lettres qui enjoignent aux gens des Comptes, de ne paffer dans ceux des Receveurs Généraux ou Particuliers des Aides, aucunes fommes en vertu de Mandemens, portant qu'elles ont été remifes entre les mains du Roi, ou diftribuées par fes ordres. *Ibid.* p. 411.

1392.

Confirmation de l'Ordonnance qui porte que les dépens des procès feront payés par la partie qui fuccombera. *Ibid.* p. 551.

1393.

Lettres qui donnent droit aux propriétaires des maifons de la Ville d'Amiens, chargées de cens ou rentes, de les racheter dans le terme de fix mois. *Ord. du Louvre*, tome 8. p. 637.

1394.

Commiffion pour faire ajourner en la Chambre des Aides à Paris, les Tréforiers & autres qui voudront contraindre les Receveurs des Aides à leur remettre

Cour de la Pairie.
Troisieme Race.

Le Roi fait favoir à fon Parlement, que fon plaifir eft, que fes droits de régale, fon autorité fouveraine & celle de fon Parlement foient gardées, & que le procès commencé à la requête du Procureur Général en la Cour, contre le Cardinal Conftance, pour être à ce fujet contrevenu aux Ordonnances Royaux, foit jugé. *Ibid. & dans les libertés de l'Eglife Gallic.* page 785.

Lettres-Patentes de Louis XI, adreffantes à Maître Pierre de Morvillier, Chancelier de France & autres y dénommés, pour aller en Parlement lever les confignations & dépôts de Juftice pour les befoins de l'Etat. *Ibid.* p. 34.

Privilége des Doyen & Chapitre de l'Eglife Saint Julien du Mans, non comme Pairs, mais comme étant fous la fauve-garde du Roi. *Ibid.* p. 30.

Lettres de Louis XI, portant que le Comte d'Angoulême, pour raifon de fa perfonne & des droits de fa Pairie ne foit tenu répondre ailleurs qu'au Parlement de Paris. *Ib.* p. 33.

Commiffion du Roi aux Princes, Prélats, Barons, Seigneurs, l'Univerfité & autres Corps, pour

TABLEAU.

Cour du Parlement.
Troisieme Race.

doivent être rendus, & que Paris est *communis patria*. *Ibid.* page 203.

1391.

Le Coq & le Fer, Avocats, ont ajourd'hui eû congé & licence de la Cour, jusqu'à Mercredi prochain, & ont requis qu'il soit enregistré. *Ibid.* page 224. *v.*

La Cour renvoi les causes aux grands jours de Troyes qui doivent se tenir incessamment. *Ibid.* page 226.

L'Abbaye de Sainte Croix de Poitiers ayant été fondée par le Roi Clothaire, l'ordonnance en appartient au Roi seul, & pour le tout. *Ib. tome* 4. *p.* 4. *v.*

Cause renvoyée devers le Roi *Ibid. p.* 5. au Chancellier, appartient la connoissance, punition & corrections des faussetés commises es Lettres Royaux. *Ibid. p.* 6.

La

Chambre des Comptes.
Troisieme Race.

seillers sur lesdites Aides, ordonnées pour la guerre, & ordonne que semblables instructions seront envoyées aux Elus & Receveurs de chacun Diocèse de ce Royaume de Languedoy, fait en la Chambre des Comptes. *Ibid. p.* 210.

Le Roi seul ou la Chambre des Comptes pourront accorder prolongation du tems fixé pour enlever les bois coupés. *Ib. p.* 225. *art.* 38.

1377.

Lettres du Roi concernant le Comté de Joigny, dont l'exécution a été ordonnée par Arrêt contradictoire de la Chambre des Comptes. On y voit que ces Lettres ont été données par le Conseil étant à la Chambre des Comptes, cette Chambre en fit l'adresse au Bailli de Troyes en ces termes.

De par les gens des Comptes du Roi notre Sire à Paris. Bailli & vous Receveur de Troyes ou leurs Lieutenans: nous vous mandons & enjoignons étroitement que les Lettres dudit Seigneur a attachées sous l'un de nos signes, vous & chacun de vous en droit soi, enterrinés, & accomplissez de point en point selon leur forme & teneur, si comme ledit Seigneur le mande & gardés que aucun défaut n'y ait. *Ib. p.* 295.

Mandement

Cour Législative.
Troisieme Race.

mettre les deniers qui en proviendrout. *Ibid. tome 7. p. 794.*

1395.

Etablissement d'un Aide en forme de taille, pour le mariage de la fille du Roi, Isabelle de France, avec le Roi d'Angleterre. *Ibid. tome 8. page 66. Note f.*

1396.

Lettres qui portent que les appels interjettés des Jugemens rendus par les Juges du Duc de Bourgogne & de l'Evêque de Langres, Pairs de France, seront portés directement au Parlement. *Ordonn. du Louv. tome 8. p. 113.*

1397.

Lettres qui défendent de prêcher & d'écrire contre la voie de cession qui avoit été prise en France pour faire cesser le schisme de l'Eglise. *Ibid. p. 153.*

1398.

Lettres portant ordre à ceux qui ont des forteresses par héritage ou autrement, de les faire mettre en état de défense & de les bien faire garder. *Ibid. p. 258.*
Ordonnance

Cour de la Pairie.
Troisieme Race.

pour défendre, en suivant les vestiges de Saint Louis & des Rois prédécesseurs, à tous Collecteurs & autres Officiers du Pape; de ne lever ou exiger aucuns subsides en France, & principalement certaines exactions appellées dépouilles des trépassés qui se levoient après le décès des Prélats & autres Ecclésiastiques, tant séculiers que réguliers. *Ib. p. 34.*

Le Comté d'Auxerre étoit tenu par Philippe Duc de Bourgogne, en Pairie, sous le ressort & souveraineté du Roi & de sa Cour de Parlement, sans moyen & en telles prérogatives que les autres Pairs de France avec droit & faculté de nommer aux Offices Royaux & au Roi d'y pourvoir & commettre. *Ibid. page 43.*

1464.

Déclaration du Roi Louis XI, par laquelle il ordonne que le Compte d'Angoulême & ses Hoirs mâles jouiront en appanage & en Pairie du Comté d'Angoulême sous le ressort & la souveraineté du Parlement de Paris. *Ibid. p. 72.*

1465.

Don de l'Office de Connétable de France fait par le Roi Louis

Cour de Parlement.

Troisieme Race.

1393.

La Cour a ordonné que certains livres & invocation de l'ennemi trouvés en la possession de Bertrand son fils, prisonnier en la Cour de l'Evêque de Paris, pour soupçon d'hérésie, lesquels livres & scédules avoient été baillés à l'Evêque pour faire son procès, lesquels, aussi le Prévôt de Paris, qui premier les avoit eu dit lui devoir être rendus, seront donnés à l'Evêque pour être ars selon qu'il est dit, que par le Conseil & les Clercs de l'Université, a été ordonné. *Registre Olim. tome 4. pare 25. v.*

Hennequin de Metz, Clerc non marié, prisonnnier au Châtelet de Paris, est rendu à l'Evêque de Paris. *Ibid.*

Boucher, Procureur de la Cour, avoit appellé des gens de la Chambre des Comptes à la Cour de céans pour lui. Les gens de la Chambre des Comptes l'ont arrêté entre les quatre portes du Palais & envoyé au Châtelet en requérant provision de sa personne, la Cour ordonne qu'il sera élargi. La Chambre des Comptes le fit remettre en prison. *Ibid. page 26.*

Le Parlement porte au Roi les informations faites contre Jean le Mercier. *Ibid. p. 30.*

Fut

Chambre des Comptes.

Troisieme Race.

1378.

Mandement adressé au Bailli de Sens & d'Auxerre où le Roi dit: nous voulons & mandons être alloé es comptes du Receveur des Gardes & Maîtres de nos gens des Comptes à Paris... & est notre entente que vous bailley par devers nosdits gens des Comptes tous les exploits qui par vous auront été faits pour cette cause. *Ordonnaces du Louv. tome 6. p. 334.*

Lorsque les Clercs de Laval les Auditeurs des Comptes auront vu les comptes & qu'ils auront remarqué les difficultés qui s'y trouvent, ces difficultées ne feront point rapportées aux autres Clercs de Laval; mais ils feront examinés par les autres Maîtres des comptes, à l'un des deux bureaux de la chambre; & après cet examen ils feront rapportés devant tous les Maîtres des comptes; & lorsqu'ils auront été jugés, l'on ne pourra plus rien imposer contre le jugement.

On ne pourra clore un compte du Domaine qu'en la présence d'une des quatre personnes du Conseil nommées par le Roi, & d'un des trois Trésoriers. *Ib. page 380.*

Reglement pour les Orfévres & Joailliers, rendu à la relation du Conseil étant en la Chambre

des

TABLEAU

Cour Législative.

Troisieme Race.

1399.

Ordonnance & déclaration faites par le Roi Charles VI, suivant la délibération du Concile de l'Eglise Gallicane tenu à Paris, que les graces expectatives des Papes n'auront lieu en France depuis la soustraction arrêtée du Pape Benoit XIII. *Abrégé des Ordonnances, tome* I. *page* 103. *v.*

Lettres du Roi portans permission à son frere Louis de France, Duc d'Orléans, Comte de Valois, de Blois & de Beaumont, à sa femme & à leurs enfans, de tenir toutes leurs terres en appanage & en tous droits de Pairie, nonobstant que d'ancienneté elles n'ayent été tenues en Pairie de France. *Ib. page* 104. *v.*

1400.

Ordonnance du Roi adressée au Parlement, au sujet du style & usage accoutumé en ladite Cour, contenant qu'aucun ne doit être reçu à plaider par Procureur, soit en demandant ou défendant sans Lettres de grace scellées du grand sceau, dont on payoit six sols au Roi. *Ibid. page* 106.

Lettres

Cour de la Pairie.

Troisieme Race.

Louis XI, à Louis de Luxembourg, Comte de Saint Pol, qui procure les prérogatives de la grande Pairie. *Ib.* . 83.

Louis XI, donne le Duché de Normandie en appanage à Charles de France son frere, avec le droit & autorité d'Echiquier, & il n'y est pas fait mention des droits & prérogatives de la Pairie. *Ibid. p.* 92.

Lettres du Roi Louis XI, par lesquelles il octroie au Comte d'Eu, Pair de France, Charles d'Artois & à ses Hoirs, Comtes d'Eu, tant pour eux que pour les hommes & sujets, jouissance des droits & prérogatives de Pairie pour ce Comté.

1466.

Les Doyen & Chapitre de l'Eglise de Tours sont confirmé dans le privilége de plaider sans moyen au Parlement, parce que les biens de cette Eglise étant de fondantion Royale, sont assimilés aux Bénéfices séculiers & régaliens. *Ib. p.* 126.

Création & promotion en Pairie de France, faite par Louis XI, pour Jean de Bourgogne, de la Comté de Nevers pour lui, ses Hoirs mâles en droite ligne & loyal mariage avec tous les droits & prérogatives appartenans à Pair de France. *Ibid. page* 129.

Le

TABLEAU

Cour de Parlement.

Troisieme Race.

1394.

Fut plaidé devant le Roi, présens M. de Berri, M. d'Orléans, M. de Bourbon, Maistre Pierre de Navarre, le Chancellier, les Présidens, plusieurs du grand Conseil, de la Chambre des Comptes, des Trésoriers de France, des Généraux & autres en la Salle de Saint Paul. *Ibid. page. 36. v.*

La Cour annulle l'usage & coutume qui est au siége du Bailli de Vermandois & des Prévots forains à Laon, par lequel on ne recevoit point de femme en témoignage es causes civiles. *Ibid. p. 44.*

La Cour donne au Prévôt de Paris la connoissance des Juifs prisonniers, laquelle étoit demandée par l'Evêque de Paris, sous prétexte que cela regardoit la religion. *Ib. p. 51. v.*

1395.

Pour ce que le Roi & son Conseil ont voulu & ordonné pour le bien de justice & le profit de la chose publique que les grands jours de Troyes soient tenus, ils commenceront le premier jour de Septembre. *Régist. Olim. 4. p. 83.*

Ostelin

Chambre des Comptes.

Troisieme Race.

des Comptes où étoient les Conseillers sur le fait du Domaine, les Trésoriers, plusieurs autres Conseillers avec les Généraux Maîtres des Monnoyes. *Ib. p. 391.*

1379.

Donnons en mandement par ces présentes Lettres à nos Conseillers l'Evêque de Bayeux, Etienne de la Grange, Chevalier Président en notre Parlement, Maistre Jehan Pastourel, Maistre de nos Comptes, & François Chanteprince, Receveur Général des Aides, Généraux réformateurs ordonnés de par nous en notre Royaume aux trois ou aux deux, d'eux que nos présentes ordonnances fassent crier & publier solemnellement par tout là où il appartiendra. *Ibid. p. 449.*

1380.

Lettres par lesquelles il est ordonné aux gens des Comptes de faire des états de ce qui est dû de l'Aide pour la guerre jusqu'au mois de Janvier 1378, & de ce qui est dû par les Receveurs, Greneriers & autres Officiers qui ne sont plus en charge. *Ordonnances du Louvre, tome 6. p. 487.*

Le

Cour Législative.

Troisieme Race.

1401.

Lettres du Roi par lesquelles il invoque à lui une contestation mue par rapport à la jurisdiction, entre le Parlement & la Chambre des Comptes. *Ordonnances du Louvre*, tome 8. p. 484.

1402.

Lettres du Roi qui portent qu'aussi-tôt que le Prévôt de Paris aura adjugé au Roi les fruits casuels du Domaine échus dans la jurisdiction, il les fera délivrer au receveur de Paris, nonobstant lettres de don ou autres lettres, auxquelles il lui est défendu d'obéir. *Ibid.* page 496.

1403.

Lettres du Roi qui permettent au Duc d'Orléans d'établir de grands jours pour son Comté de Vertus, dans une des Villes qui lui appartiennent en la Champagne & en la Brie. *Ibid.* page 583.

Lettres par lesquelles le Roi mande aux Présidens du Parlement de choisir un certain nombre des Conseillers de cette Cour avec lesquels ils diminuront celui des Procureurs. *Ibid.* page 617.

Lettres

Cour de la Pairie.

Troisieme Race.

1469.

Le Roi donne pouvoir à Jean de Poupincour, Président des Comptes de se transporter à la Cour de Parlement & à la Chambre des Comptes, afin d'y faire publier lettres & défenses de faire aucune délivrance à Charles Duc de Guyenne qu'il n'ait rendu les titres des terres qu'il tient en appanage & en Pairie. *Ibid.* p. 201. *Abrégé des Ordonn.* tome 2.

Privilége accordé au Roi de Sicile & Duc d'Anjou, de sceller lettres en cire jaune comme ont accoutumés de faire les Rois de France en leurs Chancelleries. *Ibid.* p. 202.

Injonction au Parlement, gens des Comptes, Trésoriers, Sénéchaux, de vérifier des lettres, quoiquelles ne soient signées par un Secretaire des Finances de Sa Majesté. *Ib.* p. 206.

Révocation des priviléges accordés en la Duché de Guyenne. *Ib.*

Privilége accordé à St. Pierre de Poitiers, de ne plaider ailleurs qu'au Parlement, tant conjointement que divisément, de quelque cause que ce soit, tant en demandant qu'en défendant, & même celles qui touchent le corps & fondation de l'Eglise. *Ib.* p. 207.

Serment

TABLEAU.

Cour de Parlement.

Troisieme Race.

1100.

Ostelin de Hauterine, Sergent d'armes du Roi, en ordonnance est venu en la Cour, & a dit de par le Roi que la Cour en ce qui touche Monseigneur le Dauphin de Vienne & le Marquis de Saluces, à l'encontre du Comté de Savoye, ne fasse aucune chose. *Ibid. page* 107.

Monsieur le Chancellier retient & réserve à lui la cause dont la compétence étoit reclamée par le Parlement & par la Chambre des Comptes. *Ibid. page* 125.

Monsieur le Chancellier refuse de sceller une commission pour appeller au Parlement d'un jugement de la Chambre des Comptes, la Cour octroie l'ajournement. *Ib. p.* 129. *v.*

Sur cet ajournement, M. le Chancellier tint le Parlement & il y fit venir les gens des Comptes. *p.* 134.

1402.

La Cour a ordonné autrefois qu'aux jours de Troyes ne seront point admis ne reçus asseoir avec MM. du Conseil du Roi, aucun Religieux, Abbé ou autres. *Ibid. p.* 138. *v.*

Chambre des Comptes.

Troisieme Race.

1381.

Le Roi mande aux gens des Comptes de faire jouir la Ville de Mouson de l'exemption du droit d'Aides. *Ib. p.* 599.

1382.

Mandement sur les Monnoyes par le Conseil étant en la Chambre des Comptes où étoient les Généraux Maistres des Monnoyes. *Ibid. p.* 665, 666, 675, 682, 684.

Lettres qui portent que les amendes du Parlement, aussi-tôt après qu'elles seront jugées, seront données par écrit en la Chambre des Comptes, pour y être enregistrées, & que les Lettres de don de ces amendes y seront expédiées. *Ib. p.* 705.

Lettres qui reglent le pouvoir, l'autorité & la jurisdiction des Généraux Conseillers sur le fait des Aides au nombre de cinq, dont trois sont qualifiés Chevaliers, ce qui sera fait & ordonné par eux, ou quatre, ou trois d'iceux, vaudra, tiendra, aura son plein effet & sera passé en la Chambre des Comptes. *Ibid. p.* 705. *&* 706.

TABLEAU.

Cour Législative.

Troisieme Race.

1404.

Lettres par lesquelles il est défendu d'exiger finances des habitans de Lauran, par rapport aux franc-alleux qu'ils possedent. *Ibid. tome 9. p. 21.*

1405.

Lettres qui portent que pendant l'intervalle du tems qui s'écoulera entre la fin du Parlement qui tenoit alors & jusqu'à la Saint Martin d'hiver, jour auquel commencera le Parlement suivant; les Présidens de ce Parlement ou l'un d'eux, ou au moins un Président des Enquêtes avec les Conseillers qui se trouveront à Paris auront le pouvoir de juger les procès qui seront prononcés dans le Parlement suivant. *Ibid. p. 80.*

1406.

Lettres qui confirment le Connétable de France dans le droit de connoître même en défendant & dans le Languedoc, de toutes les causes personnelles, civiles & criminelles des Sergents d'Armes. *Ordonn. du Louvre, tome 9. page 115.*

Lettres

Cour de la Pairie.

Troisieme Race.

Serment prêté au Roi par Jacques d'Armaignac, Duc de Nemours, par lequel il renonce à l'honneur de la Pairie de France & à toutes les dignités, libertés, franchises & prérogatives appartenant à Pair de France s'il manque à la fidélité qu'il doit au Roi. *Ibid. p. 208.*

1470.

Déclaration du Roi Louis XI que le Comté de la Marche tenu en Pairie par le Duc de Némours ressortisse au Parlement de Paris & non au Parlement de Bourdeaux, transféré alors à Poitiers pendant que le Duché de Guyenne fut tenu par le frere du Roi en appanage. *Ibid. page 229.*

1472.

Le Roi donne l'Office de Chancellier de France à M. Pierre Doriolle, auparavant Général des Finances; ce grand Office de la Couronne procure les Prérogatives de la Pairie, excepté que le Chancellier ne doit qu'au Roi le compte de ses fonctions. *Abrégé des Ordonnances, seconde partie, tome 2. p. 162.*

Charles

TABLEAU.

Cour de Parlement.

Troisieme Race.

1403.

Le Roi ordonne de prêter serment d'obéissance au Dauphin, de reconnoître pour Roi après lui, le ferment fut fait & il fut enjoint au Greffier de l'enregistrer. *Ibid.* p. 176. v.

1404.

La Cour ordonne au Greffier de prendre 300 livres sur une confiscation, pour payer le plancher & les armoires de la Tournelles où sont gardés les registres de la Cour. *Ibid.* p. 170.

1405.

La Cour ordonne au Greffier criminel de faire procéder à l'exécution d'un arrêt par main armée, *manu armata*. *Ib.* p. 191.

L'Evêque du Puy sera contraint par la prise & exploitation de son temporel, d'absoudre & de dénoncer pour absous tous ceux de Menestro qu'il a excommunié admoneté & dénoncé pour excommuniés. *Reg. Olim. quatrieme regist.* p. 193. v.

1406.

La Cour a ordonné que les Avocats & Procureurs soient prêts chaque jour que l'on plaidra

Chambre des Comptes.

Troisieme Race.

1383.

Lettres portant que les Officiers de la Chambre des Comptes de Paris qui possedent des Fiefs ne seront point obligés de suivre le Roi à la guerre qu'il faisoit alors, & ne payeront point de Finance, pour en être dispensés, ceux qui y sont qualifiés clercs d'en bas de la Chambre sont aujourd'hui Auditeurs des Comptes. *Ordonn. du Louvre*, tome 7. p. 26.

Lettres qui confirment un reglement fait par la Chambre des Comptes à Paris pour la Chambre des Comptes de Dauphiné sur le Domaine de cette Province & sur les fonctions du Receveur & du Contrôleur Général & des Châtelains du Dauphiné. *Ibid.* p. 36.

1384.

Ce jour fait à savoir aux changeurs de Paris l'ordonnance de la Monnoye & le prix du marc d'argent, comme plus à plain est contenu es lettres, & leur fut dit en la Chambre des Comptes par nos Seigneurs & par les Généraux des Monnoyes. *Ibid.* page 110.

Lettres

O ij

TABLEAU.

Cour Législative.
Troisieme Race.

1407.

Lettres par lesquelles Charles VI institue trois Généraux des Finances & regle leurs fonctions & le pouvoir & l'autorité qu'il leur donne. *Ibid.* p. 201.

Lettres qui defendent de faire des assemblées sans la permission du Roi & notamment à l'Université de Paris d'indiquer & convoquer les assemblées du peuple. *Ibid.* page 311.

Lettres qui ordonnent au Duc de Berry, Lieutenant du Roi dans plusieurs Provinces, de faire saisir le temporel des Prélats & des autres Ecclésiastiques qui sans excuse légitime, ne sont point venus en personne à l'assemblée que le Roi avoit indiquée au jour de la Toussaint pour y traiter de l'union de l'Eglise & de les faire punir comme il jugera à propos. *Ibid.* p 252.

1408.

Lettres par lesquelles Charles VI ordonne aux gens du Parlement & au Prévôt de Paris de faire lire & publier les deux lettres du 18 Février 1406, desquelles il a fait différer la lecture & la publication. *Ib.* p. 332.

Lettres qui portent que les Arrêts de la Chambre des Comptes

Cour de la Pairie.
Troisieme Race.

1473.

Charles d'Albert ayant été pris les armes à la main contre le Roi, il fut amené vers le Chancellier & les gens du Conseil assemblés en la Ville de Poitiers, par arrêt desquels comme chargé & coupable de trahisons & conspirations, il fut déclaré criminel de lèze-Majesté & avoir pour ce confisqués corps & biens au Roi. Ensuite dequoi il fut exécuté à Amboise au mois de Juin, & son jugement publié en Parlement dans le mois d'Août. *Ibid.* p. 167.

Le Roi donne la principauté de Talmont à Philippe de Commines, & il déroge aux ordonnances qui portent que les terres avenues au Roi par confiscation doivent être jointes & incorporées au Domaine de la Couronne. *Ibid.* p. 187.

1474.

Le Roi donne les Comté & Vicomté de Beaumont le Rogier à Guy de Maumont & Jeanne, bâtarde d'Alençon sa femme, le Parlement en publiant les Lettres a réservé la garde des Eglises qui ne se transporte pas dans la concession en appanage & en Pairie. *Ib.* p. 192.

Le

TABLEAU.

Cour de Parlement.

Troisieme Race.

dra après dîner à quatre heures, à peine par chaque Avocat de 60 sols & le Procureur de 40 sols. *Ibid. p.* 206. *v.*

A été avisé & ordonné qu'à juger le procès d'entre les exécuteurs de feu Derninique d'Alexandrie d'une part & le Procureur du Roi d'autre part, ne seront point appellés ceux de la Chambre des Comptes. *Ibid. page* 217. *v.*

1407.

Sur les propositions d'erreurs dans le jugement des Généraux des fermes, la Cour, les deux Chambres assemblées & aussi les MM. des Requêtes de l'Hôtel a dit qu'elle connoîtroit des erreurs, & que si les Généraux vouloient être au jugé, elle les y recevroit. *Ibid. p.* 222.

1408.

Assisterent au Conseil, le Prévôt de Paris, le Prévôt des Marchands, les Evêques de Troyes & de Nantes, quatre Présidens & dix-huit Conseillers, le Greffier fut chargé de savoir du grand Conseil si MM. de la Cour devoient aller tenir les grands jours à Troyes. *Ibid. page* 243. *v.*

Il y eût assemblée au Louvre au

Chambre des Comptes.

Troisieme Race.

1385.

Lettres qui permettent aux gens de la Chambre des Comptes d'augmenter ce que l'on doit donner par jour aux Commissaires sur le fait des monnoyes repartis dans le Royaume. *Ibid. page* 140.

1386.

Ordonnance qui porte que l'appel interjetté d'une saisie faite pour ce qui est dû au Roi, ne fera point surseoir cette saisie, sauf aux parties saisies à se pourvoir par devant les gens des comptes par voie de requête ou d'opposition. *Ibid. P.* 147.

1387.

Ordonnance qui restraint le nombre des Officiers de la Chambre des Comptes, & qui nomme ceux qui doivent rester en place, & d'abord l'Evêque de Paris Président. *Illec. Ibid. page* 174.

1388.

Ordonnance portant reglement sur le domaine & sur les fonctions des gens des Comptes, des Trésoriers, des Généraux sur le fait des Aides, des Généraux

O iij

Cour Législative.

Troisieme Race.

tes de Paris ne peuvent être annullés & caffés que par le Roi fans qu'il foit permis de fe pourvoir en la Chancellerie, par rapport à ces arrêts, ni d'en appeller au Parlement, & que néanmoins dans le cas où il feroit porté au Roi des plaintes contre des arrêts de la Chambre des Comptes, il feroit ftatué fur ces plaintes par les gens des Comptes auxquels feroient joint un nombre compétant des gens du Parlement. *Ib. p.* 418.

1409.

Lettres qui défendent aux propriétaires des maifons de la Ville de Béthune de les charger de nouvelles rentes & qui leur donne le droit de racheter les anciennes rentes dont ces maifons font chargées. Lorfque les perfonnes à qui ces rentes appartenoient les auront vendues. *Ordonnances du Louvre, tome* 9. *p.* 482 *&* 521.

1410.

Charles VI confirme les Lettres par lefquelles il révoque tous les dons par lui faits de Lieutenances & de Capitaineries Générales de quelques Provinces du Royaume & les penfions par lui accordées à des Princes

Cour de la Pairie.

Troisieme Race.

1475.

Le Roi transfere au Bailliage de Montférant les refforts des exempts du Duché d'Auvergne érigé en 1360, les exempts font les Eglifes Cathédrales & autres qui font de fondation royale, ou qui par privilége ou autrement, font annexées à la Couronne en telle forte qu'elles n'en peuvent être féparées. *Ib. feconde part. p.* 19.

Lettres du Roi par lefquelles il mande à fa Cour de Parlement d'enjoindre de par lui aux Archevêques, Evêques & Abbés, de s'apprêter & appareiller pour aller en la Ville de Lion ou autre lieu qui fera ordonné, pour comparoitre au Concile.

Le Roi par d'autres Lettres, leur ordonne la réfidence à leurs bénéfices fur privation du temporel de leurs bénéfices. *Ibid.*

1476.

Dans le don du Comté de Montfort en Normandie les droits régaliens fe trouvent compris dans la donation; le Parlement enregiftrât fans modification, mais les lettres de don furent une feconde fois publiées avec exception des droits ducaux & royaux. *Ibid. p.* 46.

Evocation

TABLEAU.

Cour de Parlement.

Troisieme Race.

au sujet de l'assassinat du Duc d'Orléans à laquelle ont assisté les Princes, les Archevêques & Evêques, les Prévôts de Paris & des Marchands, plusieurs du Parlement & de la Chambre des Comptes. *Ibid.* p. 245.

1409.

La Cour a dit & délibéré, qu'il ne sera point obtempéré à certaines Lettres Royaux obtenues par M. de Navarre qu'il tienne sa Comté de Mortain & ses autres terres de Normandie en Pairie. *Registre Olim*, tome 4. *page* 260.

1410.

Sur les crimes imputés au Duc de Lorraine & dont il y avoit déja preuve, la Cour ordonne la saisie de ses biens & arrête qu'il en sera parlé au Roi & aux Princes de son sang. *Ibid.* page 273.

La même chose a été jugée contre le Duc de Bretagne, il y fut décidé qu'il ne falloit pas l'ajourner par appel, mais au cas d'attentat. *Ibid. v.*

1411.

La Cour appointe & nomme des Conseillers pour aviser avec Messieurs

Chambre des Comptes.

Troisieme Race.

néraux Maître des Monnoyes, des Maîtres des Eaux & Forêts. *Ibid. page* 236.

1389.

De par le Roi, Prévôt de Paris, comme n'a gueres par bonne & meure délibération de notre Conseil, nous avons fait certaines ordonnances sur le fait de nos Monnoyes, si comme il vous pourra apparoir par nos Lettres ouvertes sur ce faites, lesquelles nous vous envoyons avec ces présentes : si vous mandons que le Samedi 30 jour d'Octobre prochainement venant vous fassiez crier & publier nosdites ordonnances en ladite Ville de Paris & en la Vicomté d'icelle, auquel jour nous l'avons ainsi ordonné être fait, & pour cause & tenés cette chose secrette jusqu'audit jour, sur peine d'en encourir notre indignation. *Ordonn. du Louvre*, tom. 7. p. 296.

1390.

Lettres touchant les péages dont l'exécution a été attribuée à la Chambre des Comptes, il y est dit qu'elles ont été faites par le Conseil étant en la Chambre des Comptes. *Ibid. page* 351.

Ordonnance

Cour Législative.

Troisieme Race.

Princes du sang & à d'autres personnes : & ordonne que les deniers provenans des Aides & des Domaines seront employés aux dépenses de la guerre & aux autres affaires du Royaume. *Ibid. page* 544.

1411.

Lettres par lesquelles Charles VI déclare les Ducs d'Orléans & de Bourbon, le Comte d'Alençon & autres & ceux qui tiennent leur partie, coupables de rébellion, pour avoir contre les défenses par lui faites, levé des troupes ou pris les armes, permettant à tous ses sujets de leur courir sus & de les traiter en ennemis. *Ibid. p.* 635.

1412.

Mandement adressé au Parlement pour faire publier à son de trompe & cri public par toute la ville de Paris & lieux accoutumés, le commandement de garder la paix faite entre les Princes, avec punition exemplaire de ceux qui seront trouvés l'avoir enfrainte. *Abrégé des Ordonn. tome* 1. *p.* 72.

1413.

Suppression du tiers-Office de Trésorier de Finance, & ordonnance

Cour de la Pairie.

Troisieme Race.

1477.

Evocation d'une cause étant au Parlement pour être portée au grand Conseil où le demandeur & principale partie étoit Pair de France, c'étoit l'Evêque de Langres. Au bas des Lettres d'évocation il est dit que les Présidens étant en la Chambre du Parlement icelui vacant, ont obtempéré à ces Lettres. *Ibid. p.* 76.

1478.

Le Roi Louis XI disposa à titre gratuit de plusieurs grands Fiefs qui avoient été des chefs-lieux de la Pairie subalterne, & par lesquelles ils auroient formés différentes Pairies de premiere dignité.

Ce Prince excéda son pouvoir lorsque non-seulement il fit don à Notre-Dame de Boulogne de l'hommage de la Comté de Boulogne, mais de plus en se soumettant lui-même à le rendre. *Ibid. p.* 153.

Louis

TABLEAU.

Cour de Parlement.

Troisieme Race.

Messieurs de la Chambre des Comptes. *Ibid.* p. 294.

La Cour attendu les besoins de l'Etat, ordonne au Greffier de porter au Roi la cédule des dépôts faits au Parlement. *Ibid.* page 295.

A été baillée la quittance faite à Messieurs & autres de la cour, de la taille ou subside de Paris, quant à la part ou portion contingente iceux de la Cour faite par André Dépernon, Changeur & Commis à lever icelui subside. *Ibid.* p. 299. v.

Il y est dit que ce subside a été libéralement accordé pour les nécessités & fortifications de la Ville. *Ibid.* p. 300.

Le Juge Royal doit connoître des oblations faites à la fabrique, & des autres pour la décoration de l'Eglise. *Registre Olim.* 4. p. 301.

Le Roi évoque à lui la connoissance des attentats. *Ibid.* p. 301. v.

1412.

Furent au Conseil Messieurs Henri de Marle, Robert mauger, Simon de Nanterre, Présidens, Druc, Président céans, Eustache de Raistre, Président es Comptes, Maîtres d'Orgemont & le Clerc, Maîtres des Comptes, iceux quatre Commissaires & Juges des rebellions faites

Chambre des Comptes.

Troisieme Race.

Ordonnance portant que les affaires du Domaine seront traitées en la Chambre des Comptes, par les gens de cette Chambre & par les Trésoriers conjointement. *Ibid.* p. 408.

1391.

Lettres qui enjoignent aux gens des Comptes de ne passer dans ceux des Receveurs généraux ou particuliers des Aides, aucunes sommes en vertu de mandemens, portant qu'elles ont été remises entre les mains du Roi ou distribuées par ses ordres. De ne point passer dans ses comptes aucunes décharges du trésor, concernant les deniers des Aides si elles ne sont signées par les Généraux des Aides, de ne clore aucun compte des Receveurs qu'en la présence de ces Généraux, & de leur donner des Bordereaux, des débets de ces Receveurs, afin qu'ils les fassent payer. *Ib.* p. 411.

Mandement de Nosseigneurs des Comptes aux Généraux Maîtres des Monnoyes, de faire petits tournois pour l'Aumônier de la Reine. *Ordonn. du Louvre,* tome 7. p. 461.

Lettres qui portent que les deniers provenans du Domaine du Roi seront employés préalablement à tout autre payement à l'acquit des charges

Cour Législative.

Troisieme Race.

nance qu'il n'y en aura que deux pour gouverner le Domaine & les Finances. *Ib. p. 95.*

1414.

Le Roi ordonne que les procès civils & criminels soient jugés durant les vacations & que les jugemens ayent force d'arrets & soient prononcés au Parlement en suivant. *Ibid. p. 193.*

1415.

Edit portant pouvoir aux Présidens du Parlement de Paris, pour regler la Police de la ville de Paris. *Compil. Chron. tome 1. p. 227.*

Lettres portant reglement pour la punition des blasphêmateurs. Au dos étoit écrit, lue & publié à la fenêtre de la Cour du Palais par l'ordre de MM. les Présidens. Cette fenêtre est l'endroit au Palais où l'on distribue aux Procureurs & aux parties les arrêts qui ont été expédiés. *Ordonn. du Louv. t. 10. p. 245.*

Lettres de Charles VI, par lesquelles il commet les Présidens du Parlement de Paris pour veiller à la sureté de Paris, avec ceux du Conseil & les Prévôts des Marchands & Echevins sur le fait des réparations des murs, portes, fossés & arrieres fossés,

Cour de la Pairie.

Troisieme Race.

1479.

Louis XI donne les Comtés de Grand-Pré & de Joigny tenus en Pairie du Comte de Champagne. *Abrége des Ordonn. part. 2. p. 196 & 197.*

1480.

Ce Prince donne à Jacques de Saint Benoît, Capitaine d'Arras, a héritage pour le récompenser de ses services au sujet de la guerre & pour l'acquit de huit mille écus d'or que le Roi lui devoit du rachat de quatre prisonniers de guerre cédés au Roi, les Paroisses de Bretigny, Marvilles, Saint Michel & Stains, avec exemption du ressort de Montlhery. *Ibid. p. 256.*

Ville franche est érigé en Comté & sans qu'il soit qualifié Pairie, le Roi lui donne la prérogative des Comtés Pairie, c'est-à-dire de ressortir sans aucun moyen au Parlement les lettres de don n'ont été publiées au Parlement & à la Chambre des Comptes que par exprès commandement du Roi. *Ibid. page 259.*

D'ancienneté

Cour de Parlement.

Troisieme Race.

faites au Roi, avec plusieurs autres & dix-neuf Conseillers à conseiller l'enterrinement de certaines lettres présentées par Maître Tarenne, Conseiller du Roi, céans en la Chambre des Enquêtes, par lesquelles le Roi lui restituoit son Office de Conseiller dont il avoit été privé par les Commissaires députés à connoître des rébellions & inobéissances faites au Roi notre Sire, & si avoit été défendu audit Tarenne qu'il ne demeurât à Paris ne deça la riviere de Seine de cy à deux ans ce que le Roi lui remettoit *Ibib. page* 306.

La Cour ordonne par provision que les Curés, après, & non avant l'administration des Sacremens, ne pourront demander aux plus riches que 30 sol. aux moyens 16 sol. aux plus pauvres 6 sol. ou le quint des meubles à l'option des héritiers. *Ibid.* p. 312.

Lettres du Roi au Parlement en ces termes, *de par le Roi*, il lui marque qu'il a fait convoquer à Auxerre grand nombre de ceux de son sang, de son Conseil, Prélats, Nobles & Notables personnes des bonnes Villes de son Royaume, il lui mande & enjoint d'élire six Notables & un Président, & de les envoyer avec le premier Président. *Ibid.* p. 314. *v.*

L'Université

Chambre des Comptes.

Troisieme Race.

charges ordinaires sans avoir égard aux dons & mandemens du Roi. Il y est dit, nous mandons & défendons pareillement par nos autres Lettres-Patentes à nos Amés & Féaux les gens de nos Comptes à Paris, que ce que baillé en seroit contre les Ordonnances susdites ne soit aucunement alloué ou compté, ne déduit de la recette de celui qui ainsi baillé l'avoit. *Ibid* p. 549.

1394.

Lettres qui portent que les gens des Comptes & les Trésoriers n'enregistreront & n'expédiront point de Lettres de don faites par le Roi sur les amortissemens. *Ibid.* p. 617.

1395.

Lettres qui dérogent à celles de 1388, qui défendoient à la Chambre des Comptes de juger & clore les comptes des Aides sans la présence d'un Trésorier ou de l'un des Généraux, celle-ci ordonne seulement que ces comptes leur seront communiqués lorsqu'ils les demandront. *Ibid. tome 8. page 3.*

1398.

Lettres qui permettent au Prévôt de Paris de modérer & même de

Cour Législative.

Troisieme Race.

foffés fans préjudice des droits priviléges & libertés de nous & de notre bonne ville & defdits Prévôts des Marchands & Echevins par maniere de provifion pour cette fois. *Ibid p.* 247.

1416.

Charles VI ordonne au Prévôt de Paris de pourvoir à la décoration de la ville appellés avec lui aucuns du Confeil & les Prévôts des Marchands & Echevins. *Ibid. p.* 361.

1417.

Ce Prince enjoint au Prévôt de Paris appellés avec lui le Prévôt & les Marchands de la ville de Paris, aucun des Echevins & des Confeillers du Roi de pourvoir aux réparations des murs, portes, foffés & arrieres foffés & d'y faire contribuer les gens du Parlement, des Comptes & du grand Confeil. *Ibid. page* 407.

Lettre du Roi fur un ouvrage de maçonnerie à faire au-deffus du Louvre pour fureté, tuition & défenfes de la ville de Paris & pour retenir les eaux des foffés d'icelle... Pour aller lever & clore les bondes des foffés. *Ibid. p.* 421.

Lettres d'Ifabelle, Reine de France

Cour de la Pairie.

Troifieme Race.

D'ancienneté en la Baronnie de Milly en Gatinois, il avoit haute, moyenne & baffe juftice fous le reffort immédiat du Parlement. *Ibid. p.* 262.

L'Abbaye de Saint Denis comme Bénéfice régalien de fondation Royale & comme ayant les droits de Pairie n'étoit point tenue de plaider ailleurs qu'au Parlement, tant en demandant & défendant & même en matiere d'eaux & forêts. *Ib. p.* 300.

1481.

La Baronnie de Laval eft érigée en Comté pour relever nuement à foi & hommage lige de la Couronne de France & non à caufe du Comté du Maine avec union à icelle de la Châtellenie, Terre & Seigneurie de Saint Ouain & de Juvigné & reffort fans aucun moyen au Parlement de Paris. *Ibid. part.* 3. *P.* 13.

1482.

Les terres de la Roche Sur-Yon & du Luc faifoient anciennement

Cour de Parlement.

Troisieme Race.

L'Université de Paris & les Prévôts des Marchands & Echevins sont venus en la Cour, ont appelé toutes les Chambres & leur ont proposé de se joindre à eux pour représenter au Roi qu'il a un trop grand nombre de Conseillers & de trop insuffisans & que les dépenses ont été excessives, la Cour a répondu que représentant le Roi sans moyen & tenue de faire justice si requise étoit, elle ne pouvoit se joindre, mais qu'à aider & conforter la besogne, elle seroit toujours prête.

L'Election du Procureur Général commencée au Parlement par le Chancellier fut suspendue, sous prétexte que le Roi entendoit qu'elle se fît à son Conseil. Les gens des Comptes & du Trésor y furent convoqués.

1413.

Le Roi en personne; présens M. le Dauphin, les Ducs de Berry & de Bourgogne, le Comte de Charolois, le Comte de Saint Pol, Connétable de France, l'Archevêque de Bourges, l'Evêque de Tournay l'Evêque d'Agde & plusieurs Chevaliers, l'Université de Paris, les Prévôt des Marchands & Echevins & plusieurs bourgeois de Paris a tenu son Lit-de-Justice céans, & ont été lues parties de certaines

Chambre des Comptes.

Troisieme Race.

de remettre sans le consentement des gens des Comptes & des Trésoriers, les amendes de dix livres & au-dessous, prononcées par lui en matieres civiles, en faveur de ceux qui ont été mis en prison faute du payement de ces amendes. *Ibid. page 296.*

1400.

Ordonnance touchant les Offices de Justice & Finances.

Les Généraux des Aides par le Conseil des gens des Comptes, si cela est nécessaire, pourront diminuer le nombre des Elus, des Receveurs, des Gretiers & des Contrôleurs. *Ibid. page 409.*

A la Chambre des Comptes il y aura le Président Prélat, le grand Bouteiller de France, qui du droit de son Office y doit être, quatre Clercs, & quatre Laïcs qui sont appellés Conseillers & non Maitres. *Abrégé des Ordonn. tome I. p. 138.*

1401.

Lettres-Patentes portant érection de la terre & Seigneurie de Mortain en Comté, en faveur de Pierre d'Evreux dit de Navarre. *Regist. en la Cham. des Comp. au Mém. cotté F. p. 94.*

Le

Cour Législative.

Troisieme Race.

France ayant le gouvernement du Royaume par lesquelles elle révoque & destitue les Cours de Parlement & des Comptes de la ville de Paris & institue une nouvelle Cour de Parlement & une nouvelle Chambre des Comptes à Troyes. *Ibid.* page 436.

1418.

Lettres de Charles VI par lesquelles il nomme les Officiers qui doivent composer la Cour de Parlement à Paris. *Ordonn. du Louv. tome* 10. p. 459.

Ce Prince rétablit les Officiers de la Chambre des Comptes dans leurs états & offices. *Ibid.* page 462.

1419.

Charles VI mande aux habitans de Paris de ne point obéir au Dauphin. *Abrégé des Ordonn. tome* 1. p. 242. *v.*

Les Lettres de ce Prince furent publiées en Parlement par le Comte de Saint Pol, Gouverneur de Paris, présens le Chancellier, les Présidens & Conseillers des trois Chambres, les gens des Comptes, les Prévôts de Paris & des Marchands, les Avocats & Procureurs du Roi & autres. *Ib.* P. 245.

Mandement

Cour de la Pairie.

Troisieme Race.

nement partie des Duché d'Anjou & Comté du Maine tenus en Pairie. *Abrégé des Ordonn. tome* 2. *part.* 3. p. 21.

1483.

Lettres du Roi par lesquelles il fait & retient pour son Chancellier, Guillaume de Rochefort, mandant au Parlement de lui obéir comme à Chancellier. *Ibid.* p. 207.

1484.

Union de la Baronnie de Neaufle au Comté de Montfort avec droit de ressortir directement au Parlement comme les terres érigées en Pairie. *Abrégé des Ordonn. tome* 3. p. 8.

1485.

Lettres de Charles VIII, où il est dit qu'au Parlement se tient & doit tenir son Lit-de-Justice que sous lui le Chancellier y préside, que du corps d'icelle sont les 12 Pairs de France, les Présidens, Maîtres des

TABLEAU.

Cour de Parlement.

Troisieme Race.

taines ordonnances faites & avisées par certains Commissaires députés de par le Roi sur la réformation de l'Etat. *Ibid. page 328. v.*

Pierre des Essars, Chevalier Prévôt de Paris, souverain Maître des Finances, souverain Maître des Eaux & Forêts, grand Bouteillers de France, fut conduit sur une claye attachée à la queue d'une charette es halles où il fut décapité par sentence de certains Commissaires. *Ibid. page 330.*

La cédule des articles à consulter pour le bien de l'Etat fut communiquée au Chapitre de Paris, à la Chambre des Comptes, au Prévôt des Marchands, aux Quarteniers de Paris. *Ibid. page 333.*

A la requête de Maître J. le Bugle, Procureur de la Ville de Paris & plusieurs Bourgeois de Paris, le premier Président & plusieurs autres des Seigneurs de céans, sont allés devers le Roi requérir la réponse à la susdite cédule.

Le 5 Août furent au Conseil en la Chambre tous les Présidens

Chambre des Comptes.

Troisieme Race.

Le Roi évoque à lui une contestation mue, par rapport à la jurisdiction entre le Parlement & la Chambre de Comptes. *Ordonn. du Louv. tome 8. p. 483.*

1402.

Les Maîtres des Eaux & Forêts n'auront point d'égard aux Lettres de dons des bois, faits par le Roi, si elles ne sont passées par la Chambre des Comptes. *Art. 61. Ordonn. du Louv. page 522.*

1403.

Le Roi permet de lever un édifice aux Halles de Paris, les gens des Comptes ou aucuns d'eux appellent avec eux le Receveur & Voyer de Paris & les Maîtres des œuvres *Ibid. page 615.*

1404.

Lettres qui portent que les gens des Comptes & les Trésoriers à Paris ne seront point sujets à l'aide nouvellement imposée pour résister aux Anglois. *Ord. du Louvre, tome 9. p. 5.*

Lettres qui défendent aux habitans de Paris de jetter des ordures dans la riviere de Seine, elles sont adressées au Prévôt de

TABLEAU.

Cour Législative.
Troisieme Race.

1420.

Mandement du Roi à son Parlement de faire cesser & tenir en suspens la commission de la réformation contre les gens du Dauphin, publié à la fenêtre de la salle du Palais. *Ibid. page* 251.

1421.

Ordonnance concernant les Monnoyes, publiée par les carrefours & non au Parlement. *Ibid. page* 261.

1422.

Déclaration de Henri, soit disant Roi de France & d'Angleterre, par laquelle il octroye de grace spéciale aux Présidens Conseillers du Parlement & des Requêtes du Palais, aux Greffiers, Notaires & Procureurs Généraux pour cette année, l'exemption des quatriemes & impositions des fruits pour les petits gages qu'ils ont. *Abrégé des Ordonn. tome* 1. *p.* 269.

1423.

Ce Prince ôte les empêchemens faits aux suppôts de l'Université de Paris à l'exécution de leurs priviléges. *Ibid. p.* 271.
Ordonnance

Cour de la Pairie.
Troisieme Race.

des Requêtes & Conseillers, lesquels tous ensembles doivent faire cent personnes, desquels Conseillers, la moitié doit être gens d'Eglise & l'autre Laïcs. *Ibid. p.* 120. *& part.* 2. *p.* 1.

1497.

La Cour de Parlement est composée de 100 personnes, les 12 Pairs compris & connoit des droits du Roi & de la Couronne de France, sous lesquels sont comprises les libertés & franchises de l'Eglise Gallicane comme droit dépendant de la Couronne & dont la conservation appartient à la Cour de France par ordre de son institution, les régales, les causes des Pairs, des Archevêques & Evêques. *Abrégé des Ordonn. du Parlement, tome* 3. *seconde part. p.* 1.

1498.

Le Roi ordonne qu'à défaut de males, les filles du Duc de Bourbon hériteront du Duché de Bourbonnois pour en jouir en toute prérogative de Pairie, nonobstant la clause de la donation, le Roi ayant égard que ce Duché ne fut jamais de la Couronne de France, & qu'au tems de Robert, fils de Saint Louis dont ledit Duc est descendu

TABLEAU.

Cour de Parlement.

Troisieme Race.

dens & les trois Chambres, & fut appointé que l'Université, la Cour, la Chambre des Comptes & le Chapitre de Paris iroient ensemble à Saint Pol au Roi.

Le sept de ce mois sont venus à la Cour li Juvenel, Avocat du Roi, li Bugle, Procureur de la Ville de Paris, Guillaume, Echevin de Paris & aucuns Bourgeois qui ont requis que la Cour entende à continuer la paix. *Ibid.* page 342. v.

Le 2 Septembre, la Cour alla au mandement du Roi au grand Conseil qui se tint en la Chambre verte au Palais, où furent présens le Roi, le Roi de Sicile son cousin germain, le Duc de Guyenne, & Dauphin fils aîné du Roi, les Ducs de Berry & d'Orléans, les Comtes d'Alençon, le Duc de Bourbon, le Comte de Vertus, le Comte d'Eu, le Duc de Bar, Maître Louis, Duc en Baviere, le Comte de Vendôme, le Comte de Tancarville, le grand Maître de Rhodes & plusieurs autres Barons, Seigneurs, Chevaliers & Ecuyers, le Recteur & plusieurs autres de l'Université, les Prévôts des Marchands & Echevins, plusieurs Bourgeois de Paris & plusieurs Prélats, le Roi leur fit jurer la paix conformément à la cédule. *Ib.* p. 347.

Maître

Chambre des Comptes.

Troisieme Race.

de Paris & au garde de la Prévôté des Marchands, au dos de ces lettres étoit écrit publié en jugement au Châtelet de Paris. L'original est rendu au Clerc du Prévôt des Marchands pour les faire publier par les carrefours de Paris. *Ibid.* p. 45.

Mandement aux gens des Comptes & Trésoriers à Paris & aux Généraux des Monnoyes, de recevoir Bertrand à l'Office de Clerc des Monnoyes, au dos des lettres est écrit, *Bertrandus in albo presencium nominatus solitum præstitit juramentum in camera computorum.* *Ibid.* page 53.

1405.

Ordonnance sur la nouvelle aide signée par le Roi à la relation du Conseil étant en la Chambre des Aides ordonnées pour la guerre. *Ibid.* p. 75.

Le Roi assemble son grand Conseil en la Chambre des Comptes à Paris, avec les Généraux Maîtres des Monnoyes. *Ibid.* page. 85.

Les gens des Comptes du Roi notre Sire à Paris aux Généraux Maîtres des Monnoyes dudit Seigneur. *Ibid.* p. 89.

Mandement aux Amiral, gens des Comptes & Trésoriers à Paris & les Généraux Conseillers sur le fait des aides ordonnées pour la guerre. *Ibid.* p. 107.

Lettres

P.

Cour Législative.

Troisieme Race.

1424.

Ordonnance pour le rachat des rentes constituées sur les maisons de la ville de Paris, publiée en la Cour de Parlement & au Châtelet en jugement & à son de trompe ès carrefours accoutumés. *Ib.* p. 272 & 273. *v.*

1425.

Le Duc de Bourgogne établit Chef du Conseil & en son absence le Chancellier de France avec la faculté de conférer les Bénéfices & les Offices. *Ibid.* page 280.

A la Cour du Parlement appartenoit la connoissance du Domaine du Roi & de la Couronne & non pas à la Chambre des Comptes, & qu'ainsi l'avoit été dit par la Cour de Parlement, présent le grand Conseil. *Ibid.* page. 230.

1426.

Ordonnance touchant les Monnoyes, publiée au Châtelet & ès carrefours accoutumés. *Ibid.* p. 282. *v.*

1427.

Si l'un des ajournemens est fait à la personne de l'appellant &

Cour de la Pairie.

Troisieme Race.

cendu ledit Duché, étoit propre héritage de Beatrix, fille du Sire de Bourbonnois. *Ibid.* p. 29.

Ce Prince donna à Jeanne de France sa cousine, fille de Louis XI & sœur de Charles VIII, après que le mariage qu'il avoit contracté avec elle eût été déclaré nul, en titre & dignité de Princesse & en faveur de la proximité de mariage dont elle lui attient, la Duché de Berry pour en jouir sa vie durant, réservés au Roi les gardes des Eglises Cathédrales & autres fondations Royales. *Ibid* p. 33. *v.*

Don du Duché de Valois fait par le Roi Louis XII, à François, Comte d'Angoulême, pour en jouir en tous droits de Duché, Seigneurie, autorité, profits, prééminences quelconques, comme les Rois ont accoutumés d'en jouir, lui octroyant aussi de grace spéciale de pourvoir & disposer de plain droit des Bénéfices & Offices ordinaires, & quant aux Offices Royaux, il y pourra nommer au Roi personnes suffisantes auxquelles il donnera ses lettres de provision. *Ibid.* p. 59.

1499.

Procès-verbal & Lettres de l'hommage fait par Philipppe, Archiduc

TABLEAU.

Cour de Parlement.

Troisieme Race.

1414.

Maître Martin Donan, Secretaire du Roi, a dit à la Cour de par M. le Chancellier, que le Roi défendoit à la Cour de connoître de préfent de la caufe pendante céans entre le Sieur de Dampierre & Maiftre Chiquet de Breban pour l'Office d'Amiral & furfit d'en connoître jufqu'à ce que le Roi en eut autrement ordonné. *Regift. du Parlement, tome 5. p. 7.*

1415.

Pardevant Maiftres Philippe de Boifgille, Guillaume le Clerc, Philippe Dupuis & Jacques Dugard, Confeillers du Roi & les Prévôt des Marchands & Echevins de Paris étant près de la Chambre des Comptes, Louvel, Clerc de la Ville & commis par les Prévôt & Echevins à recevoir la tierce partie des Aides ayant cours en la Ville & Banlieux d'icelle, a promit de livrer les deniers jufqu'à la fomme de mille livres pour Meffieurs du Parlement. *Ibid. page 11. v.*

Au fujet de certaines inftructions à préfenter au Roi a été élu

Chambre des Comptes.

Troifieme Race.

1406.

Lettres qui portent que nonobftant l'ordonnance du 28 de Juillet 1406, le Roi pourra nommer des Clercs de la Chambre des Comptes pour remplir les Charges de Confeillers Maiftres dans cette Chambre. *Ibid. page 126.*

1407.

Lettres qui portent que les appointemens, Commiffions, jugemens ou arrêts de la Chambre des Comptes de Paris ne peuvent être annullés ou caffés que par le Roi, fans qu'il foit permis d'en appeller à la Chancellerie ni au Parlement. *Ord. du Louv. tome 9. p. 243.*

Ordonnance touchant les Officiers de Juftice.

Article 25 pour faire ceffer les plaintes qui fe font contre les Prévôts Fermiers; il fera fait dans la Chambre des Comptes appellés quelques Confeillers du grand Confeil & du Parlement Election de Prévôts en garde. *Ibid. page 281.*

1408.

Dans le cas où il feroit porté au Roi des plaintes contre des arrêts de la Chambre des Comptes

Cour Législative.

Troisieme Race.

& défaillant tel profit sera adjugé desdits deux défauts que l'appellation sera déserte ou sera déclaré que l'appellant défaillant est déchu de sa cause d'appel & l'amendera. *Abrégé des Ordonn. du Parlement tome 1. page* 284.

1428.

Lettres du Roi Charles VII, par lesquelles il donne l'Office de Souverain Maître & Général réformateur des eaux & forêts de France, à Charles, Seigneur de la Riviere, pour en jouir tant qu'il plaira au Roi. *Ibid. page* 243. *v.*

1429.

Ce Prince créé deux Huissiers extraordinaires au Parlement de Poitiers. *Ib. p.* 244. *v.*

1430.

Erection de la Baronnie de Laval en Comté. *Ibid. p.* 247.

1431.

Erection de l'Université de Poitiers. *Ib. p.* 250.

Edit

Cour de la Pairie.

Troisieme Race.

Archiduc d'Autriche, au Roi, pour l'exécution du cinquante-septieme article du traité de paix de Senlis entre les mains de Guy de Rochefort, Chancellier de France, pour les Comtés & Pairies de Flandres & Artois & de Charolois qu'il tient de la Couronne de France. *Abrégé des Ordonn. du Parlem. tome* 3. *part.* 2. *p.* 98.

1505.

Lettres du Roi Louis XII, par lesquelles il crée la Comté de Nevers en Pairie en faveur d'Engelbert de Cleves, Comte dudit Nevers, pour lui & ses hoirs mâles, descendans de lui en droite ligne, pour jouir des prérogatives dont jouissent les autres Pairs de France, où il est dit qu'elle avoit été auparavant érigée en Pairie par Charles VII, en faveur de Charles de Bourgogne, Comte de Nevers. *Ibid. p.* 179.

Lettres du même Prince par lesquelles il veut que sa fille Claude de France ou autres, ses héritiers soit mâles ou femelles, soit en ligne droite ou collatérale, jouissent après son décès de la Baronnie de Coucy,

sue

TABLEAU.

Cour de Parlement.

Troisieme Race.

élu Cottin Archidiacre d'Angers & Avocat du Roi, auquel assisteront l'un des Présidens, 2 ou 3, ou 4 des Maîtres du Parlement, 2 de la grande Chambre des Comptes, 2 ou 3 du grand Conseil & autres, pour montrer les inconvéniens qui sont & ont été en ce Royaume & les remedes qui piéca avoient été avisés par bonnes ordonnances. *Ibid.* page 16.

Furent exposés certains articles avisés & conseillés par la Cour & ceux du Grand Conseil & de la Chambre des Comptes, en la présence de M. le Dauphin, du Duc de Berry & plusieurs autres Chevaliers. *Ibid.* page 17.

La Cour se leva des plaidoiries & se mit au Conseil étant survenus les Chancelliers de France, du Dauphin, de la Reine, les Prévôts de Paris & des Marchands, Capitaines & Echevins de Paris, plusieurs Prélats & autres du grand Conseil & des Chambres sur la provision des gens d'Armes. *Regist. du Parlement, tome 5. Ibid.* p. 17. v.

1416.

Furent au Conseil du Parlement le Chancellier, trois Présidens, l'Evêque de Lisieux, L'Evêque

Chambre des Comptes.

Troisieme Race.

tes il sera statué sur ces plaintes par les gens des Comptes auxquels sera joint un nombre compétant des gens du Parlement.

Si comme par aucuns de nos prédécesseurs à piéca été ordonné & gardé, & qu'il est de tems ancien enregistré en notredite chambre des Comptes ou au trésor de nos chartes, priviléges & registres. *Ibid.* p. 419.

1409.

De par les gens des Comptes & Trésoriers du Roi notre Sire à Paris, Clerc du trésor dudit Seigneur, ou Commis dudit Office accomplisse le contenu es lettres Royaux auxquelles ces présentes sont attachées, sous un de nos signets impétrées de par MM. les gens du Parlement d'icelui Seigneur à Paris, en leur baillant cédules de ce qui due leur est & sera à cause de leurs gaiges. *Ibid.* p. 488.

1410.

Le Roi fixe le nombre des Officiers de la Chambre des Comptes à deux Présidens, dont le grand Bouteiller de France sera l'un, ainsi que du tems passé a été accoutumé, & huit Maîtres, quatre Clercs & quatre Laïcs. Et quant à la garde de nos

Cour Législative.

Troisieme Race.

1432.

Edit portant établissement d'une Chambre à sel à Chateauvillain. *Compil. Chron. tome* 1. p. 247.

1433.

Le Roi accorde à Jean, Duc de Bourbon, prisonnier en Angleterre, de tenir grands jours en son Duché d'Auvergne comme font les autres Seigneurs du Sang, tenant terre en Pairie de la Couronne. *Abrégé des Ord. page* 262.

1434.

Le Roi rétablit Louis d'Amboise Vicomte de Thouars en renommée & biens. *Ibid. page* 263. v.

1435.

Don de Partenay & autres terres à Artus de Bretagne, Connétable de France, Publié en Parlement à Poitiers. *Abrégé des Ordonn. tome* 1. p. 267.

1436.

Requête présentée au Roi Charles VII par les gens tenant son Parlement à Poitiers lors de son

Cour de la Pairie.

Troisieme Race.

fise en la Comté de Vermandois du Comté de Soissons & les tiennent & possedent en droit & titre de Pairie, publiées en Parlement. *Ibid.* p. 182.

1507.

Le Roi Louis XII donne à Gaston de Foix, Roi de Navarre, le nom & titre de Duché de Nemours pour le tenir en tous droits & prérogatives de Pairie. *Abrégé des Ordonn. tome* 3. p. 197.

1509.

La Baronnie de Coucy a été érigée en Pairie en 1404 & 1505. Le Roi accorde aux Officiers Royaux de cette Baronnie d'y tenir les grand jours. *Compilat. Chronn.* p. 411. *tome* 1.

1514.

Lettres Patentes portant érection du Comté de Vendôme en Duché

TABLEAU.

Cour de Parlement.

Troisieme Race.

l'Evêque de Paris, l'Abbé de Moûtier, six Maîtres des Comptes. *Ibid. p. 26.*

Ce jour en la Cour où étoient M. le Chancellier, le premier Président, l'Evêque d'Evreux, 20 Conseillers, 4 de la Chambre des Comptes & Juvenel, Président des Généraux, à sçavoir ce sur l'ordonnance faite par le Roi ou par son Conseil céans de la Duché d'Auvergne, qu'elle seroit mise en la main du Roi & sous icelle. *Ib. p. 28.*

Item, admoneta le Chancellier les Seigneurs de céans, de soi armer & garnir de gens & qu'un chacun avisât quel aide il pouvoit faire à la défense de Paris, dedans & si métier étoit dehors & idem avoit été fait & dit aux Notaires & Secretaires du Roi & pareillement, à moi & aux autres Notaires de Cens. *Ibid. v.*

Si m'a fallu armer qui m'a couté plus de 40 francs, nonobstant que je sois Prêtre de bonne étreine soit-il franc & quitte par qui faut que Prêtres s'arment. *Ibid.*

1417.

Sur la maniere de contraindre toutes manieres de gens à prêter au Roi, attendu la nécessité du Roi & du Royaume qui est de présent

Chambre des Comptes.

Troisieme Race.

nos chartes celui qui à présent est y sera, & sera tenu de faire son office bien & duement comme il appartient & pourra venir en ladite Chambre de nos Comptes, & ont été & sont déboutés tous les extraordinaires. *Ordonn. du Louv. tome 9. p. 511.*

Lettres par lesquelles Charles VI ordonne que dans le cas où de Bray & Desprez ne possederoient plus la charge de Correcteur des Comptes qu'il leur avoit conféré, ils reprendroient celle de Clerc ordinaire de la Chambre des Comptes qu'ils avoient avant qu'ils fussent créés Correcteurs des Comptes. *Ibid. page 528.*

Le Roi Charles VI, dispense les Officiers de la Chambre des Comptes qui avoient des Fiefs, de venir le servir dans son armée. *Ibid. page 539.*

1411.

Lettres qui portent que les Officiers de la Chambre des Comptes seront exempts de guet & de la garde extraordinaire établie depuis peu dans la ville de Paris. *Ibid. p. 581.*

Les gens des Comptes & Trésoriers du Roi notre Sire à Paris... Vues par nous deux lettres Royaux auxquelles ces présentes sont attachées sous l'un de nos signets, impétrées par le Prévôt

Cour Législative.

Troisieme Race.

son retour à Paris où il est dit qu'ils ont servi l'espace de 18 ans à leurs propres coûts & dépens qu'il étoit taxé à un Président C. S. T. à un Conseillers LX. S. T. par jour outre leurs gages ordinaires lorsqu'ils étoient commis pour tenir l'Echiquier ou les grands jours de Troyes. *Ib. p.* 268.

Ordonnance de Charles VII par laquelle en attendant l'institution de son Parlement en la ville de Paris, il commet deux Présidens & douze Conseillers pour connoître de toutes causes de ressort & souveraineté, voulant & ordonnant que tout ce qui sera par eux jugé vaille comme s'il étoit fait par la Cour de Parlement sans qu'on puisse appeller d'eux en quelque maniere que ce soit. *Ibid. p.* 309.

Le Roi ordonna que les Chambres du Parlement, des Requêtes de l'Hôtel & du Palais, des Enquêtes & de la Tournelle, tant civile que criminelle où sont les procès jugés & à juger, & les Chambres des Greffes, comme aussi celle des Chartes du Roi qui étoit lors sur le revestiaire de la Sainte-Chapelle, pareillement celles des Comptes, du Trésor & des Monnoyes seroient closes & scellées tant qu'il plaira au Roi. *Ibid. p.* 309. *v.* Edit

Cour de la Pairie.

Troisieme Race.

Duché & Pairie en faveur de Charles de Bourbon, Comte de Vendôme. *Ibid. p.* 424.

Lettres-Patentes portant erection de la Vicomté de Chatelleraut en Duché & Pairie, en faveur de François de Bourbon avec attribution de ressort au Parlement de Paris. *Ibid.*

Erection du Comté d'Angoulême en Duché & don de ce Duché à Louise de Savoye, mere de François I, pour le tenir sa vie durant en tout droit & titre de Pairie, avec faculté d'y pouvoir tenir grands jours & ressortir au Parlement de Paris comme la Cour des Pairs. *Abrégé des Ordonn. second. part. page* 64.

1517.

François I donne à Margueritte d'Orléans le Duché de Berry pour le tenir pendant sa vie

TABLEAU.

Cour de Parlement.

Troisieme Race.

présent exposée à la Cour, de par le Roi & son Conseil, la Cour répond qu'elle baille cette réponse par maniere d'avis seulement. *Regiſtres du Parlement, tome* 5. *p.* 43. *v.*

1418.

La Cour a fait publier à la fenêtre de la salle du Palais les lettres Royaux faisant mention de l'aide, n'a guere accordée par les Prévôt des Marchands & Echevins pour résister aux Anglois qui assiégeoient Rouen. *Ibid. p.* 115. *v.*

1419.

Au Parlement furent assemblés le Comte de Saint Pol, le Chancellier de France, le grand Maître d'Hôtel, les Présidens & Conseillers du Parlement, le Recteur & Députés de l'Université de Paris, le Prévôt des Marchands, les gens des Comptes, les Echevins & Bourgeois de Paris. *Ib. p.* 196. *v.*

1420.

La Cour octroya ajournement en cas d'appel & d'attentat, à Jean Rebours, Simon Grisy & Maître Mari, Procureur, qui avoit appellé des gens des Comptes

Chambre des Comptes.

Troisieme Race.

Prévôt des Marchands de la bonne ville de Paris... Et ou sur le contenu en icelles grand avis & meure délibération de conseil avec plusieurs Conseillers du Roi notre Sire, en sa Cour de Parlement ses Avocats & Procureurs en ladite Cour de Parlement & au Châtelet de Paris pour ce aujourd'hui assemblés en la Chambre desdits Comptes, nous consentons en tant comme à nous est à l'enterinement desdites lettres. *Ib. p.* 682.

1412.

Mandement sur le prix de l'argent. Le Roi mande aux gens de ses Comptes à Paris, qu'ils passent & allouent tout ce que dit y est, nonobstant quelconques mandemens ou défences à ce contraires. *Ordonn. du Louv. tome* 10. *p.* 5.

1413.

Ordonnance de Charles VI, pour la police générale du Royaume, le Roi supprime les Trésoriers & Généraux des Finances & des Aides, & commet à leur place deux Prud-Hommes pour entendre & pour voir au bien public du Royaume, appellés avec eux les gens du grand Conseil, du Parlement & des Comptes. *Ibid. p.* 71.

Le

Cour Législative.

Troisieme Race.

1437.

Edit portant qu'il y aura un Parlement au pays de Languedoc & un sceau dont on scellera les lettres qui y seront expédiées. *Compil. Chron. tome 1. page 251.*

Edit portant réduction des Offices de la Chambre des Comptes de Paris à deux Présidens, huit Maîtres ordinaires & un Huissier. *Ibid. p. 254.*

1438.

Déclaration portant reglement pour l'exécution des décrets du Concile de Bâle. *Ibid. pp 254.*

1439.

Déclaration portant reglement pour les payements faits aux Officiers du Parlement de Paris. *Ibid. p. 255.*

1440.

Lettres-Patentes portant reglement pour les priviléges des Doyen, Chanoines & Chapitre de l'Eglise Cathédrale de Poitiers. *Ibid. p. 255.*

1441.

Edit portant confirmation des priviléges accordés aux habitans

Cour de la Pairie.

Troisieme Race.

vie en titre de Pairie avec les mêmes prérogatives que les Princes & Seigneurs tiennent leurs terres en Pairie. *Ibid. p. 250.*

1521.

Le Roi voulant traiter favorablement Marie d'Albert, Veuve de Charles de Cleves, Comte de Nevers, veut qu'elle tienne en Pairie le Comté de Nevers durant le cours de sa vie, & en use comme les autres Pairs de France & que les appellations du Comté ou de ses Lieutenans soient relevés pardevant les Auditeurs & Juges de ses grands jours & d'iceux au Parlement de Paris. *Abrégé des Ord. tome 3. p. 361. second. part.*

1523.

Le Roi accorde au Duc d'Alençon de faire juger en son Echiquier certaines causes, l'Echiquier étoit composé d'Evêques, Abbés, Prieurs, Barons, Officiers, Avocats & Pratici. *Ibid. p. 424.*

Charles.

TABLEAU.

Cour de Parlement.

Troisieme Race.

tes & au content de leur appel avoient été emprisonnés par le commandement des gens des Comptes & élargis par ordonnance de la Cour qui leur accorda leur ajournement pour ce que le Chancellier avoit refusé au moins délayé de sceller, la Cour le fit sceller par le signet de la Chambre du Parlement. *Ibid.* page 204.

Le Parlement fait serment d'exécuter le traité de Troyes fait entre le Roi de France & le Roi d'Angleterre. *Ibid.* p. 206. v. & 209.

Furent assemblés au Parlement les Présidens & Conseillers, Messieurs des Requêtes de l'Hôtel, les gens des Comptes, les Généraux sur le fait des Finances, le Recteur & Messieurs de l'Université de Paris, le Prévôt des Marchands, les Abbés, Prélats & gens d'Eglise, l'Official de Paris, les Echevins, &c. *Ib.* page 227. v.

Furent présens M. le Chancellier, deux Présidens, trois Evêques, les Chancelliers de la Reine & d'Orléans, cinquante Conseillers, les Procureurs & Avocats du Roi, le Confesseur du Roi & le Président de Provence, à conseiller la requête faite par l'Université sur le dechirement & rompement de certain cahier appellé la Justification

Chambre des Comptes.

Troisieme Race.

Le Roi donne pouvoir aux gens des Comptes de nommer aux Prévôtés vacantes appellé & présent le Procureur Général. *Ibid.* p. 161.

1414.

Le Roi commande & enjoint aux gens des Comptes, tant Clercs que Laïcs, de payer les gages des Conseillers au Parlement pendant les vacations, comme si le Parlement seoit. *Ibid.* p. 224.

1415.

Exemption accordée aux Officiers de la Chambre des Comptes à Paris de l'aide depuis peu imposée. *Ib.* p. 349.

1416.

Ordonnance sur les Monnoyes certifiées sous les sceaux des gens des Comptes & des Généraux Maîtres des Monnoyes, à la relation du grand Conseil auquel les gens des Comptes & les Généraux Maîtres des Monnoyes, & plusieurs autres étoient. *Ib.* p. 389.

1417.

De l'avis des gens des Comptes & du Conseil, le temporel des

TABLEAU.

Cour Législative.

Troisieme Race.

tans de la ville de Paris. *Ibid.* page 256.

1442.

Déclaration portant reglement pour les Greffiers, leurs Clercs & le premier Huissier du Parlement de Paris. *Ibid.* p. 257.

1443.

Lettres-Patentes portant permission à Charles, Duc d'Orléans, de disposer de la Terre & Seigneurie de Baugency. *Ibid.* page 457.

1444.

Lettres-Patentes portant jussion à la Chambre des Comptes à Paris, pour enregistrer celles de 1436, concernant le don de la haute-Justice du Comté de Tancarville. *Compil. Chron.* tome 1. p. 259.

1445.

Déclaration portant reglement pour le pouvoir & jurisdiction des Trésoriers de France. *Ibid.* page 261.

1446.

Déclaration portant reglement pour les dons des Offices & Bénéfices. *Ibid.*

C'est

Cour de la Pairie.

Troisieme Race.

1527.

Charles II, Duc de Bourbon, ayant été tué au siége de Rome, Charles de Vendôme, Pair de France, prétendit aux Comtés de Clermont en Beauvoisis, la Marche & Montaigu en Combrailles, il fut mandé avec les autres Pairs de France à certain jour pour procéder au jugement. *Ibid.* p. 88.

L'Office de grand Chambrier auquel sont attachées les prérogatives de la Pairie, vacant par la confiscation prononcée contre Charles, Duc de Bourbon, pour rebellion, fut donné à Henri, Duc d'Orléans. *Ibid.* page 398.

1528.

Le Roi supprime les grands jours des Duchés Pairies d'Angoulême, d'Anjou & du Maine. *Ibid.* fol. 100, 101 & 102.

Erection

Cour de Parlement.

Troisieme Race.

tion du Duc de Bourgogne. *Non est conclusum.*

Préfens les mêmes sur le même sujet, il y sera dit que la Cour défend de par le Roi, sous peine de corps & de biens conqué à un chacun de plus méfaire envers le Roi, qu'aucun de quelqu'état ou condition qu'il soit dores en avant ne die ne publie affronte ou enseigne en les Seigneuries du Roi qu'il soit loisible à quelque vassal ou sujet ou autre occire aucun par blandnés ou déception sans attendre sentence ou commandement de Juge compétent.

Commandement au Procureur du Roi, que s'il trouve aucun faisant le contraire, qu'il les fasse punir ainsi qu'il appartiendra, & outre ordonne que ces choses soient publiées au Châtelet de Paris & aux lieux principaux des Baillies, Sénéchaussées, Prévôtés & autres lieux royaux, afin qu'aucun n'en puisse prétendre ignorance.

Item, a été délibéré que ladite ordonnance sera publiée & prononcée par les Présidens aux premiers arrêts. *Registres du Parlement, tome 5. p. 29.*

1421.

Lettres baillées au Procureur du Roi, par lesquelles le Roi donne

Chambre des Comptes.

Troisieme Race.

des Evêchés vacans en régale sera administré par les Baillis & Receveurs ordinaires. *Ordonnances du Louvre, tome 10. p. 412.*

1418.

Lettres de Charles VI, par lesquelles il rétablit les Officiers de sa Chambre des Comptes à Paris dans leurs états & offices. *Ibid. p. 462.*

1420.

L'état des Finances sera montré par chacun mois & le compte rendu aux termes accoutumés en la Chambre des Comptes. *Abrégé des Ordonnances, tome 1, page 252.*

1424.

Don de Brie-Comte-Robert à la Reine Isabelle de Baviere, femme de Charles VI, elle pourra y avoir un Receveur qui sera tenu par chacun an rendre compte à la Chambre des Comptes à Paris. *Ibid. p. 272.*

Réunion de la Chambre des Comptes de Caen à celle de Paris, d'où elle avoit été disjointe. *Ibid. p. 276. v.*

Les lettres de don du Duché de Touraine en Pairie, furent expédiées en la Chambre des Comptes

TABLEAU.

Cour Législative.

Troisieme Race.

1447.

C'est au Roi à interpréter ses Edits & Déclarations, parce qu'ils font loi du jour de la publication. *Ibid. p.* 263.

1448.

Déclaration portant confirmation des privilèges & exemptions des Officiers du Parlement de Paris. *Ibid. p.* 264.

1449.

Lettres-Patentes portant don du Comté de Longueville à Jean, bâtard d'Orléans, Comte de Dunois, & à ses hoirs mâles procréés en loyal mariage, registrées en la Chambre des Comptes & au Parlement. *Ibid p.* 265.

1450.

Déclaration portant reglement pour la jurisdiction des Prévôt des Marchands & Echevins de la ville de Paris. *Ibid. p.* 265.

1451.

Lettres-Patentes portant jussion à la Chambre des Comptes de Paris, pour enregistrer celles du 12 Février 1451, concernant

Cour de la Pairie.

Troisieme Race.

Erection du Comté de Guise en titre & dignité de Duché Pairie, en faveur de Claude de Lorraine, Comte de Guise & d'Aumale. *Ibid. p.* 109.

1529.

Lettres-Patentes portant révocation de tous les jugemens & arrêts rendus contre Charles, Duc de Bourbonnois, Pair, Connétable & grand Chambrier de France, avant & depuis sa sortie du Royaume & contre sa mémoire depuis sa mort *Compil. Chron. p.* 483.

1531.

Réunion à la Couronne des Duchés Pairie de Bourbonnois, d'Auvergne & de Châtelleraut. *Ibid. p.* 487.

Edit

TABLEAU.

Cour de Parlement.

Troisieme Race.

donne au Dauphin les Duché de Berry & Comté de Ponthieu, après plusieurs altercations elles ont été lues & publiées à la fenêtre & enregistrées au livre des Ordonnances. *Ibid. p. 41. v.*

1422.

Les Lettres Royaux sur la nouvelle Cour des Monnoyes ont été publiées au Parlement & portées au Châtelet pour y être publiées. *Regist. du Parl. tome 5. p. 225. v.*

1423.

Le Roi d'Angleterre & la Reine sa femme vinrent du bois de Vincennes au gîte à Paris en l'Hôtel du Louvre le second & troisieme jour de Juin, vinrent en l'Hôtel de Nesle voir les jeux & personnages de la vie de St. George. Tint ledit Roi d'Angleterre son Conseil audit Hôtel de Nesle. *Ibid. p. 246. v.*

Maître Milet d'Angueil, Doyen de Chartres & Pierre de Chanteleu, Maître des comptes du Roi, vinrent en la Chambre du Parlement pour avoir avis & délibération de la Cour sur le refus que faisoit l'Evêque de Paris de bailler dénombrement de son temporel disant que de raison d'écrite

Chambre des Comptes

Troisieme Race.

Comptes à Bourges par exprès commandement du Roi, fait de bouche en son grand Conseil. *Ibid. p. 217. v.*

1425.

Les Avocats & Procureurs Généraux du Roi en la Cour de Parlement vinrent en la Chambre des Comptes, touchant le don du Duché d'Auvergne dont ils n'ont vû les lettres, la Chambre ayant arrêté d'y consentir, le Procureur Général en appella au Parlement. *Ibid. p. 228. v.*

1426.

Lettres de don du Comté d'Evreux, registré en la Chambre des Comptes par commandement du Roi, avec réserve de la garde des Eglises Cathédrales. *Abrégé des Ordonnances, tome 1. p. 243.*

1436.

La Chambre des Comptes ci-devant transférée à Bourges est rétablie à Paris. *p. 310. ibid.*

1439.

Mandement aux gens des Comptes d'allouer dans leurs comptes

TABLEAU.

Cour Législative.
Troisieme Race.

cernant le don fait par le Roi, de la Seigneurie de Hambie. *Ibid. p.* 267.

1452.

Ordonnance par laquelle le Roi enjoint au Parlement de renvoyer pardevant les Juges ordinaires les causes ou procès qui sont de leur jurisdiction. *Abrégé des Ordonnances, tome* 1. *p.* 389. *v.*

1345.

Lettres par lesquelles le Roi mande à la Cour de Parlement ôter la réservation faite par icelle des oppositions à la publication des lettres de confirmation des provisions d'Offices faites en Normandie par le Duc de Bretagne. *Ibid. p.* 390. *v.*

1454.

Déclaration du Roi portant confirmation du Parlement de Paris, nonobstant les révocations. *Compilat. Chron. tome* 1. *page* 270.

1455.

Lettres-Patentes portant défense de transporter du bled hors du Royaume. *Ibid. p.* 271.

Déclaration

Cour de la Pairie.
Troisieme Race.

1532.

Edit portant union du pays & Duché Pairie de Bretagne à la Couronne de France. *Ibid. page* 491.

1533.

Le Duché d'Orléans donné en appanage & en Pairie, à Henri de France, fils de François I. *Ibid. p.* 493.

1537.

Provisions de l'Office de Connétable de France en faveur d'Anne Sire de Montmorency, Chevalier de l'Ordre du Roi, grand Maître, Maréchal & premier Baron de France, aux gages de 24000 liv. par an. *Ibid. page* 515.

Le

TABLEAU.

Cour de Parlement.

Troisieme Race.

d'écrite n'étoit tenu pour ce que le temporel de son Evêché étoit amorti & n'avoit été baillé aucun dénombrement par les prédécesseurs ; la Cour ne voulut dire son avis, parce que l'Evêque entendoit faire poursuite en icelle. *Ibid.* p. 256.

Cause d'appel de la Chambre des Comptes céans, & le Procureur du Roi d'une part, laquel fut plaidée, ouie & conseillée en la Chambre appellée la Chambre du Conseil près ladite Chambre des Comptes, choisie par les Présidens & Conseillers de Parlement. *Ibid.* p. 256. v.

1423.

Sur l'appel des Gens des Comptes. Oui le Procureur du Roi & vû le compte ; il fut dit qu'il avoit été bien jugé par les gens des Comptes & mal appellé. *Registre* 5. p. 271.

Aux Chambres assemblées survinrent Maître Regnier, Pol & Jean Guerin, Conseillers du Roi & Maîtres des Comptes, pour avoir avis & délibération sur le contenu en certaines lettres impétrées du Duc de Bedfort. *Ibid.* P. 277. v.

Jean

Chambre des Comptes.

Troisieme Race.

comptes les gages & manteaux de MM. du Parlement, enregistré en la Chambre des Comptes. *Ibid.* p. 318.

1441.

Lettres touchant le rachat des rentes & criées de Paris, publiées au Parlement, en la Chambre des Comptes & au Châtelet de Paris. *Ib.* P. 350.

1442.

Lettres-Patentes portant don des Villes, Châteaux & Domaines de Taillebourg & du Cluseau, à Pregent de Coëtivi, Amiral de France, registré en la Chambre des Comptes le 24 Mai 1443. *Mém. de la Chambre des Comptes cotté K.* p. 81. *Comp. Chron. des Ordonn.* p. 257.

1443.

Lettres-Patentes portant mandement au Parlement & à la Chambre des Comptes de faire jouir Pregent du Don ci-dessus. *Ibid.*

Lettres-Patentes portant permission à Charles, Duc d'Orléans, de disposer de la terre & Seigneurie de Beaugency, registrées en la Chambre des Comptes le 27 Juillet 1443.

Mémoire

Q

TABLEAU.

Cour Législative.
Troisieme Race.

1457.

Déclaration portant qu'il ne sera point déféré aux appellations qui seront interjettées, quand il sera question de l'exécution des Lettres du Roi. *Ibid.* page 272.

1458.

Lettres-Patentes portant commission à Robert Thibout & autres Officiers du Parlement de Paris pour se trouver à Vendôme & assister au jugement de Jean, Duc d'Alençon. *Ibid.* page 273.

1459.

Déclaration du Roi portant reglement pour les tailles. *Ibid.* p. 275.

1460.

Edit portant reglement pour l'administration & la régie du Domaine du Roi. Il n'y aura point d'appel des jugements des Officiers de la Chambre des Comptes de Paris ; mais en cas de plainte des arrêts qui y seront rendus, on prendra trois ou quatre des gens du Parlement & plus si le cas le requiert, pour avec les gens des Comptes y pourvoir. *Ibid.* p. 275.

Déclaration

Cour de la Pairie.
Troisieme Race.

1538.

Le Roi François I érige en Duché & titre de Pairie le Comté de Nivernois, sous le ressort de la Cour de Parlement de Paris, ainsi que les autres Pairs de France. La cause de suppression de la Pairie au défaut d'hoir mâle n'y est point, & elle n'a point été suppléé par la Cour. *Ibid.* p. 140, v.

Ce Prince érige en titre & prééminence de Duché & Pairie le Comté de Montpensier, en y unissant plusieurs autres Seigneuries, à condition qu'à défaut d'hoir mâle, la dignité de Pairie demeurera éteinte. *Ibid.* page 143.

1539.

Commission du Roi plus ample que les précédentes pour tenir les grands jours d'Angers, elle a pour objet non-seulement l'Anjou, mais encore plusieurs autres Pairies, le Maine, la Bretagne, l'Angoumois, la haute

&

Cour de Parlement.

Troisieme Race.

1424.

Jean le Clerc, Chevalier, Chancellier de France, tint le Parlement en présence de trois Présidens, quatre Evéques, quatre Maîtres des Requêtes de l'Hôtel, deux Présidens des Enquêtes, un Président des Requêtes du Palais & neuf Conseillers. Ib. p. 299.

1425.

Ce jour, le Duc de Bedfort, Régent, fit assembler en la Salle sur Seine, au Palais, les Prélats & autres du Conseil du Roi pour voir & discuter la matiere du gage de bataille entre le Duc de Bourgogne & Glocestre. Ib. page 319. v.

1426.

Dans la contestation qui s'étoit élevée entre les Prévôt des Marchands & Echevins de Paris & les Habitants de la Ville de Rouen, ces derniers ont volontairement reconnu la compétence de la Cour. Ibid. p. 339.

1427.

Le Roi d'Angleterre se disant Roi de France, avoit établi un Conseil à Rouen & il avoit donné

Chambre des Comptes.

Troisieme Race.

Mémoire de la Chambre des Comptes cotté K. p. 88. Ibid.

1444.

Lettres-Patentes portant jussion à la Chambre des Comptes de Paris, pour enregistrer celles du 15 Mai 1436, concernant la haute justice du Comté de Tancaiville. Ib. p. 259.

1445.

Ordonnance concernant les fonctions des Trésoriers de France; l'article 6 les oblige à rendre leurs comptes en la Chambre des Comptes, & l'art. 23 à envoyer leurs inventaires au Trésor du Roi ou en la Chambre des Comptes. *Conférence de Néron, tome 3. p. 33.*

1446.

Lettres-Patentes portant don à Louis de France, Dauphin de Viennois, de tous les biens confisqués sur Jean, Comte d'Armagnac, registré en la Chambre des Comptes. *Mémoire de la Chambre des Comptes cotté K. p. 156.*

1447.

Déclaration portant reglement pour l'exécution de l'Edit du 4 Septembre

TABLEAU,

Cour Législative.
Troisieme Race.

1461.

Déclaration portant confirmation des Officiers du Parlement de Toulouse dans l'exercice de leurs Offices. *Ibid. p.* 276.

1462.

Lettres-Patentes du Roi portant confirmation des franchises & priviléges de la Rochelle où sont transcrites les chartes antérieures, le Roi y abolit un certain droit appellé le baptisage, lequel étoit de 2 s. 6 d. sur tous les vaisseaux & navires qui abordoient nouvellement au port de la Ville. *Abrégé des Ordonn. tome* 2. *p.* 1.

1463.

Lettres du Roi par lesquelles il défend en suivant les vestiges de Saint Louis & de ses autres prédécesseurs, Rois de France, à tous Collecteurs & autres Officiers du Pape, de ne lever ou exiger aucuns subsides en France, & principalement certaines exactions appellées dépouilles des trépassés qui se levoient après le décès des Prélats & autres Ecclésiastiques, tant séculiers que réguliers. *Ibid. p.* 34.

Le

Cour de la Pairie.
Troisieme Race.

& basse Marche, ses jours doivent se tenir depuis le premier Septembre jusqu'au dernier d'Octobre. *Ibid. p.* 182.

Pareille Commission pour tenir les grands jours de Moulins avec une ampliation. *Ibid. page* 221 & 228.

Le Roi donne à son fils aîné le Duché Pairie de Bretagne pour son entretennement, pour en jouir comme en ont ci-devant joui les Ducs de Bretagne; ce don a été publié en la Chancellerie & en Parlement. *Ibid. page* 232.

1540.

Don fait par le Roi à Charles son second fils, du Duché de Châtellerault, Comtés de Clermont en Beauvoisis, de la haute & basse Marche, des Duchés d'Orléans & d'Angoulmois, des Baronnies d'Aulnay, Mellé,

TABLEAU.

Cour de Parlement.

Troisieme Race.

donné des Lettres-Patentes pour y renvoyer les causes de cette Province. Ce Parlement consent que ces Lettres soient exécutées, & refuse de les publier. *Ibid. p.* 369.

1428.

Le 14 Août, ont été prononcés les Arrêts par M. de Morvillier, premier Président & ont été lues les Ordonnances touchant la fin de ce Parlement & le commencement du Parlement prochain. *Ibid. p.* 372.

Le 6 Septembre, a été ordonné que tous les jugemens qui seront expédiés & jugés céans jusqu'à Samedi prochain, tiendront & seront signés comme Arrêt de Parlement. *Ibid. v.*

Le 22 Janvier furent prononcés les Arrêts par M. Jean Aguenin, Président, qui partit le lendemain de Paris pour aller tenir le Parlement de Bourgogne avec autres des Conseillers de céans. *Ib. tome 6. des registres du Parlement, p.* 6. *v.*

Le 11 Mars furent au Conseil en la petite Chambre auprès de la Chambre des Comptes, le premier Président, quatre Conseillers, l'Evêque de Noyon, Président des Comptes & deux Maîtres des Comptes pour ouir la cause d'appel faite par Macé Charenton, Receveur des Aides à Noyon. *Ibid. p.* 9. *v.*

Chambre des Comptes.

Troisieme Race.

Septembre 1443, & de la déclaration du 10 Février 1444, & la cloture des comptes des comptables. *Ibid. p.* 152.

1448.

Lettres-Patentes portant don de la terre & Seigneurie de Sally dans la Sénéchaussée de Carcassonne, à Marie d'Anjou, Reine de France, registrées en la Chambre des Comptes le 18 Septembre 1448. *Ibid. p.* 158.

1449.

Lettres-Patentes portant don du Comté de Longueville à Jean, bâtard d'Orléans, Comte de Dunois & à ses hoirs mâles procréés en légitime mariage, registré en la Chambre des Comptes. *Ib. Mém. cotté L. p.* 11.

1450.

Don de la haute Justice dans le Comté de Tancarville, registré en la Chambre des Comptes, le 24 Septembre 1450. *Ibid. page* 15.

1451.

Lettres-Patentes portant jussion à la Chambre des Comptes

TABLEAU.

Cour Législative.
Troisieme Race.

1464.

Le Roi confirme les priviléges & sauf conduits octroyés aux Marchands de la Hanse Teutonique d'Allemagne pour trafiquer en France, avec licence de tester & disposer de leurs biens en cas qu'ils meurent dans le Royaume. *Ib. p.* 58.

1465.

Le Roi permet au Duc de Bretagne de faire forger Monnoye d'or, laquelle avec la blanche & la Noire, aura cours en tout le Royaume de France, en gardant quant alors, poids & aloix selon les Ordonnances royaux faites sur le fait des Monnoyes. *Abrégé des Ordonn. Ibid. p.* 97.

1466.

Déclaration faite par le Roi Louis XI, par laquelle il anéantit le procès intenté sur la terre de Gencay, en imposant silence perpétuel à son Procureur Général, publiée en Parlement, sauf le droit du Roi. *Ib. p.* 134.

1467.

Mandement du Roi au Parlement de Paris, par lequel il lui enjoint

Cour de la Pairie.
Troisieme Race.

Mellé Chizay, Civrai, Ussou & St. Maixant avec leurs appartenances & dépendances, pour les tenir en appanage & en Pairie, avec le droit d'y tenir grands jours. *Ibid. p.* 258.

Edit du Roi qui porte que les régales & autres droits, autorités & prérogatives de la Couronne, des Duchés, Comtés & grosses Barornies, des Pairies & autres semblables qui doivent pour la grandeur & importance d'icelles, être seulement traitées en la grand'Chambre. *Abrégé des Ordonnances, tome* 3. *page* 251.

1541.

Ampliation pour les grands jours de Poitiers, publiée en Parlement. *Ibid. p.* 297.

1542.

Commission du Roi pour tenir les grands jours de Riom en Auvergne, publiée en Parlement. *Ibid. p.* 348.

Châlons

TABLEAU.

Cour de Parlement.

Troisieme Race.

1429.

En suivant les Ordonnances Royaux, aucuns des Conseillers des céans & des gens des Comptes s'assembleront & verront ensemble du procès des parties. *Ibid.* p. 14.

Le 26 Août, furent au Parlement, le Chancellier, les Présidens & Conseillers du Parlement, les Maîtres des Requêtes de l'Hôtel, l'Evêque de Paris, le Prévôt de Paris, les Maîtres & Clercs des Comptes, les Avocats & Procureurs de céans, l'Abbé de Châtillon, le Prieur de Corbeil, le Doyen de Saint Marcel, plusieurs Curés de Paris. *Ibid.* p. 18. v.

Le 24 Septembre, les Arrêts furent publiés à la fenêtre de la Salle du Palais. *Ibid.* page 20. v. *Ibid.*

1430.

La Cour après longues & grandes délibérations, a conclud d'envoyer vers le Roi pour le payement de ses gages. *Ib.* p. 36.

1431.

La Cour arrête qu'elle quittera le service faute de payement de ses gages. *Ibid.* page 46.

Sur

Chambre des Comptes.

Troisieme Race.

de Paris pour enregistrer celles du 12 Février 1451, concernant la terre & Seigneurie d'Hambie, registrées en ladite Chambre. *Ibid.* p. 51.

1452.

Déclaration du Roi portant don des droits de la régale temporelle aux Trésorier & Chanoines de la Sainte-Chapelle du Palais à Paris, registrée en la Chambre des Comptes. *Ibid.* page 61.

1453.

Lettres-Patentes portant don de la terre & Seigneurie de Blancafort, à Antoine de Chabannes, Comte d'Ammartin, registrées en la Chambre des Comptes le 28 Août 1455. *Ib.* page 103.

1454.

Edit portant reglement pour la Chambre des Comptes de Paris. *Ib.* p. 90.

1456.

Reglement pour la distribution des émolumens du sceau, registré en la Chambre des Comptes

Q iv

TABLEAU.

Cour Législative.
Troisieme Race.

enjoint de mettre hors de procès Jean de Luxembourg, Comte de Marle, pour raison des droits & devoirs non payés au Roi pour le Comté de Marle & Seigneurie de Montcorne sans vérification du Parlement. *Ibid.* page 138 & 139.

Ordonnance portant que le Roi ne fera don d'aucuns Offices s'ils ne sont vacans par mort, par résignation ou par forfaiture, préalablement jugée & déclarée judiciairement & selon les termes de Justice par Juge compétent, publiée en Parlement. *Ibid.* p. 144.

1468.

Lettres d'attache adressées au Parlement pour la vérification & entérinement du traité de paix fait entre le Roi & le Duc de Bourgogne, ces lettres n'avoient pas été adressées au Parlement. *Ibid.* p. 180.

1469.

Commission & pouvoir du Roi à Jean de Popincourt, Président des Comptes, de se transporter en la Cour de Parlement & en la Chambre des Comptes, afin d'y faire publier des Lettres d'abolition accordées au Duc de Guyenne & à ses partisans. *Ibid.* p. 202.

Privilége

Cour de la Pairie.
Troisieme Race.

1543.

Châlons tenu en Parie de la Couronne de France, étoit avant cette érection Prévoté Foraine de Laon qui dépendoit du siége de Reims. *Abrégé des Ordonn.* tome 4. p. 38.

Le Roi donne à Charles son second fils le Duché de Bourbonnois en augmentation des Duchés Pairies & appanage qu'il avoit déja reçus; il y est aussi fait mention des grands jours & du ressort immédiat au Parlement; les lettres de don ont été publiées au Parlement & à la Chambre des Comptes avec des modifications différentes. *Ibid.* p. 66.

Lettres du Roi par lesquelles pour élever en plus grande excellence, dignité & honneur, la Maison de Montpensier, & pour plus ample décoration du Duché dudit Montpensier, il unit

Cour de Parlement.

Troisieme Race.

1432.

Sur l'appel d'un jugement des Comptes, l'affaire a été jugée par les premiers Présidens, six Conseillers du Parlement & quatre de la Chambre des Comptes. *Ibid.* p. 65. v.

1433.

La Cour mande les Officiers du Châtelet pour savoir d'eux l'usage & coutume sur les rentes & hypothèques. *Ib.* p. 87.

1434.

A été arrêté que quand le Régent ou la Régente entreront à Paris, les Cours iront à pied audevant, savoir la Cour de Parlement jusqu'à Saint Ladre, les Présidens, Conseillers & Avocats en chaperons fourrés, & les autres Cours plus avant. *Ibid.* p. 97.

1435.

Au Conseil furent assemblés MM. Piedefer Président, l'Evêque de Paris, l'Abbé de Saint Germain-des-Prés, l'Abbé de Saint Maur, quatre Chevaliers, trois Maîtres des Requêtes, quatre Conseillers Clercs, vingt-quatre

Chambre des Comptes.

Troisieme Race.

Comptes le 29 Octobre 1456. *Mém. de la Chambre des Comptes* cotté L. p. 115.

1457.

Les provisions du grand Chambrier de France ont été enregistrées en la Chambre des Comptes, le 27 Mai 1457. *Ib.* page 121.

1458.

Lettres-Patentes portant don de la terre & Seigneurie de Semblancay, registrées en la Chambre des Comptes le 16 Février 1458. *Ibid.* p. 143.

1459.

Déclaration du Roi portant reglement sur les tailles. Elle est adressée aux gens des Comptes & Généraux sur le fait des Finances, au dos est seulement écrit, lues, publiées en jugement en l'auditoire à Paris. *Fontanon.* tome 2. p. 905.

1460.

Edit portant reglement pour l'administration & la régie du Domaine du Roi, & qu'il n'y aura d'appel des jugemens des Officiers de

Cour Législative.

Troisieme Race.

Privilége octroyé par le Roi au Roi de Sicile, Duc d'Anjou & à ses successeurs Rois & Ducs en ligne directe, de sceller leurs Lettres en cire jeaune comme ont accoutumé de faire les Rois de France en leurs Chancelleries, publié par exprès commandement du Roi, plusieurs fois réitéré. p. 203.

1470.

Don de la Justice d'Anneau & de Corville, le Roi y dit: car tel est notre plaisir, parce qu'il dépend de sa souveraineté d'en disposer. *Ibid. p.* 239.

1471.

Charte du Roi par laquelle il unit & joint à la Couronne & au Royaume de France la ville d'Amiens, sans que par traité de paix, engagement, partage ou appanage des Enfans de France. Elle en puisse être séparée & disjointe, publiée en Parlement. *Ib. p.* 251.

1472.

Lettres du Roi, par lesquelles il donne la tutelle à Magdeleine, Princesse de Vienne, de ses enfans. *Ibid. p.* 264.

Lettres

Cour de la Pairie.

Troisieme Race.

unit & incorpore à icelui, les Baronnies & Chatellenies de Combrailles en faveur de Louise de Bourbon & Louis son fils, pour en jouir à titre de Duc & Pair de France, comme les autres Pairs & sous le ressort du Parlement de Paris. *Ib. p.* 76.

1546.

Grands jours de Riom en Auvergne, tenus par un Président, un Maître des Requêtes, vingt Conseillers, un Avocat Général, un substitut du Procureur Général, Greffiers, Notaires, Sergents, Contrôleurs, la veille 29 Septembre, jusqu'à la veille de Saint Martin. *Abrégé des Or. page* 142.

1547.

Commission du Roi pour tenir les grands jours à Tours, tels que ci-dessus. Cette Commission a été publié en Parlement.

Erection

TABLEAU.

Cour de Parlement.

Troisieme Race.

quatre Conseillers Laïcs, sept Maîtres des Comptes, sept Auditeurs, le Prévôt des Marchands, deux Echevins & dix Bourgeois de distinction pour délibérer sur les affaires de la Ville & sur le danger où elle étoit. *Ibid. p. 112. v.*

1436.

La Cour a délibéré & conclud que demain viendroient en la Cour les Prévôt des Marchands & Echevins, lesquels la Cour avertira sur le fait de la garde & gouvernement de la Ville. *Ibid, p. 123. v.*

1437.

La Cour permet, veut & consent qu'une somme mise en dépôt soit délivrée pour servir & payer les Gendarmes. *Registre du Parlement, tome 6. p. 137.*

1438.

La Cour après avoir vues & lues les Lettres-Patentes du Roi Charles VII, par lesquelles il enjoint aux Conseillers du Parlement de s'y trouver le premier jour de Janvier; a ordonné que ces Lettres seroient publiées à la fenêtre & à la Barre. *Ibid. page 167.*

Le

Chambre des Comptes.

Troisieme Race.

de la Chambre des Comptes de Paris; mais qu'en cas de plainte des Arrêts qui y seront rendus, on prendra trois ou quatre des gens du Parlement, & plus si le cas le requiert, pour avec les gens des Comptes y pourvoir. *Compilat. Chron. tome I. page 275.*

1461.

Le Roi ordonne que dorenavant quand l'appellant des gens des Comptes requerra aucun ajournement en cas d'appel il soit tenu exprimer & déclarer bien au long les griefs dont il sera appellant, & que sans iceux déclarer ne soit baillé n'y octroyé aucun ajournement en cas d'appel. *Abrégé des Ordonn. p. 251.*

Déclaration portant confirmation des Officiers de la Chambre des Comptes de Paris dans l'exercice de leurs Offices. *Mémoire de la Chambre des Comptes cotté L. p. 164.*

1462.

Lettres-Patentes portant relief d'adresse à la Chambre des Comptes de Paris, pour enregistrer celle du mois de Février 1461, concernant les priviléges des habitans de la ville de Tours. *Mémoire cotté M. p. 179.*

Déclaration

TABLEAU.

Cour Législative.

Troisieme Race.

1473.

Lettres du Roi adreſſées au Parlement pour la vérification & publication du don des terres de Bran & Brandois, fait à Philippe de Commines. *Ibid. p. 288.*

1474.

Edit portant que nul ne pourra retarder ni empêcher les vivres que l'on amene à Paris, ni mettre ſubſides. *Nouveau recueil des Ordonn. de la Ville de Paris, p. 231. Compil. Chron. p. 322.*

1475.

Edit portant création de quatre Offices, de Généraux des Monnoyes & reglement pour leurs fonctions. *Ibid. p. 323.*

1476.

Edit portant établiſſement d'un Bailliage dans la ville d'Auxerre & création des Offices dont il doit être compoſé, & reglement pour leur juriſdiction. *Ibid. p. 327.*

Déclaration portant établiſſement d'un Parlement à Dijon, création des Offices dont il ſera compoſé & reglement pour leur juriſdiction. *Ibid. p. 329.*

Lettres

Cour de la Pairie.

Troisieme Race.

Erection du Comté d'Aumale en Duché Pairie, faite par le Roi Henri II, en faveur de François de Lorraine, Fils aîné du Duc de Guiſe, Pair de France, pour aſſiſter au ſacre de ce Prince au rang & nombre des ſix Pairs de France Laïcs. *Ibid. p. 58. ſeconde part.*

1550.

Commiſſion du Roi pour tenir les grands jours à Moulins, lue, publiée & enregiſtrée. *Ibid. page 68.*

1551.

Erection de la Baronnie de Montmorency en Duché & Pairie, en faveur d'Anne de Montmorency, Connétable de France, lue, publiée & enregiſtrée, à la charge que ledit Duc ſera tenu faire récompenſe au Roi de la diminution qu'il pourra avoir en ſon Domaine, au moyen de ladite érection & du reſſort. *Ib. p. 187.*

Déclaration

TABLEAU

Cour de Parlement.

Troisieme Race.

1439.

Le Roi charge Maître Jean Rabatteau de dire à la Cour qu'il évoque par devant lui & son grand Conseil la cause d'entre Maître Raymon, Seigneur de Villard, & Maître Gilbert, Sieur de la Fayette, Chevalier, pour raison de l'Office de Sénéchal de Beaucaire. *Ibid. page* 180 v.

1440.

Sont entrés en la grand'Chambre Maître Simon, Charles, Président, Jean Beloiset, Conseiller de la Chambre des Comptes, pour conferer sur une imposition nouvelle. *Ib. p.* 201. v.

1441.

Le Prieur de Chantolle accusé de faux, étoit prisonnier de l'Evêque de Paris, il s'étoit échappé des prisons de l'Evêque & mis en franchise dans l'Eglise de Paris; il fut jugé qu'il ne seroit point pris & mis hors de l'immunité de l'Eglise. *Ibid. p.* 210.

1442.

La Cour commet M. Guillaume le Tur, Président, Arnault de Marle, Maître des Requêtes, Jean

Chambre des Comptes.

Troisieme Race.

1463.

Déclaration portant reglement pour la jurisdiction de la Chambre des Comptes de Paris. *Ib. page* 212.

1464.

Lettres-Patentes portant confirmation des priviléges des habitans de la ville de Moissac. *Ibid. p.* 285.

1465.

Lettres-Patentes portant permission à Charles de France, d'établir une Chambre des Comptes dans son Duché de Normandie. *Ibid. p.* 254.

1466.

Don des Villes, Terres & Seigneuries d'Ussion Crémieu, à Louis, bâtard de Bourbon, registré en la Chambre des Comptes le 18 Août. *Ib. p.* 311.

1467.

Lettres-Patentes portant érection du Comté de Marle, vérifiées au Parlement & en la Chambre des Comptes. Elles sont en la Chambre des Comptes. *Registre cotté J. C. Abrégé des Ordonn. tome* 2. *p.* 139.

Déclaration

Cour Législative.

Troisieme Race.

1477.

Lettres-Patentes portant jussion au Parlement de Paris pour enregistrer purement & simplement celles qui portoient don à Pierre de Rohan, Seigneur de Gié, des Ville, Chateaux & Vicomté de Vir. *Ib. p. 329.*

Cause évoquée du Parlement au grand Conseil, où l'Evéque de Langres, Pair de France, étoit demandeur ; au bas des Lettres d'évocation il est dit que les Présidens étant en la Chambre du Parlement icelui vacant, ont obtempéré aux Lettres d'évocation. *Abrégé des Ord. tome 2. part. 2. p. 76.*

1478.

Lettres du Roi par lesquelles il érige en Province & Siége Royal la Terre & Comté d'Artois sous le nom de Sénéchaussée, publiées au grand Conseil du Roi, son Procureur Général présent & en Parlement. *Ibid. page 119.*

1479.

Comté de Chartres donné à Louis de Joyeuse, avec la ville de Bonneval, & mandement aux gens du Parlement de vérifier simplement & sans les restrictions faites

Cour de la Pairie.

Troisieme Race.

Déclaration du Roi portant que le Comte d'Eu, Pair de France, ses hommes sujets & vassaux de ce Comté ressortiront au Parlement de Paris ; comme Cour naturelle des Pairs de France, lue & registrée & non publiée. Mandement du Roi pour ladite publication. *Ibid. page 76.*

1552.

Exemption du ressort & jurisdiction des Juges présidiaux octroyée par le Roi au Cardinal de Chatillon, Evêque & Comte de Beauvais, Pair de France & à ses hommes sujets & vassaux, à cause de sa Pairie. *Abrégé des Ordonn. tome 5. p. 29.*

Déclaration du Roi portant qu'il entend que le procès concernant les Duché d'Alençon & Comté du Perche, soient jugés au Parlement & non à la Chambre du Domaine. *Ibid. p. 32.*

Exemption

TABLEAU.

Cour de Parlement.

Troisieme Race.

Jean Maulone, Etienne de Mondidier, Thibaut de Vitry & Guillaume Boucher, & les cinq ou six, deux pour voir recueillir & rédiger par écrit les Ordonnances & choses qui semblent nécessaires pour l'honneur & bien du Roi, de sa Cour & des Parties & rapporter par devers la Cour pour ordonner ainsi qu'il appartiendra. *Ibid. p.* 242.

1443.

Au bas des Lettres-Patentes que la Cour n'approuvoit pas, elle faisoit mettre, *lecta publicata de expresso mandato regis*. *Ibid. tome* 6. *des Reg. p.* 257. *v.*

Monsieur le Dauphin s'étant opposé à cette vérification des Lettres Patentes & demandé au nom du Roi que les termes *de expresso mandato regis*, fussent rayés; la Cour en ordonna la rature. *Ib. p.* 258.

1452.

La Cour a député MM. Arnaud de Marle, de Vitry, Pailliare & de Morvilliers, pour aller en la Chambre des Comptes conseiller le Roi sur le fait des limites & enclave du pays de la Champagne. *Ibid. page* 271. *v.*

La

Chambre des Comptes.

Troisieme Race.

1468.

Déclaration portant reglement pour les hommages des vassaux du Comté de Ponthieu. *Mém. de la Chambre des Comptes cotté* N. *page* 150. *Compil. Chron. tome* 1. *p.* 306.

1469.

Le Roi mande à son amé & féal Conseiller & Président en sa Chambre des Comptes Maître Jean de Popincourt qu'il est de nécessité que ces Lettres soient publiées & vérifiées, tant en sa Cour de Parlement qu'en sa Chambre des Comptes à Paris, & afin que les gens du Parlement, de la Chambre des Comptes, ses Avocats & Procureurs n'ayent causes de contredire ou empêcher la lecture, publication & vérification & qu'il se transporte esdites Cour & Chambre pour y faire lire & publier les lettres de partage & appanage accordées à Charles de Guyenne son frere. *Recueil des Ordonnances, page* 323. *v.*

Injonction faite par le Roi au Parlement, gens des Comptes, Trésoriers & Généraux des Finances & Sénéchaux de Toulouse, de vérifier ses Lettres-Patentes. *Ibid. p.* 206.

Echange

TABLEAU

Cour Législative.

Troisieme Race.

faites par le Parlement & par la Chambre des Comptes. *Ibid. page* 207.

1480.

Création & érection d'un Siége Royal en la Baronnie de Montagu, appellé Bailliage de Montagu, ressortissant nuement au Parlement & publiées en Parlement. *Ib.* p. 227.

1481.

Priviléges accordés par nos Rois aux Religieux de Saint Denis, de procéder au Parlement, tant en demandant qu'en défendant, pour tout ce qui concerne leur Eglise, même les Eaux & Forêts & leurs terres dans l'Orléanois. *Abrégé des Ordonnances*, tome 2. p. 300.

Commission & Ordonnance pour tenir les grands jours en la ville de Montferrand, avec pouvoir de connoître jusqu'à six cent livres de rente en matieres réelles & possessoires, & jusqu'à dix mille livres tournoisis de dettes payables pour une fois de toutes causes d'appel des Sentences & Jugemens interlocutoires & tous abus de délits commis par les Officiers. *Ibid.* page 202.

Pouvoir

Cour de la Pairie.

Troisieme Race.

Exemption faite par le Roi du ressort & jurisdiction des Juges Présidiaux au Duc de Nivernois, Comte d'Eu, Pair de France & à ses hommes sujets & vassaux, en toutes les terres & Seigneuries. *Ibid.* p. 37.

Exemption des ressort & jurisdiction des Juges présidiaux octroyée par le Roi au Duc de Vendômois & de Beaumont, à cause de son Duché de Beaumont. *Ibid.* p. 51.

Ampliation faite par le Roi, de l'érection du Comté de Nivernois en Duché, pour la Baronnie de Donziois unie audit Duché Pairie en faveur de François de Cleves. p. 61. *v.*

Déclaration du Roi octroyée au sieur d'Anguien, Comte, avec le Roi par indivis du Comté de Soissons, & au Procureur du Roi de ce Comté tenu en titre de Pairie, portant qu'il n'est point compris dans l'Edit des Siéges présidiaux. *Ib.* page 62.

Déclaration

Cour de Parlement.

Troisieme Race.

1453.

La Cour ordonne que les Lettres Royaux seront en jugement lues, publiées & enregistrées. *Ibid.* p. 273.

La Cour renvoit les parties ajournées par devant les Généraux Conseillers. *Ibid.*

1454.

La Cour en obtempérant aux Lettres Royaux a ordonné qu'en cette année seront tenus les grands jours des pays de Touraine, Poitou, Berry, Xaintonge, Angoumois, Limosin, la Marche & Périgord, en la ville de Poitiers, & pareillement les grands jours des pays de Bourbonnois, d'Auvergne, Lyonnois, Beaujolois, Forêts, Bailliage de Saint Pierre le Moûtier, Combrail & Montferrand. *Ibid.* p. 285.

Lettres-Patentes qui ordonnent que pendant les vacations le Parlement sera ouvert, que les procès seront jugés & les arrêts prononcés. *Ibid.* p. 285. v.

1455.

La Cour arrête que les Avocats du Roi feront dire par un Huissier & demander le jour qu'ils assisteront au Conseil, ainsi

Chambre des Comptes.

Troisieme Race.

1470.

Echange de Marant & Isle de Ré, avec Vierson & Xaincoins, les Lettres-Patentes pour cet échange sont dans le recueil de la Chambre des Comptes, registre cotté *O.* Ensuite de la confirmation, le consentement des gens des Comptes pour l'enterinement des Lettres avec cette clause que la jurisdiction des siéges Royaux sera exécutée par les Officiers du Roi. *IV.* p. 233.

Lettres-Patentes portant don des terres & Seigneuries de Salles Ruihlac, registré en la Chambre des Comptes. *Mém. de la Chambre des Comptes, cotté O.* p. 342.

1471.

Lettres-Patentes concernant les priviléges de la ville de Fontenay le Comte, registrées en la Chambre des Comptes le 12 Mai 1548 *Compilat. Chron. tome 1.* p. 315.

1472.

Déclaration du Roi portant reglement pour l'établissement d'un grenier à Sel au Pont de l'Arche, registrée en la Chambre des Comptes. *Mém. de la Chambre des Comptes cotté O.* page 104.

Serment

Cour Législative.

Troisieme Race.

1482.

Pouvoir donné par le Roi à Perreau, Greffier Criminel du Parlement, de signer tous les Arrêts, Commission, Lettres de provisions, expéditions & autres Actes du Greffe Criminel, quoiqu'il ne soit point Secretaire, publié de l'exprêt commandement du Roi, sans préjudice des Secretaires du Roi. *Ibid. p.* 43. *seconde part.*

1483.

Lettres par lesquelles le Roi change le titre de Bailli de Touraine en celui de Gouverneur, voulant qu'en la Cour de Parlement, ès Cours & Siéges du Gouvernement, il soit intitulé Gouverneur. *Ibid. p.* 160.

1484.

Le Roi Charles VIII confirme le privilége des Doyen & Chapitre de l'Eglise de Poitiers de ne plaider qu'au Parlement, tant demandant qu'en defendant. *Ibid. tome* 3. *p.* 38.

1485.

Lettres par lesquelles le Roi unit la Baronnie de Montdoublau

Cour de la Pairie.

Troisieme Race.

Déclaration de l'exemption du ressort & jurisdiction des Juges présidiaux octroyée par le Roi au Duc de Guise, Pair de France & à ses hommes sujets & vassaux. *Ib. p.* 76. *v.*

1554.

L'Evêque de Paris en qualité de Pair de France, ayant ses causes commises au Parlement, le Roi lui accorde l'exemption du ressort & jurisdiction du Siége présidial du Châtelet. *Ibid. seconde part. p.* 68.

Déclaration du Roi par laquelle il veut que les appellations du Bailli & autres Officiers de la Duchesse de Montpensier, mere, & du Duc son fils, en leur Duché & Pairie, ressortissent sans moyen au Parlement de Paris, comme ils faisoient avant l'établissement des Présidiaux. *Ibid. p.* 362.

Erection

TABLEAU.

Cour de Parlement.

Troisieme Race.

ainsi qu'il est accoutumé d'ancienneté. *Registre du Parlement, tome 6. p. 287.*

1456.

La Cour a fait venir à huis clos les Avocats & Procureurs du Parlement, & leur a commandé *in vim juramenti*, qu'ils soient brefs suivant les Ordonnances en leurs plaidoyers & écritures. *Ib. p. 290. v.*

Il sera mis au dos des lettres royaux *lecta publicata registrata. Ibid. p. 291.*

En procès appointé en droit, n'échet point de lettres d'Etat. *Ibid. p. 292.*

1457.

Il a été donné Arrêt sur un appel du grand Conseil du Duc de Bourgogne. *Ibid. p. 297.*

1458.

Le Procureur du Roi paroit reçu pour la premiere fois à donner cédule pour prendre ses conclusions. *Ib. p. 298.*

La Cour répond au Roi sur sept articles concernant les droits de la Pairie. *Ib. p. 299.*

Chambre des Comptes.

Troisieme Race.

Serment de fidélité fait par le Prince de Navarre pour le Comté de Foix, en présence du Roi en son grand Conseil, où étoient entr'autres, Jean de la Driesque, Président des Comptes, Montgiat, Trésorier de France, Duplessis, Maîtres des Comptes. *Recueil des Ordonn. p. 343.*

1473.

Dans des Lettres-Patentes données par le Roi en son grand Conseil où sont dénommés ceux qui le composoient, se trouvent Maître Jean de la Driesque, Président des Comptes, & Duplessis, Maître des Comptes. *Recueil des Ordonn. manus. page 343. v.*

1474.

Lettres du Roi Louis XI, par lesquelles il donne à Baudouin, bâtard de Bourgogne la Vicomté d'Orbec, pour jouir des fruits sa vie durant par les mains des Officiers du Roi, lesquels seront tenus rendre compte à la Chambre des Comptes du Roi. *Abrégé des Ordonn. tome 2. p. 289.*

1475.

Lettres-Patentes portant don du Comté de Ligny à Georges

Cour Législative.

Troisieme Race.

blau à la Comté de Vendôme & distrait cette Comté du Duché d'Anjou. *Abrégé des Ordonn. tome 3. p. 86.*

1486.

Déclaration du Roi, qu'en confirmant les priviléges des Normans, il n'entend que les causes des régales soient jugées ailleurs qu'au Parlement de Paris, que celles concernant son Domaine puissent être renvoyées au Parlement, Chambre des Comptes ou du Trésor à Paris. *Ibid. p. 86.*

1487.

Déclaration du Roi portant reglement pour l'appréciation des Monnoyes d'or & d'argent, registrée en la Cour des Monnoyes. *Compil. Chron. tome 1. page 373.*

1488.

Suppression d'un Office de Maîtres des Requêtes premier vacant pour les réduire au nombre ancien de huit Maîtres, quatre Clercs & quatre Laïcs. *Abrégé des Ordonnances, tome 3. p. 111.*

Déclaration

Cour de la Pairie.

Troisiem: Race.

1555.

Erection de la Baronnie de Chevreuse en Duché, en faveur du Cardinal de Lorraine, Dampierre & deux autres Fiefs y sont unis & autres Domaines, jusqu'à la valeur de 6000 livres. *Ibid. p. 17. 3. part.*

Les Principautés qui relevent nuement de la Couronne ont mêmes droits, jurisdiction & priviléges que les terres tenues en Pairie, c'est par ce motif que le Roi les exempte du ressort des Présidiaux.

Le même motif s'applique aux Evêchés & aux Abbayes qui sont de fondation Royale. *Ibid. page 78.*

1556.

Par les anciens priviléges & prérogatives de la Cour de Parlement aucun des Pairs, Chanceliers,

TABLEAU.

Cour de Parlement.

Troisieme Race.

1459.

La Cour rend à l'Abbé de Citeaux, un de ces Religieux, accusé de crimes, pour lui faire son procès, auquel assisteront deux Conseillers de la Cour. *Ibid. p.* 316. *v.*

1460.

La Cour proroge le Parlement à huit jours. Pendant la vacance les affaires sont expédiées par les Présidens. *Ibid. p.* 319. *v.*

1461.

Sur le don fait par le Roi du Comté de Guines au Seigneur de Crouy, a été délibéré qu'on appellera les gens de Comptes pour délibérer de l'entérinnement des Lettres de don. *Ibid.* page 326. *v.*

La Cour les Chambres assemblées pour certaines causes & considérations à ce la mouvant a conclud que dorénavant les Archevêques & Evêques n'entreront point au Conseil en la Cour sans son congé ou sans y être mandés, exceptés les Pairs de France, & ceux qui par privilége ancien y doivent être & ont accoutumé d'y venir & entrer. *Ib. p.* 328.

Chambre des Comptes.

Troisieme Race.

de la Trémoille, Seigneur de Craon. *Mém. de la Chambre des Comptes, cotté* P. 37.

1476.

Edit portant union du Comté d'Auxerre au Domaine de la Couronne. *Mém. Ib. p.* 65.

1477.

Lettres-Patentes de donation des Terres & Seigneuries de Fontaines à Guillaume de Vergy, registrées en la Chambre des Comptes. *Mém. de la Chambre des Comptes, cotté* 6. *p.* 113.

1478.

Lettres-Patentes de don du Comté de Pardiac, registrées en la Chambre des Comptes. *Mém. de la Chambre des Comptes, cotté* Q. *P.* 31.

1479.

Déclaration du Roi portant exemption de ban & arrier ban en faveur des Officiers de la Chambre des Comptes de Paris. *Mém. de la Chambre des Comptes, cotté* Q. *P.* 30.

TABLEAU.

Cour Législative.
Troisieme Race.

1489.

Déclaration du Roi portant que l'Amiral de France ou son Lieutenant à la Table de Marbre sera conservateur du traité de paix fait entre le Roi & ses confédérés de la Hanse Teutonique. *Ibid. p.* 112.

1490.

Lettres-Patentes portant confirmation des priviléges des habitans de la ville de Nantes. *Compil. Chron. tome* 1. *p.* 376.

1491.

Déclaration portant reglement pour la jurisdiction & l'autorité de la Chambre des Comptes de Paris. *Mémoire de la Chambre des Comptes cotté* T. *p.* 4.

1492.

Déclaration du Roi concernant les priviléges, franchises & libertés des habitans du pays & Duché de Bretagne. *Compil. Chron. tome* 1. *p.* 378.

1493.

Déclaration portant reglement pour les Monnoyes. *Ibi. p.* 380.
Déclaration

Cour de la Pairie.
Troisieme Race.

celliers, Maîtres des Requêtes, Conseillers & autres du Corps d'icelle ne peut être distrait pour être contenu & jugé ailleurs par d'autres Juges & Commissaires. *Ibid. p.* 294.

Erection du Duché d'Albret par l'union d'un très-grand nombre de Seigneuries en faveur du Duc & de la Duchesse de Vendomois, Sieurs d'Albret, les plus prochains de Proximité de lignage & sang plus approchant de la Couronne de France en considération, tant de l'antiquité de la Maison d'Albret qui prend son origine des Rois régnans au pays de Gascogne du tems de Charlemagne, que des grands personnages qui en sont sortis. *Ibid. p.* 427.

1557.

Parce que l'Eglise de Noyon est de fondation Royale & Pairie de France, le Roi lui accorde des Lettres de Garde Gardienne & de Committimus aux Requêtes

TABLEAU.

Cour de Parlement.

Troisieme Race.

1462.

Le Roi, par Lettres-Patentes & missives, ayant évoqué une cause pendante aux Chambres assemblées, la Cour arrête que depuis l'instruction elle ne peut être évoquée, & néanmoins pour obéir au Roi, elle charge le premier Président de lui remettre les pieces & procédures. *Ibid. p.* 333. *v.*

1463.

Malzuat a été reçu Conseiller quoiqu'il ne fut Licentié *in aliquo jure*, & ce par exprès mandement du Roi. *Ibid. p.* 336.

1464.

Jugement d'un appel de la Chambre des Comptes *Ib. p.* 337.

1465.

Le Roi mande qu'es premieres lettres de don fait au Comte de Charolois ce mot *registrata* fut ajouté à celui lu, & à l'autre qu'il soit mis *procuratore regis audito & non contra dicente*, ce qui fut ordonné. *Ibid. tome* 6. *page* 339.

A l'égard d'autres dons, la Cour mis sur un registre à part, *absque præjudicio oppositionum*: *Ib.* La

Chambre des Comptes.

Troisieme Race.

1480.

Lettres Patentes portant don du Comté de Ligny à Louis de Bourbon, Comte de Roussillon, Amiral de France, regisrées en la Chambre des Comptes le premier Octobre 1481.

1483.

Lettres-Patentes portant permission à Jean Perreau, d'exercer en meme tems les Offices de Notaire & Secretaire du Roi, de Notaire & Secretaire du Parlement de Paris, de Clerc de la Chambre des Comptes de Paris & de Grenetier d'Avalon. *Compil. Chron. tome* 1. *p.* 356.

Déclaration portant que les Officiers de la Chambre des Comptes de Paris exerceront leurs Offices jusqu'à ce qu'autrement il ait été ordonné. *Ibid. page* 357.

Déclaration portant confirmation des Officiers de la Chambre des Comptes de Paris dans l'exercice de leurs Offices, création d'un Office de Vice Président, de deux Offices de Maîtres

TABLEAU.

Cour Législative.

Troisieme Race.

1494.

Déclaration portant que le Parlement de Bourgogne sera sédentaire dans la ville de Dijon. *Ibid. p.* 382.

1495.

Edit portant reglement pour la jurisdiction des Baillis & des Sénéchaux. *Ibid. p.* 383.

1496.

Lettres-Patentes portant reglement pour les priviléges des Doyen & Chapitre de l'Eglise de Notre-Dame de Paris. *Ibid. page* 385.

1497.

Edit portant établissement du grand Conseil pour être composé du Chancelier de France, des Maîtres des Requêtes ordinaires de l'Hôtel du Roi & de dix-sept Conseillers ordinaires. *Ibid. p.* 386.

1498.

Lettres-Patentes portant confirmation des priviléges des habitans de la Ville & Cité de Troyes. *Ibid. p.* 392.

Déclaration

Cour de la Pairie.

Troisieme Race.

Requêtes du Palais. Ces Lettres comprennent les Doyen, Chanoines, Chapitres ou Chapelains, leurs Gens, Procureurs de leurs affaires, Serviteurs familiers, Hommes & Femmes de corps. *Abrégé des Ordonn. tome* 5. *p.* 106.

1558.

Lettres d'érection de la Baronnie de Joinville en Principauté, on observe que l'enregistrement ne contient pas les mots *lecta & publicata*, mais seulement *registrata*. *Ib. p.* 82.

1561.

Confirmation des droits, justices & priviléges appartenans à l'Office de grand Pannetier de France, dont étoit lors pourvu Artus de Cossé, Seigneur de Gonnor, pour en jouir comme ses prédécesseurs. *Ibid. seconde part. p.* 214.

Erection

TABLEAU. 249

Cour de Parlement.

Troisieme Race.

1469.

La Cour ordonne que sur les Lettres du Roi concernant l'Université de Bourges, il sera mis *lecta publicato & registrata de expresso mandato regis iteratis vicibus facto & sine præjudicio oppositionum*, Ibid. t. 7. p. 10. v.

1470.

Le Roi ordonne d'enregistrer sans modification ses Lettres-Patentes, & la Cour s'y conforme. *Ibid. p. 24. v.*

La Cour déclare qu'elle n'obtemperera pas aux Lettres Royaux d'Etat. *Ibid. 34. & suiv.*

1471.

Le Roi mande à la Cour, qu'attendu que le Vicomte de Rohan étoit innocent de délit qui lui étoit imputé, la Cour le reçut en la cause par Procureur & après qu'elle a oui sur ce le Procureur du Roi, elle a reçu & reçoit le Vicomte par Procureur. *Ibid. p. 47.*

L'Evêque de Chartres qui avoit été arrêté en cette Ville par ordonnance de la Cour a été élargi. *Ib. p. 62.*

1472.

Les Présidens du Parlement icelui vacant donnent main levée d'une opposition. *Ib. p. 74. v.*

Sur

Chambre des Comptes.

Troisieme Race.

tres, d'un de Correcteur & de quatre Clercs des Comptes, d'un de Procureur du Roi, de deux de Greffiers, & d'un de Receveur Huissier en ladite Chambre, & reglement pour leurs fonctions & gages. *Ibid. p. 359.*

Déclaration portant défense de payer les gages & droits aux Officiers de la Chambre des Comptes de Paris, s'ils n'exercent pas leurs Offices. *Ibid. page 359.*

Déclaration portant permission à Jean Erlant, d'exercer les Offices de Notaire & Secretaire du Roi, de Receveur & Commis du Parlement & de la Chambre des Comptes. *Ibid. page 359.*

Lettres-Patentes portant Mandement à la Chambre des Comptes de Paris, pour enregistrer celle du mois d'Octobre 1483, concernant les priviléges des habitans de Libourne. *Ibid. page 361.*

1484.

Lettres-Patentes portant Mandement à la Chambre des Comptes

TABLEAU.

Cour Législative.
Troisieme Race.

1499.

Déclaration portant défenses à toutes Cours & autres Officiers de Justice du Royaume de contrevenir à la disposition des Ordonnances, nonobstant les Lettres & dispenses qui pourroient être accordées au contraire. *Ibid. p.* 400.

1500.

Edit portant établissement du Parlement de Provence: création des Offices dont il doit être composé, & reglement pour leur pouvoir, fonctions & autorités. *Compil. Chron. tome* 1. *p.* 402.

1501.

Le Roi adresse un mandement aux Parlement, Gens des Comptes & Tréforiers à Paris, Gouverneur & Gens de son Conseil & Sénat du Duché de Milan & autres qu'il appartiendra, avec la cause : car tel est notre plaisir. *Abrégé des Ordonnances, tome* 3. *p.* 148.

1502.

Lettres de Garde Gardienne & sauve-garde aux Chartreux de Paris. *Ibid. p.* 180.

Lettres

Cour de la Pairie.
Troisieme Race.

1563.

Erection du Vicomté de Thouars en Duché, faite en faveur de Louis de la Trémouille, ses hoirs successeurs ayant causes, tant mâles que femelles, descendans & collatéraux, à perpétuité. *Ibid. p.* 93. *seconde part. tome* 6.

Les Lettres d'érection portent que Thouars a dans sa mouvance plus de trois mille Fiefs & arriers Fiefs.

1567.

Commission pour tenir les grands jours à Poitiers, pour les Provinces de Poitou, d'Anjou, d'Angoumois, du Maine, de la haute & basse Marche, de la Touraine, du Berry, du Perche & de l'Orléanois. *Abrégé des Ordonn. tome* 7. *p.* 13.

1569.

Erection faite par le Roi Charles IX, du Duché & Pairie de Pinthievre

TABLEAU.

Cour de Parlement.

Troisieme Race.

Sur l'appel des gens des Comptes, la Cour a dit qu'il a été mal dénié & refusé par les gens des Comptes, & bien appellé par l'appellant. *Ibid. p.* 77.

La Cour fait venir Cordel prisonnier en la Conciergerie qui avoit exécuté un ajournement contre les gens des Comptes. *Ibid. p.* 91.

1473.

Se trouverent en la Cour quatre Présidens, deux Lieutenans du Roi, trois Avocats du Roi, le Lieutenant Criminel, le Prévôt des Marchands, le Procureur du Roi & trente-huit Conseillers, pour délibérer sur des Bulles du Pape que le Roi mandoit de publier. *Ibid. p.* 122.

Le Roi ordonne de supprimer les termes *ex mandato & ex præcepto regis pluries iteratis*, ce que la Cour exécute. *Ibid. page* 123. *v. Ibid. p.* 128.

Le Duc de Braban appelle des gens des Comptes, & la Cour ordonne à un Procureur d'occuper pour lui. *Ib. p.* 126. *v.*

1474.

Sur l'expédition & publication des Lettres du Roi touchant les mines, la Cour attendu que la Chambre des Comptes ne tient

Chambre des Comptes

Troisieme Race.

tes de Paris pour enregistrer celles du mois d'Octobre 1483, concernant les priviléges des manans & habitans de Meaux. *Ibid. p.* 366.

Lettres-Patentes portant Mandement à la Chambre des Comptes de Paris, pour enregistrer celles du mois de Septembre 1483, concernant les priviléges des habitans de Compiegne, encore quelles ne soient point signées par un Secretaire des Finances. *Compil. Chron. tome* 1. *p.* 367.

1485.

Déclaration portant reglement pour le payement des gages des Officiers de la Chambre des Comptes des Paris. *Ibid. p.* 369.

1486.

Déclaration du Roi Charles VIII portant que Maître Jean Capite demeurera sa vie durant Clerc ordinaire de la Chambre des Comptes, avec clause de suppression par son décès, nonobstant la réception d'un nommé Labarre en son Office, ensuite des Lettres de provision qui lui ont été octroyées par ce Prince. *Abrégé des Ordonnances, tome* 3. *p.* 96.

Confirmation

Cour Législative.	Cour de la Pairie.
Troisieme Race.	*Troisieme Race.*

Cour Législative

1503.

Lettres du Roi Louis XII, par lesquelles il mande aux Cours de Parlement, Baillis, Sénéchaux, Généraux, Maîtres des Monnoyes, & à tous les Justiciers du Royaume de faire crier & publier de rechef son Ordonnance sur les Monnoyes. 190. *ibid.*

1504.

Déclaration du Roi par laquelle il rétablit Charles de Luxembourg, Evéque & Duc de Laon, & Antoine de Luxembourg Comte de Brienne & de Roucy, dans tous leurs biens, nonobstant l'Arrêt rendu contre Louis de Luxembourg, Comte de Saint Paul, Connétable de France leur pere. *Compil. Chron. tome* 1. p. 404.

1505.

Déclaration portant reglement pour la police des examinateurs du Châtelet de Paris. *Ibid. page* 405.

1506.

Edit portant reglement pour l'exploitation des mines de Conférans. *Ibid.* p. 407.

Déclaration

Cour de la Pairie

Pinthievre qui étoit auparavant Comté, en faveur de Maître Sébastien de Luxembourg & ses hoirs mâles & femelles. *Abrégé des Ordonnances, tome* 7. p. 191. *seconde part.*

1572.

Confirmation de l'érection de la Vicomté d'Usès, faite en 1569, en Duché & Pairie de France, en faveur d'Antoine de Crussol & ses successeurs mâles, avec ressort au Parlement de Toulouse, pour le soulagement des sujets du Duché. *Ibid.* p. 324.

1573.

Lettres-Patentes portant érection du Marquisat de Mayenne, en Duché & Pairie, en faveur de Charles de Lorraine, Marquis de Mayenne & de ses successeurs, & ayant causes, mâles & femelles, pour relever de la Couronne à une seule foi & hommage & sous le ressort immédiat du Parlement de Paris. *Compil. Chron. tome* 1. p. 1014.

Lettres

TABLEAU.

Cour de Parlement.

Troisieme Race.

tient pas pour le présent en cette Ville, & qu'il est nécessaire à l'expédition y avoir gens des Comptes & des Généraux des Monnoyes, la Cour ordonne quelle attendra jusqu'au Parlement à venir que les gens des Comptes seront venus. *Ibid. page* 137.

Les Présidens ordonnent que les immondices de la riviere de Bievre au-devant Saint Nicolas du Chardonneret, seront ôtées. *Ib. p.* 135. *bis.*

1475.

Au Conseil en la grand'Chambre où étoient quatre Présidens, un Président des Comptes, l'Evêque d'Evreux & cinq Conseillers, la Cour obtempere à une Lettre missive du Roi.

Les sacs & procès étoient distribués aux Huissiers, & suivant les Ordonnances, enregistrées en la Chambre des Comptes, les procès de la Cour devoient être montrés par les quatre Notaires de la Cour ou par l'un d'eux. *Ibid. p.* 150. *v.*

1476.

Tournemine, Président, appella des gens tenant les grands jours qu'on appelle Parlement en Bretagne & la Cour reçut l'appel. *Ib. p.* 211.

Les

Chambre des Comptes.

Troisieme Race.

1488.

Confirmation des priviléges de l'Université de Paris, publiée au Parlement, à la Chambre des Comptes, au Trésor, à la Chambre de Justice & au Châtelet. *Ib. p.* 109.

1491.

Déclaration portant reglement pour la jurisdiction & autorité de la Chambre des Comptes de Paris. *Mém. de la Chambre des Comptes cotté* T. *p.* 4.

1492.

Edit du Roi portant que les Lettres de dons & aliénations du Domaine, &c. seront adressées à la Chambre des Comptes, Trésoriers & Généraux, à l'exception, toutes fois, des dons des droits Seigneuriaux & amendes au-dessous de 100 livres à une fois payer, registré en la Chambre des Comptes en 1492. *Compilat. Chron. tome* I. *page.* 378.

Lettres-Patentes portant relief d'adresse à la Chambre des Comptes

TABLEAU

Cour Législative.
Troisieme Race.

1507.

Déclaration portant reglement pour la traite des bleds hors du Royaume. *Ibid. p.* 409.

1508.

Déclaration du Roi portant reglement pour la police & le prix des vivres. *Compil. Chron. tome* 1. *p.* 409.

1509.

Lettres-Patentes portant commission à Etienne Buynard, Conseiller, & Guillaume Roher, Procureur Général au Parlement de Paris, pour la rédaction des coutumes du Bailliage d'Orléans. *Ibid. p.* 412.

1510.

Edit du Roi portant que les décrets des Concile de Bâle & de Constance, seront observés dans toute l'étendue du Royaume de France. *Ib. p.* 412.

1511.

Impôt octroyé par le Roi Louis XII pour achever de bâtir le Pont Notre-Dame. *Abrégé des Ordonn. tome* 3. *p.* 233.

Ordonnance

Cour de la Pairie.
Troisieme Race.

1574.

Lettres-Patentes portant don du Duché Pairie de Berry, à Elisabeth d'Autriche, Reine de France, pour en jouir en douaire. *Ibid. p.* 1028.

1575.

Lettres-Patentes portant érection du Comté de Saint Forgeau & de la Seigneurie de Saint Maurice sur Laveron en Duché & Pairie, en faveur de François de Bourbon, Prince, Dauphin d'Auvergne, Marquis de Mezieres, Comte de Saint Forgeau & de Puisaye. *Ib. p.* 1034.

1576.

Lettres-Patentes portant don à François de France, Duc d'Alençon, frere du Roi, des Duchés d'Anjou, de Touraine & de Berry, pour lui & ses hoirs mâles par accroissement d'appanage. *Ib. p.* 1053.

Edit

TABLEAU.

Cour de Parlement.

Troisieme Race.

1477.

Les Présidens, Conseillers, gens tenant les Requêtes du Palais, Greffiers, Notaires, Huissiers & autres de la Cour de Parlement s'en sont allés à Noyon le dernier Mai, tenir le Parlement pour parachever le procès du Duc de Nemours, par Ordonnance du Roi, enregistrée au Greffe criminel, ce jour furent détendus les tapis de Fleurs-de-Lys avec le Lit-de-Justice, & portés à Noyon. *Ibid. p.* 212.

Défenses au Roi de la Basoche & autres Clercs ayant personnage pour jouer farces & moralités, ou sottises au Palais ou ailleurs, sous peines d'être battus de verges par les carrefours de Paris & de bannissement du Royaume. *Registre du Parlement, tome* 7. *p.* 213.

La Cour ordonne que la Fête de Sainte Geneviève sera fêtée & solemnisée comme le Dimanche & mise au Calendrier de la Cour. *Ibid. p.* 227. *v.*

1478.

La Cour a déliberé que les Lettres octroyées par le Roi, par lesquelles il défend à tous les gens de ce Royaume de ne plus aller à Rome pour obtenir bulles ou provisions apostoliques

Chambre des Comptes.

Troisieme Race.

Comptes de Paris, pour enregistrer la déclaration du 8 Juillet 1491, concernant la traite des bleds & des vins dans la Sénéchaussée de Xaintonge. *Ib. page* 378.

1494.

Déclaration portant reglement pour l'enregistrement des Lettres qui portent don des lots, ventes, restes, reliefs, amendes, forfaits, titres, confiscations, droits Seigneuriaux. *Ib. page* 382.

1498.

Déclaration du Roi Louis XII, portant confirmation des Officiers de la Chambre des Comptes de Paris dans leurs fonctions & l'exercice de leurs Offices. *Ib. p.* 389.

1499.

Déclaration portant défenses de recevoir aucun des Officiers de la Chambre des Comptes de Paris, outre le nombre qui y est. *Ibid. p.* 399.

Déclaration

Cour Législative.

Troisieme Race.

1512.

Ordonnance du Roi contenant 72 articles sur le fait des mandats Ecclésiastiques & autres choses pour la réformation de la Justice. *Ibid.* p. 239.

Lettres du Roi sur la suspension du Pape Jule II, publiées en Parlement. *Ib.* p. 258.

1513.

Octroi fait par le Roi à la ville de Paris de certain aide pour le remboursement de dettes de l'Etat. *Ib.* p. 280.

1514.

Lettres du Roi François I, par lesquelles il créé & retient en l'Office de Chancellier de France, Antoine du Prat & son Conseiller spécial. *Ib.* p. 1. *seconde part.*

1515.

Lettres-Patentes portant abolition de tous peyages, impôts, fouages, branlages & subsides établis sur la riviere de Loire, depuis 100 ans. *Compilat. Chron.* page 432.

Traité

Cour de la Pairie.

Troisieme Race.

Edit portant que les Princes du Sang Royal, Pairs de France, procéderont & tiendront rang selon leur dégré de consanguinité devant les autres Princes & Seigneurs, Pairs de France, de quelque qualité qu'ils puissent être, tant es Sacres & Couronnement des Rois qu'es Finances des Cours de Parlement & autres quelconques solemnités assemblées ou cérémonies publiques, sans que cela leur puisse à l'avenir être mis en dispute ni controverse sous couleur de titres & priorité de Pairie des autres Princes & Seigneurs. *Ib.* p. 1065.

1577.

Lettres-Patentes portant don des Duchés d'Auvergne & de Bourbonnois, à Elisabeth d'Autriche, Veuve de Charles IX, pour en jouir pour son douaire au lieu du Duché de Berry. *Ibid.* page 1067.

1578.

Lettres-Patentes portant érection du Comté de Vantadour en Duché,

TABLEAU.

Cour de Parlement.

Troisieme Race.

ques seront lues & publiées, & sur icelles ne sera écrit *lecta publicata & registrata*, jusqu'à ce que la Cour ait délibéré, les Chambres assemblées. *Ibid.* page 255.

1479.

La Cour maintient l'Evêque de Chartres en possession de donner & conférer par lui ou ses Vicaires les Canonicats & prébendes de son Eglise. *Ibid.* page 277. *v.*

L'Hôtel des Béguines donné par le Roi sous le nom de *l'Ave Maria*, premier Mars 1479.

1480.

La Cour a délibéré d'écrire à M. le Chancellier, à l'Evêque d'Alby, au sieur Dubachage & au Roi, touchant les Lettres octroyées pour ériger une Chambre des Comptes à Angers. *Ib.* page 327. *v.*

1481.

La Cour renvoye aux grands jours de Montferrant les clauses qui sont de la compétence de ce Tribunal. *Ibid.* p. 329. *v.*

L'Evêque de Xaintes a été constitué prisonnier à la Conciergerie, faute de payement d'amendes. *Ibid.* tome 8. p. 14. *v.*

Maître

Chambre des Comptes.

Troisieme Race.

1500.

Déclaration portant que les Offices de Procureurs en la Chambre des Comptes de Paris ne dérogent point à la Noblesse. *Ibid.* p. 401.

1508.

Lettres-Patentes portant confirmation des dix-huit messagers de la Chambre des Comptes de Paris & du Trésor. *Compil. Chron.* tome 1. P. 409.

1510.

Déclaration portant que les Concierges & Gardes des meubles des Châteaux & Maisons Royales, seront tenus de compter à la Chambre des Comptes de Paris comme les autres comptables, & reglement pour la reddition des Comptes. *Ibid.* p. 413.

Edit portant reglement pour la Chambre des Comptes de Paris & création de deux Offices de Maîtres ordinaires de cette Chambre. *Ib.* p. 413.

Edit

S

TABLEAU.

Cour Législative.

Troisieme Race.

1516.

Traité de paix & d'alliance entre le Roi & les Cantons Suisses. *Ibid.* p. 435.

1517.

Déclaration du Roi portant confirmation du concordat fait entre N. S. P. le Pape Léon X & le Roi, concernant la nomination aux Bénéfices. *Ib.* p. 438.

1518.

Reglement fait sur la même matiere. *Ib.* p. 442.

1519.

Edit portant reglement pour le rachat des rentes dues sur les maisons de la ville de la Rochelle. *Ibid.* p. 448.

1520.

Déclaration portant que les Baillis des Duchés de Bourgogne, pays de Mâconnois, Auxerrois & leurs Lieutenans, seront tenus en ce qui concernera le Domaine du Roi & les Finances, d'obéir à ce qui leur sera commandé par les gens des Comptes. *Ibid.* p. 453.

Déclaration

Cour de la Pairie.

Troisieme Race.

Duché, en faveur de Gilbert de Levis, Comte de Vantadour & de ses successeurs mâles, avec permission d'y établir un Sénéchal dont les appellations ressortiront nuement au Parlement de Bourdeaux. *Ib.* p. 1081.

Edit portant création d'un Office de Garde des Sceaux de France, en faveur de Philippe Hurault, Seigneur de Cheverny. *Ibid.* p. 1095.

1579.

Lettres-Patentes portant reglement pour l'établissement & la tenue des grands jours à Poitiers. *Ibid.* p. 1103.

Lettres-Patentes portant continuation de ces grands jours jusqu'à Noël. *Ibid.* p. 1104.

Déclaration portant que René de Villequier aura entrée, séance & voix délibérative au Parlement de Paris & l'épée au côté, en qualité de Gouverneur de Paris. *Ib.* p. 1105.

Lettres-

TABLEAU

Cour de Parlement.
Troisieme Race.

1482.

Maître Jean de la Disque, Président, avec quatre Maîtres des Comptes, vinrent à la Cour pour lui demander délais pour les recherches sur ce que demandoit l'Evêque de Paris touchant les droits de Seigneurie, & la Cour accorda ce délais. *Ibid. Registre du Parlement tome* 8. p. 42. v.

1483.

Messieurs de la Cour sont allés à Cheval jusqu'à Saint Antoine des Champs où étoit la Sainte Ampole en une petite capse où se sont aussi trouvés l'Archevêque de Narbonne, les Evêques de Paris, de Marseilles & de Sées, ceux de la Chambre des Comptes, les Prévôt des Marchands & Echevins, avec douze torches ardentes armoiriées des Armes de la ville. *Ib.* p. 92. v.

1484.

Le Procureur Général a requis que la Cour appellât au jugement certains de la Chambre des Comptes, ce qui a été exécuté. *Ibid.* p. 121. v.

Les Religieux de Saint Denis sont appellans de Maître Jean de la Driche Naguerre, Président

Chambre des Comptes.
Troisieme Race.

1514.

Edit portant reglement pour les dix-huit Messagers de la Chambre des Comptes de Paris. *Ibid.* p. 420.

Déclaration de François I, portant confirmation des Officiers de la Chambre des Comptes de Paris, dans l'exercice de leurs Offices. *Ibid.* p. 422.

1515.

Confirmation des priviléges des Arbalêtriers où est énoncé le consentement des gens des Comptes. *Abrégé des Ordonn.* tome 3. p. 53.

Louis d'Ars ayant obtenu du Roi le don de deux terres, présenta requête aux gens des Comptes tendant à l'enterinement des Lettres du Roi, & la Chambre commis le Bailli de Berry pour informer. *Ibid. page* 172.

Le

S ij

Cour Législative.

Troisieme Race.

1521.

Déclaration du Roi portant défenses à toutes personnes de tirer & fouiller des mines sans la permission du Roi, & de porter des métaux hors du Royaume, sans être marqués. *Ibid.* p. 454.

1522.

Le Roi crée un Office d'Avocat du Roi au grand Conseil, aux mêmes droits, autorité, honneur, &c. dont jouissent ceux des Parlemens de Paris, Toulouse, Bourdeaux. *Ib.* p. 456.

1523.

Déclaration portant reglement pour la punition des avanturiers pillards & mangeurs de peuple. *Ibid.* p. 466.

1524.

Edit portant reglement pour l'administration des Finances. *Compil. Chron. tome.* I. p. 468.

1525.

Edit portant que François de France, Dauphin de Viennois & Duc de Bretagne, prendra la

Cour de la Pairie.

Troisieme Race.

Lettres-Patentes portant érection de la Châtellenie de Loudun en Duché, & don du Duché à Françoise de Rohan. *Ibid.* page 1104.

1581.

Lettres-Patentes portant établissement des grands jours dans la ville de Clermont en Auvergne. *Ibid.* p. 1117.

Lettres-Patentes portant érection de la Vicomté de Joyeuse & des Terres & Seigneuries de Baubiac, Rosieres, la Blanchieres, la Baulme, en Duché & Pairie, en faveur d'Anne, Vicomte de Joyeuse, Chambellan ordinaire du Roi, avec ressort au Parlement de Toulouse. *Ibid.* page 1124.

Lettres-Patentes portant érection de la Baronnie d'Epernon, ses appartenances & dépendances, en Duché & Pairie, en faveur de Jean Louis de Nogaret & de la Valette, Seigneur de Fontenay & d'Epernon, ses héritiers

TABLEAU

Cour de Parlement.	Chambre des Comptes.
Troisieme Race.	*Troisieme Race.*

dent des Comptes & les Présidens de la Cour de Parlement icelui vacant. *Ib. p. 128.*

1485.

Le Procureur Général requiert que l'Evêque du Mans & ses Officiers en sa justice Ecclésiastique puissent être contrains par prise de leur temporel & détention de leur personne, à révoquer, casser & annuller certaines monitions & censures Ecclésiastiques par eux faites contre le Sénéchal du Mans, ce que la Cour a ordonné. *Ibid. page 137.*

A été délibéré qu'en obtempérant aux Lettres du Roi, le Parlement sera prorogé. *Ibid. page 172.*

1486.

La Cour révoque, casse & annulle les Sentences d'excommunications & de fulminations, absous les excommuniés & condamne l'Abbé de Citeaux en cent marcs d'or. *Ib. p. 249.*

Dans le Procès entre l'Evêque de Paris, demandant certaine partie de ferme de Paris & le Procureur Général, la Cour appella aucuns des Comptes, parce qu'il étoit question du Domaine du Roi. La Chambre

1516.

Le Roi donne à Jeanne d'Orléans, sa tante, le Duché de Valois, à la charge que ses Receveurs seront tenus apporter de trois en trois ans à la Chambre des Comptes à Paris, les comptes qu'ils auront rendus à cette Dame. *Ibid. p. 186.*

1517.

Le Roi en aliénant l'hommage du Duché de Bar, déroge aux Ordonnances antérieures & notamment à celles de Louis XI, & il ordonne aux gens des Comptes de les rendre. *Ib. p. 276.*

1518.

Lettres de confirmation des priviléges de la ville de Tours, enregistrées à la Chambre des Comptes, avec des modifications. *Ibid. page 266.*

Cour Législative.

Troisieme Race.

la qualité de Roi & qu'il sera Oint & Couronné pendant que le Roi son pere étoit prisonnier en Espagne. Ib. p. 470.

1526.

Lettres-Patentes portant reglement pour le prix & cours des Monnoyes. Ibid. p. 473.

1527.

Déclaration portant suppression de la Chambre de la Tournelle Criminelle & des Offices de Conseillers au Parlement de Dijon. Ib. p. 474.

1528.

Lettres-Patentes portant reglement pour l'abbréviation des procès & la forme & maniere de procéder au Parlement de Paris. Ib. p. 479.

1529.

Déclaration portant reglement pour les évocations des procès pendans au Parlement de Paris & autres Cours Souveraines. Ib. p. 480.

1530.

Edit portant création d'un quatrieme Office de Secretaire de la

Cour de la Pairie.

Troisieme Race.

héritiers mâles & femelles, avec ressort au Parlement de Paris. ibid. p. 1129.

Lettres-Patentes portant érection du Pays, Comté & Baronnie de Retz, en Duché & Pairie, en faveur d'Albert de Gondy, Comte, Baron de Retz. Ibid. p. 1130.

Lettres-Patentes portant érection du Marquisat d'Elbeuf, ses appartenances & dépendances, en Duché & Pairie, en faveur de Charles de Lorraine, Marquis d'Elbeuf, & de ses hoirs mâles & femelles, avec ressort au Parlement de Rouen, excepté les causes de la Pairie réservées au Parlement de Paris. Idid. p. 1131.

1582.

Edit portant qu'il ne sera érigé aucune terre en Duché & Pairie, si elle ne vaut huit mille écus de revenu annuel. Ib. page 1138.

Lettres-

Cour de Parlement.

Troisieme Race.

bre des Comptes dit qu'il falloit en conférer avec les Tréforiers & qu'enfuite elle délibéreroit. *Ibid. p.* 272.

La Cour juge feule une partie des demandes de l'Evêque de Paris, & ordonne une enquête fur le furplus. *Ibid page* 275.

1487.

La Cour enjoint aux Vicaires & Officiers de l'Evêque de Paris de comparoître en perfonne en la Cour. *Ibid. p.* 295.

Requête préfentée aux Préfidens de Parlement icelui vacant par le Procureur du Roi en la Chambre des Comptes, Henri de la Rivière, foit difant Receveur, Huiffier de ladite Chambre, Robert Cailletet, foit difant Commis à l'exercice defdits Offices, Maître Antoine Beauvau, Chevalier Seigneur de Précigny, Confeiller du Roi notre Sire, Préfident en fa Chambre des Comptes, Concierge & Bailli du Palais touchant les crimes & attentats qui leur étoient imputés, les Préfidens ordonnerent que les accufés feroient interrogés. *Ibid. p.* 308.

1488.

Les Avocats & le Procureur du Roi en la Chambre des Généraux

Chambre des Comptes.

Troisieme Race.

1519.

Pour ôter les difficultés que les acquéreurs du Domaine pourroient faire, le Roi ordonne que fes Lettres feront omologuées au Parlement & en la Chambre des Comptes. *Ibid. page* 294.

Edit portant permiffion aux Officiers de la Chambre des Comptes & aux Tréforiers de France de Paris de prendre du fel pour la provifion de leurs maifons fans payer aucun droit de Gabelle, nonobftant les Ordonnances faites fur la diftribution du fel. *Compilat. Chronol. page* 448.

1520.

Déclaration portant reglement entre le Parlement & la Chambre des Comptes de Paris, & qui décide en quels cas les appellations des Sentences & Jugemens de ladite Chambre feront portés au Parlement. *Ibid. page* 450.

Déclaration
S iv

Cour Législative.

Troisieme Race.

la Chambre des Comptes de Grenoble & reglement pour ses fonctions. *Ib.* p. 483.

1531.

Lettres-Patentes portant que le grand Conseil peut seul connoitre des excès, violences commises pour raison des fruits des Bénéfices. *Ibid.* p. 485.

1532.

Déclaration portant reglement pour le transport des grains & denrées hors du Royaume. *Comp. Chron.* p. 491.

1533.

Déclaration portant reglement pour les gages des Officiers du Parlement & de la Chambre des Comptes de Grenoble. *Ibid.* page 492.

1534.

Edit portant reglement pour la Gendarmerie. *Ibid.* p. 498.

1535.

Edit portant reglement pour la réformation de la Justice. *Ibid.* p. 501.

Lettres-

Cour de la Pairie.

Troisieme Race.

Lettres-Patentes portant reglement pour l'enregistrement de celles du mois de Novembre 1582, par lesquelles le Marquisat d'Elbeuf a été érigé en Duché. *Ibid.* p. 1138. *Comp. Chron.* tome 1.

Declaration portant qu'aucune personne, sous prétexte d'érections de terres en Duchés, Marquisats, Comtés & autres titres, exceptés les Princes du sang & les quatre Maisons des Princes qui sont dans le Royaume, les Ducs de Joyeuse & d'Epernon, & ceux dont les terres ont été érigées par Henri II ne pourra précéder, marcher ni devancer en quelque lieu que ce soit, aucuns Officiers de la Couronne. *Ibid.* p. 1139.

Lettres-Patentes portant établissement des grands jours dans la ville de Clermont en Auvergne, & reglement pour leur jurisdiction. *Ibid.* p. 1143.

Lettres-

TABLEAU.

Cour de Parlement.

Troisieme Race.

néraux des Monnoyes ont apporté à la Cour certaines Ordonnances faites par le Roi sur le fait des Monnoyes de ce Royaume, disant qu'ils ne l'avoient pas voulu faire publier sans la montrer à la Cour, parce qu'elle sembloit être préjudiciable au Roi & au Royaume. *Ibid. p.* 340.

La Cour fait inhibition & défense à l'Evêque de Meaux, sous peine d'être réputé rebel & désobéissant au Roi & à la Cour, & infracteur des décrets de Bâle, Ordonnances Royaux & pragmatique-Sanction & privation de son temporel & de 100 marcs d'or, de comparoître à la citation personnelle qui lui a été faite à la Cour de Rome sur le procès pendant en la Cour. *Ib. p.* 341.

La Cour renvoie une cause aux grands jours d'Orléans. *Ib. page* 344.

Le Duché d'Orléans étant en la main du Roi, la Cour ordonne que durant cette mainmise, seront portées en la Cour les causes qui ressortissoient auparavant aux grands jours d'Orléans. *Ibid. p.* 350.

Appel des gens des Comptes, la Cour se transportera par-devant les gens des Comptes pour en leur présence voir & visiter ledit compte. *Ib. p.* 360. v.

L'Université fait cesser toutes prédications

Chambre des Comptes.

Troisieme Race.

Déclaration portant reglement pour les deux Bureaux de la Chambre des Comptes de Paris. *Ib. p.* 451.

Edit portant attribution aux Clercs de la Chambre des Comptes de Paris, de la qualité de Conseillers du Roi & Auditeurs en ladite Chambre des Comptes. *Ibid.*

1521.

Edit portant création de 12 Offices de Maîtres ordinaires en la Chambre des Comptes de Paris, & reglement pour leurs fonctions, droits, &c. *Ibid. p.* 453.

1522.

Lettres-Patentes portant amortissement général pour les Ecclésiastiques des Evêchés de Chartres & d'Orléans, qui paroissent n'avoir été registrées qu'à la Chambre des Comptes de Paris. *Ibid. p.* 458.

1523.

Mandement & injonction de MM. des Comptes pour l'enterinement & liquidation des revenus de la régale de l'Evêché d'Angers. *Abrégé des Ordonn. tome* 3. *p.* 14.

Edit

Cour Législative.

Troisieme Race.

1536.

Lettres-Patentes portant reglement contre les vagabons & gens sans aveu. *Ib. p.* 510.

1537.

Déclaration portant défenses aux Archevêques, Evêques & autres Ecclésiastiques, de couper les bois de haute futaye dépendans de leurs Bénéfices. *Ib. page* 511.

1538.

Déclaration portant défenses de publier aucuns pardons pour les Eglises & lieux qui sont sous l'obéissance du Roi sans sa permission expresse. *Ibid. p.* 520.

1539.

Lettres-Patentes portant union de toutes les Justices Seigneuriales de la ville de Paris au Domaine de la Couronne, & reglement pour l'indemnité. *Ibid. page* 529.

1540.

Edit portant reglement pour l'instruction & le jugement des procès criminels des Nobles, des Officiers Royaux & des Clercs au Parlement de Paris. *Ibid. p.* 532.

Déclaration

Cour de la Pairie.

Troisieme Race.

1583.

Lettres-Patentes portant établissement des grands jours dans la ville de Troyes en Champagne. *Ib. p.* 1159.

Edit portant union de l'Office de Garde des Sceaux à celui de Chancellier de France, en faveur de Philippe Hurault, Vicomte de Chiverny. *Ibid. page* 1161.

1586.

Lettres-Patentes portant érection de la terre & Seigneurie de Tingry en Principauté, en faveur de François de Luxembourg, Duc de Pincy, Pair de France. *Ibid. page* 1200.

1587.

Lettres-Patentes portant érection du Comté de Brienne en Duché & Pairie, en faveur de Charles de Luxembourg, Comte de Brienne. *Ibid. p.* 1205.

Lettres-

Cour de Parlement.

Troisieme Race.

prédications & fait faire des Offices contre les Généraux de la Justice, sous le faux prétexte d'atteinte donnée à ses priviléges, les Généraux dénoncent le tout au Parlement. *Ibid p.* 367.

La Cour députe Maître Simon Hennequin à la Chambre des Comptes, & cette Chambre députe Maîtres Pierre Jouvelin & Nicole Viole, Conseillers & Correcteurs, pour conférer sur les comptes des Généraux des Finances. *Ib. p.* 373.

1489.

Maître Benoît Adam, Conseiller au Parlement de Bourdeaux, a requis lui être baillé lieu pour assister au Conseil & au plaid après le dernier des Conseillers Clercs de la Cour, laquelle a arrêté qu'il n'auroit lieu ni au Conseil, ni aux plaidoiries. *Ibid. tome 9. p. 6. v.*

1490.

Sur la Requête baillée aux Présidens de Parlement icelui vacant par les Prévôt des Marchands & Echevins de la ville de Paris & autres Marchands de Lyon, leurs consorts, lesdits Présidens prorogent le délai de faire entrer, tant par terre que par eau en ce Royaume, les marchandises

Chambre des Comptes.

Troisieme Race.

1524.

Edit portant reglement pour l'administration des Finances. *Mém. de la Chambre des Comptes coté 2. D. p.* 24.

1525.

Lettres-Patentes portant don du Duché d'Alençon à Marguerite d'Orléans. *Mém. de la Chambre des Comptes, coté 2. D. page* 78.

1526.

Déclaration portant reglement pour le payement des gages des Officiers du Parlement & de la Chambre des Comptes. *Compil. Chron. p.* 472.

1527.

Déclaration portant reglement pour les Robes des Conseillers du Roi, Correcteurs en la Chambre des Comptes de Paris. *Ibid. page* 473.

Déclaration portant suppression & révocation de la Chambre du Conseil établie en la Chambre des Comptes de Paris pour clore les comptes. *Mém. coté 2. D. p. 379. Compil. Chron. page* 475.

Déclaration

Cour Législative.

Troisieme Race.

1541.

Déclaration du Roi portant augmentation du pouvoir & de la jurisdiction des grands jours de la ville de Poitiers. *Compil. Chron. tome* I. p. 540.

1542.

Déclaration portant reglement pour la continuation du Parlement de Paris, nonobstant les vacations. *Ib.* p. 547.

1543.

Edit portant reglement pour la forme & la maniere de lever le droit de Gabelle du Sel qu'on vend & qu'on échange dans toute l'étendue du Royaume. *Ibid.* p. 554.

Edit portant établissement d'une nouvelle Chambre des Enquêtes au Parlement de Paris, pour connoître des procès qui concernent le Domaine du Roi. *Ibid.* p. 556.

1544.

Edit portant établissement d'une Chambre du Conseil au Parlement de Paris, pour juger les appellations verbales appointées au Conseil par la grande Chambre du Plaidoyé; création

Cour de la Pairie.

Troisieme Race.

1588.

Lettres-Patentes portant jussion au Parlement de Paris pour enregistrer celles du mois d'Août 1587, par lesquelles le Comté de Brienne a été érigé en Duché Pairie. *Compil. Chron. tome* I. *page* 1210.

Lettres-Patentes portant érection du Comté de Montbazon & des Baronnies de St. Maur, de Nouastre & de la Haye, en Duché & Pairie pour être appellé le Duché de Montbazon, en faveur de Louis de Rohan, Comte de Montbazon, & de ses successeurs mâles seulement, à la charge du ressort au Parlement de Paris. *Ibid.* p. 1211.

1589.

Lettres-Patentes portant que le Sieur de Souvré aura entrée, séance & voix délibérative au Parlement de Paris séant à Tours, registrées au Parlement. *Ibid.* page 1217.

Déclaration contre Catherine de Lorraine, Veuve de Louis de

TABLEAU.

Cour de Parlement.

Troisieme Race.

marchandises venant des pays du Levant. *Ib. p.* 41.

Vû par la Cour les Lettres-Patentes octroyées par le Roi à l'Archevêque de Sens pour venir & entrer en la Cour au Conseil & aux plaidoiries, & être reçu à opiner comme les Evêque de Paris & Abbé de Saint Denis, ladite Cour ordonne qu'auxdites lettres ne sera obtempéré & ne sera reçu ledit Archevêque. *Ib. p.* 46. *v.*

1491.

La Cour ne reçoit Montmiral Avocat du Roi, qu'à la charge de n'en exercer les fonctions qu'après le décès de Jean Lemaistre, quoique les Lettres-Patentes du Roi portassent qu'ils exerceroient conjointement, & quoique ledit Montmiral ne se fit homme d'Eglise. *Ib. p.* 77. *v.*

Le Procureur Général après en avoir parlé aux gens des Comptes, requiere que le Roi soit maintenu dans sa mouvance. *Ib. p.* 81.

1492.

Vû par la Cour les Lettres-Patentes du Roi présentées par Jean Lemaistre, Avocat dudit Seigneur, par lesquelles le Roi abolit & supprime l'Office d'Avocat

Chambre des Comptes.

Troisieme Race.

1528.

Déclarations portant suppression de la jurisdiction des grands jours d'Angoumois, du Duché d'Anjou, du Comté du Maine, des Duchés de Bourbonnois, de Châtelleraut, de Clermont en Beauvoisis. *Ib. p.* 477.

1529.

Déclaration portant que les Commissions de la Chambre des Comptes de Paris concernant la perception des fruits des Bénéfices vacans en régale, seront adressées aux Trésorriers & Chanoines de la Sainte-Chapelle du Palais à Paris. *Ib. p.* 482.

1531.

Déclaration portant reglement pour l'autorité des Chambres des Comptes de Paris & de Montpellier. *Ibid. p.* 485.

1532.

Déclaration portant que les comptables qui feront omission de recette dans leurs comptes, seront condamnés à la restitution du quadruple, regiftrée en la Chambre de la Tour Quarrée établie à Paris. *Ibid. p.* 489.

Déclaration

Cour Législative.

Troisieme Race.

création de deux Offices de Présidens & de douze Conseillers au même Parlement, & reglement pour leurs fonctions. *Ibid.* page 579.

1545.

Edit portant suppression de l'un des deux Offices de Présidens au Parlement de Paris, créés par celui du mois de Juin 1544, & de l'un des anciens vacans. *Ib.* p. 594.

1546.

Lettres-Patentes portant reglement pour le port d'armes. *Ib.* page 601.

Déclaration portant défenses à tous Seigneurs & Gentils-Hommes, de faire aucunes assemblées. *Ibid.* p. 602.

1547.

Lettres-Patentes portant reglement pour les francs Fiefs & les nouveaux acquets. *Compil. Chron.* page 62.

1548.

Déclaration portant confirmation des Officiers du Parlement de Paris dans l'exercice de leurs Offices. *Ib.* p. 633.

Déclaration

Cour de la Pairie.

Troisieme Race.

de Bourbon, Duc de Montpensier, par laquelle elle est déclarée criminelle de lèze-Majesté, registrée au Parlement. *Ibid.* page 1218.

Lettres-Patentes portant érection du Duché de Vantadour en Pairie, en faveur de Gilbert de Levis, Duc de Vantadour. *Ibid.* p. 1219.

Déclaration faite par le Roi avec la protestation des Princes, Ducs & Pairs de France, faite au camp devant St. Cloud, registrée au Parlement. *Ibid.* page 1221.

1594.

Lettres-Patentes portant que Charles de Cossé, Comte de Brissac, Maréchal de France, aura entrée, scéance & voix délibérative au Parlement de Paris. *Registre, ib.* p. 1250.

1595.

Lettres-Patentes portant érection du Duché de Thouars en Pairie,

Cour de Parlement.

Troisieme Race.

vocat extraordinaire de la Cour, la Cour obtempere auxdites Lettres. *Ibid. p.* 138. *v.*

1493.

Maître Jean Lemaistre, Avocat dudit Seigneur, lui remontra qu'en ce Royaume y avoit un grand & merveilleux désordre à cause que tous les Bénéfices électifs du Royaume, tant Archevêchés, Evêchés qu'Abbayes, étoient dépourvus de Pasteurs de ce qu'à l'heure de la vacation, le Pape y pourvoyoit. *Ibid. tome* 9. *p.* 171. *v.*

Le Roi fait donner 1000 liv. pour le salaire de ceux qui vacqueroient, à extraire & rapporter les procès pendant en la Cour. *Ibid. p.* 176.

La Cour a commis Maître Robert Thibout, Président, Martin Bellefaye, & Guillaume Aymest, Conseillers en icelle, pour aller en la Chambre du Conseil, & illec communiquer avec les Commis des Gens des Comptes, touchant le gouvernement des terres de Moret, Gournay & Crécy, étant en la main du Roi. *Ibid. p.* 177.

Les Généraux sur le fait des Aides, requierent qu'aucuns des Conseillers communiquent avec eux & les gens des Comptes sur la fin de non procéder, proposée par devant eux par les

Chambre des Comptes.

Troisieme Race.

1533.

Déclaration portant exemption du ban & arriere-ban en faveur des Officiers de la Chambre des Comptes de Paris. *Compil. Chron. tome* 1. *p.* 494.

1534.

Déclaration portant reglement pour tenir les grands jours de la ville de Moulins. *Ib. p.* 496.

Déclaration portant suppression de la jurisdiction des grands jours du Duché de Berry. 496.

1535.

Déclaration portant reglement pour tenir les grands jours de la ville de Troyes. *p.* 429.

1537.

Déclaration portant défenses aux Officiers de la Chambre des Comptes de Paris, de prendre connoissance de la garde. *Ibid. page* 514.

1539.

Déclaration portant reglement pour la jurisdiction & le pouvoir de la Chambre des Comptes de Montpellier. *Ibid. p.* 522.

Déclaration

TABLEAU.

Cour Législative.

Troisieme Race.

1549.

Déclaration du Roi portant reglement pour les amendes. *Ibid.* p. 646.

1550.

Edit portant suppression de la jurisdiction de l'Echiquier du Duché d'Alençon. *Ib.* p. 653.

1551.

Déclaration portant continuation du Parlement de Paris, tant pour les Plaidoiries que pour le Conseil. *Ibid.* p. 665.

1552.

Lettres-Patentes portant seconde jussion au Parlement de Paris pour enregistrer purement & simplement l'Edit de 1551, concernant la Cour des Monnoyes. *Ibid.* p. 678.

1553.

Edit portant que tous cens & rentes foncieres & autres droits Seigneuriaux sur les maisons, places vuides, jardins & marais, feront rachetables au denier 20. *Ibid.* 696.

Edits

Cour de la Pairie.

Troisieme Race.

Pairie, en faveur de Claude de la Trémouille, Duc de Thouars & de ses descendans mâles, sous le ressort du Parlement de Paris. *Compil. Chron. tome* 2. *page* 1281.

1596.

Edit portant reglement pour la réduction de Charles de Lorraine, Duc de Mayenne, Pair de France, à l'obéissance du Roi. *Ibid.* p. 1288.

Lettres-Patentes portant reglement pour l'établissement des grands jours dans la ville de Lion. *Ibid.* p. 1294.

Déclaration portant que le Duc de Montmorency aura rang & séance du jour & date de l'érection de la Baronnie de Montmorency en Duché & Pairie dérogeant à l'Edit de 1581, en faveur des Ducs de Joyeuse & d'Epernon. *Ibid.* p. 1298.

1597.

Lettres-Patentes portant érection du Comté de Beaufort & de

Cour de Parlement.

Troisieme Race.

les Prévôt des Marchands & Echevins, touchant l'octroi de 4 s. sur chaque muid de bierre; la Cour renvoya devant le Prévôt de Paris. *Ibid. p.* 183. *v.*

La Cour a envoyé querir aucun de la Chambre des Comptes pour conférer sur les amendes. *Ibid. p.* 184.

La Cour mande les gens des Comptes & se plaint de ce qu'ils entreprennent sur son autorité, elle y envoie un des Notaires & ils refusent d'y venir, elle leur fit commandement par trois Huissiers de s'y rendre, ce qu'ils firent. *Ibid. p.* 201 *&* 202.

1494.

Les Généraux des Aides sont venus en la Grand'Chambre conférer sur une affaire. *Ibid. p.* 211.

Les Chambres étant assemblées, a été mis en délibération si la Cour procédera à la vérification & entérinement des Lettres-Patentes du Roi, touchant la vente & engagement du Domaine, surquoi a été arrêté que la Cour mandera aucuns des Généraux des Finances, Trésoriers & gens des Comptes, pour ouïr leur rapport sur les grandes nécessités de l'Etat. *Ibid. p.* 230.

La Cour mande les Officiers de

Chambre des Comptes.

Troisieme Race.

Déclaration portant défenses à tous Juges de prendre connoissance des comptes des confiscations & autres choses adjugées au Roi, & attribution à la Chambre des Comptes de Paris, de la connoissance de ces mêmes comptes. *Ibid. p.* 524.

Déclaration portant reglement sur le chauffage des Officiers de la Chambre des Comptes de Paris. *Ibid. p.* 528.

1540.

Déclaration portant reglement pour la jurisdiction de la Chambre des Comptes de Grenoble. *Ibid. p.* 532.

1541.

Lettres-Patentes portant jussion à la Chambre des Comptes de Grenoble, d'enregistrer la déclaration du 10 Juin 1541. *Compil. Chron. tome* 1. *p.* 541.

1542.

Déclaration pour les droits de robes & de buches de Toussaint qui appartiennent aux Correcteurs de la Chambre des Comptes de Paris. *Ib. p.* 550.

Edit

TABLEAU.

Cour Législative.

Troisieme Race.

1554.

Edit portant création de quatre Offices de Présidens au Parlement de Paris, & trente-sept Offices de Conseillers, & reglement pour chacun des semestres établis à ce Parlement. *Ibid. p. 715.*

1555.

Déclaration portant reglement pour la jurisdiction & les fonctions des Juges Présidiaux & des Juges Prévôtaux. *Ib. p. 732.*

1556.

Déclaration portant confirmation de l'Edit de 1551, concernant la souveraineté de la Cour des Monnoyes, avec jussion aux Parlemens de Toulouse, de Dauphiné & de Bourgogne, de l'enregistrer. *Ibid. p. 752. Compil. Chron.*

1557.

Edit portant suppression des Offices de Présidens & de Conseillers au Parlement de Paris. *Ibid. page 765.*

1558.

Déclaration portant permission de vendre & enlever les bleds

Cour de la Pairie.

Troisieme Race.

de la Baronnie de Jaucourt en Duché & Pairie, en faveur de Gabrielle d'Estrées, Marquise de Monceaux & de César Monsieur, fils naturel du Roi, à la charge que les Ducs & Pairs de Beaufort précéderont tous ceux qui sont précédés par les Ducs & Pairs de Montmorency. *Ibid. p. 1307.*

1598.

Lettres-Patentes portant confirmation de la donation du Duché & Pairie de Vendôme faite par le Roi à César Monsieur, son fils naturel & de tous les droits, autorités & prééminences attribués à ladite Pairie de Vendôme. *Ib. p. 1317.*

Lettres-Patentes portant érection des Baronnies de Biron de Saint Blancart de Chef-Boutonne & des terres de Montault en Duché Pairie, en faveur de Charles de Gontault, Maréchal de Biron. *Ib. p. 1319.*

1599.

Lettres-Patentes portant érection des Baronnies d'Aiguillon, Montpezat,

TABLEAU.

Cour de Parlement.

Troisieme Race.

de la Chambre des Comptes. *Ibid.* page 256 & v. page 263 & 264.

1495.

L'Evêque de Luçon dit à la Cour de la part du Roi que son plaisir étoit que pour ce présent Parlement les épices se prissent sur les Parties. *Ibid.* page 300. v.

Le Roi ayant demandé à la Ville une nef pour s'en servir en guerre, le Conseil de la Ville arrêta que MM. du Parlement, des Comptes & M. l'Archevêque seroient invités à l'assemblée qui seroit tenue pour en délibérer. *Ibid.* p. 302.

1496.

La Cour mande les Officiers du Châtelet & ceux de la Ville, & elle leur enjoint veiller sur ce qui concerne le bois, les bleds & les Boulangers. *Ibid.* page 384. v.

Chamreux, Conseiller Clerc accusé de faux, fut reclamé par l'Evêque de Paris, la Cour sans avoir égard à cette reclamation, le jugea les Chambres assemblées, on lui ôta sa robbe décarlate, il fut conduit au Pilori, marqué d'une fleur de Lis ardent au front & banni du Royaume; l'arrêt

Chambre des Comptes.

Troisieme Race.

1543.

Edit portant attribution à la Chambre des Comptes de Paris de la connoissance des comptes des décimes. *Ib.* p. 570.

1544.

Edit portant que l'Office de Vice-Président en la Chambre des Comptes de Paris créé par Edit de 1477, demeurera dorénavant quatrieme Président en ladite Chambre. *Ib.* p. 576.

1545.

Déclaration portant reglement pour les Receveurs & Officiers des Magasins à Sel qui ressortissent à la Chambre des Comptes de Blois. *Ib.* p. 596.

1546.

Déclaration du Roi portant création de plusieurs Offices, registrée en la Chambre des Comptes. *Ib.* p. 605.

1547.

Déclaration portant confirmation des Officiers de la Chambre des Comptes de Paris dans l'exercice de leurs Offices. *Ibid.* page 613.

Déclaration

T ij

Cour Législative.

Troisieme Race.

bleds du Royaume pendant six mois. *Ib. p.* 784.

1559.

Lettres-Patentes portant reglement pour l'enregistrement & l'exécution de l'Edit de 1558 pour l'établissement des Juges en dernier ressort au Siége des Eaux & Forêts de France. *Ibid. P.* 794.

1560.

Edit portant défenses de faire aucunes impositions ni levées de deniers sans le commandement exprès du Roi. *Ib. p.* 817.

1561.

Déclaration portant reglement pour appaiser les troubles & séditions sur le fait de la Religion. *Ib. page.* 842.

1562.

Edit portant réduction & modération des droits de quints & requints qui se payent sur les maisons de la ville de Calais. *Ibid. page* 852.

1563.

Lettres-Patentes portant défenses d'imprimer aucuns livres sans la permission du Roi. *Ib. p.* 860.
Edit

Cour de la Pairie.

Troisieme Race.

Montpezat, Saint Leuvrade, Madaillan & Delmirai en Duché & Pairie, en faveur de Henri de Lorraine & de ses successeurs, & ayant cause perpétuellement les causes de la Pairie seront portées par appel ou en premiere instance au Parlement de Paris. *Compil. Chron. page* 1329.

1603.

Lettres-Patentes portant érection de la Vicomté de Rohan en Duché & Pairie, en faveur de Henri, Vicomte de Rohan, Prince de Léon & de ses successeurs mâles. *Ibid. p.* 1358.

1606.

Lettres-Patentes portant érection de la Baronnie de Sully sur Loire en Duché Pairie, en faveur de Maximilien de Bethune, Marquis de Rosny & ses descendans mâles. *Ib. p.* 1376.

1607.

Lettres-Patentes portant érection du Marquisat de Fronsac en

Cour de Parlement.

Troisieme Race.

l'arrêt fut prononcé par M. le premier Président & les autres par le Greffier. *Ibid.* p. 390.

Ordonnance de Police faite par les Députés du Parlement & les Officiers de la Ville sur une maladie appellée grosse Verole. *Ib.* p. 398. *v.*

1497.

La Cour fait défenses aux Généraux de la Justice, de bailler la question. *Ibid.* p. 437. *v.*

La Cour arrête que l'Abbé de Clugny ne seroit ès hauts Siéges des Plaidoiries. *Ibid.* p. 438.

1498.

Le Duc de Lorraine vint à la Cour & elle lui représenta qu'il étoit sujet & que les arrêts s'exécuteroient. *Ibid.* p. 439. *v.*

1499.

Le Roi défend à la Cour de connoître des Offices qu'il a donné à son avenement à la Couronne. *Ibid.* p. 439.

Le Roi veut que la Cour soit premiere ès Lettres & que ses Officiers entrent au grand Conseil. *Ibid.* p. 440.

La Cour a commis deux Conseillers pour assister avec les gens

Chambre des Comptes.

Troisieme Race.

1548.

Déclaration portant reglement pour le recouvrement des restes des comptes des Officiers comptables, registrée en la Chambre des Comptes. *Ibid.* p. 638.

1549.

Lettres-Patentes portant pouvoir a un Président & deux Conseillers du Parlement de Grenoble, & à un Président & deux Auditeurs de la Chambre des Comptes. pour juger les procès qui concernent les lots & ventes & autres droits dus au Roi dans la Province de Dauphiné. *Ibid.* p. 643.

Lettres-Patentes portant suppression de la Chambre des Comptes établie à Alençon. *Compil. Chron.* p. 647.

1550.

Lettres-Patentes qui paroissent n'avoir été enregistrées qu'en la Chambre des Comptes de Grenoble. *Ibid.* p. 657.

1551.

Déclaration portant reglement pour la forme de rendre les Comptes. *Ib.* p. 661 & 662.

Déclaration

Cour Législative.

Troisieme Race.

1564.

Edit portant reglement pour aliéner les biens temporels des Bénéfices du Royaume jusqu'à la concurrence de 720000 liv. *Ibid. p.* 873.

1565.

Déclaration du Roi portant défenses au Parlement de Paris de recevoir aucuns Officiers comptables appelants des jugemens rendus en la Chambre des Comptes de Paris. *Ib. p.* 885.

1566.

Edit portant reglement général pour le Domaine du Roi. *Compil. Chron. p.* 897.

1567.

Edit portant rétablissement des dix sept Bureaux des Trésoriers de France & de Généraux des Finances. *Ibid. p.* 927.

1568.

Edit portant reglement pour la jurisdiction des Syndics & Députés Généraux du Clergé de France. *Ibid. p.* 936.
Déclaration

Cour de la Pairie.

Troisieme Race.

en Duché & Pairie, en faveur de François d'Orléans, Comte de Saint Paul. *Ib. p.* 1389.

1610.

Lettres-Patentes portant érection de la Baronnie de Damville en Duché Pairie, en faveur de Charles de Montmorency, Amiral de France. *Ibid p.* 1415.

1611.

Lettres-Patentes portant confirmation du titre de Duché & Pairie à la terre d'Alluyn, sous le nom de Candale en faveur de Henri de Nogaret de la Valette, Comte de Candale. *Ib. p.* 1421.

Lettres-Patentes portant érection du Comté de Brissac en Duché & Pairie, en faveur de Charles de Cossé, Comte de Brissac, Maréchal de France. *Ibid. p.* 1422.

Lettres-Patentes portant érection de la terre & Seigneurie de Lesdiguieres en Duché & Pairie, en faveur de François de

Cour de Parlement.

Troisieme Race.

gens des Comptes à la visite du Pont aux Changes. *Ibid.* page 445.

1500.

Appel en la Cour des gens du grand Conseil renvoyé à ce Tribunal. *Ib. p.* 478.

La Cour fait défenses aux Officiers du pays de Normandie de connoître d'aucune cause concernant le Comte d'Eu, ses Officiers & sujets, attendu que le Comté d'Eu est tenu en Pairie. *Registre* 10 *du Parl. p.* 1. *v.*

Sur l'appel des gens des Comptes la Cour renvoie devant les Commissaires du Parlement & de la Chambre des Comptes. *Ib. page* 18.

Sur la Requête baillée par le Procureur de la Ville de Paris, au nom des habitans d'icelle ville, la Cour fait défenses au Prieur de Saint Eloi & autres Ecclésiastiques, de procéder à la publication de censures & excommunimens obtenus de la Cour de Rome pour contraindre à se soumettre à leurs directes. *Ib. p.* 20. *v.*

1501.

Sur l'appel des gens des Comptes, la Cour commet un Greffier pour ne pas décider auquel des Greffiers du Parlement ou de la Chambre devoit être remis l'arrêt. *Ib. p.* 49.

La

Chambre des Comptes.

Troisieme Race.

Déclaration portant reglement pour la juridiction & l'autorité de la Chambre des Comptes de Paris & concernant les souffrances mises sur les Comptes. *Ib. p.* 671.

Edit portant création de huit Offices de Maîtres ordinaires & du service par semestres, *Ibid.* page 673.

1552.

Edit portant attribution de voix délibérative aux Auditeurs de la Chambre des Comptes de Paris. *Ib. p.* 680.

Déclaration portant que la qualité de Cour des Finances attribuée à la Cour des Aides de Paris, ne portera point préjudice à la Chambre des Comptes de Paris. *Ib. p.* 685.

1553.

Edit portant attribution de la qualité de Conseillers du Roi aux Auditeurs de la Chambre des Comptes de Paris & du droit d'avoir voix délibérative. *Ibid.* page 699.

Edit portant reglement pour la juridiction de la Chambre des Comptes de Paris. *Ib.* page 702. *& Chopin du Domaine. Lib.* 2. *tit.* 15. *n.* 16.

Déclaration portant reglement pour les fonctions & le rang des Présidens

T iv

Cour Législative.

Troisieme Race.

1569.

Déclaration portant reglement pour le rachat des rentes fonciéres, cens, main-mortes & autres droits & devoirs Seigneuriaux dûs aux Ecclésiastiques. *Ib.* 957. *Louet. Lett. R. n.* 3.

1570.

Déclaration portant établissement d'une Chambre composée de deux Présidens du Parlement de Paris, de deux Conseillers de la grand'Chambre & de quatre Conseillers de la Chambre du Trésor, pour juger les procès qui concerne le Domaine du Roi dans la Prévôté & Vicomté de Paris. *Ib. p.* 672.

1571.

Edit portant reglement pour l'établissement de l'échiquier d'Alençon & pour la jurisdiction des Officiers dont il doit être composé *Ib. p.* 977.

1572.

Edit portant reglement pour l'administration de la Justice. *Ibid. p.* 950.

Edit

Cour de la Pairie.

Troisieme Race.

de Bonne, Seigneur de Lesdiguieres, Maréchal de France & de Charles, Sire de Créquy. *Ibid. p.* 1423.

Lettres-Patentes portant érection des terres & Seigneuries de Grancey en Duché & Pairie, en faveur de Guillaume de Hautemer, Maréchal de France. *Ib. page* 1429.

1612.

Lettres-Patentes portant érection du Duché de Chevreuse en Pairie, en faveur de Claude de Lorraine, Duc de Chevreuse. *Ibid. p.* 1432.

1616.

Lettres-Patentes portant érection du Marquisat de Château-roux en Duché & Pairie, en faveur de Henri de Bourbon, Prince de Condé, premier Prince du Sang, premier Pair de France. *Ib. p.* 1459.

Lettres-

TABLEAU.

Cour de Parlement.

Troisieme Race.

1502.

La Cour avec les Commis des Comptes de la Ville & du Châtelet défend les Charrettes ferrées dans la ville & fauxbourgs de Paris. *Regiſtre* 10. p. 54.

Réception du troisieme Avocat Général par l'ordre du Roi. *Ib. page* 57.

1503.

Lettre missive du Roi au Parlement, où il déclare qu'il n'a entendu admettre un Président extraordinaire. *Ib.* p. 65.

1508.

La Cour permet à un Conseiller Clercs de se marier quoiqu'il ait un Office de Clerc. *Ib. page* 137.

Le Roi confirme ladite permission par ses Lettres-Patentes. *Ibid.* p. 176.

1511.

La Cour permet aux Libraires Jurés de l'Université, de faire imprimer un livre intitulé le Miroir de Pénitence, & défend à tous autres Libraires & Imprimeurs de l'imprimer ou vendre. *Ibid.* p. 196.

La

Chambre des Comptes.

Troisieme Race.

Présidens de la Chambre des Comptes de Paris. *Ibid. page* 709.

Edit portant création d'Offices en la Chambre des Comptes, notamment du second Procureur Général. *Ibid.* p. 713.

1554.

Edit portant création d'un Office de Premier Président surnuméraire en la Chambre des Comptes de Paris & reglement pour ses fonctions, droits, &c. *Ibid.* p. 726. *Compil. Chron.*

1555.

Déclaration portant reglement pour les fonctions du premier Président surnuméraire de la Chambre des Comptes de Paris. *Ibid.* p. 741.

Déclaration portant attribution de jurisdiction à la Chambre des Comptes de Paris pour les matieres d'injures entre les Officiers de ladite Chambre, faisans & exerçans leurs Offices. *Ibid.* p. 746.

1556.

Déclaration portant attribution au premier Président de la Chambre des Comptes de Grenoble des mêmes droits dont jouit celui

Cour Législative.

Troisieme Race.

1573.

Edit portant suppression des Offices de Présidens, de Maîtres des Requêtes ordinaires de l'Hôtel du Roi & de Conseillers au Parlement de Paris. *Ibid.* p. 1010.

1574.

Lettres - Patentes portant injonction à toutes personnes de demander la confirmation de leurs Charges, Offices, Etats & Priviléges. *Compilat. Chronol.* p. 1023.

1575.

Déclaration du Roi portant que les Présidens & les Conseillers du Parlement de Bretagne auront entrée & séance au Parlement de Paris & dans les autres Cours Souveraines du Royaume. *Ibid.* p. 1036.

1576.

Edit portant pacification des troubles du Royaume, & reglement pour y maintenir la paix & la tranquillité.

1577.

Edit portant reglement général pour les Monnoyes, l'exposition & le prix d'icelles. *Ib.* p. 1075.
Lettres-

Cour de la Pairie.

Troisieme Race.

1619.

Lettres-Patentes portant érection du Comté de Maillé en Duché & Pairie, sous le nom de Luynes, en faveur de Charles d'Albret, grand Fauconnier de France. *Ib.* p. 1482.

Lettres-Patentes portant érection du Marquisat de Seure en Bourgogne en Duché Pairie, sous le nom du Duché de Belle-Garde, en faveur de Roger de Saint Lary, Grand Ecuier de France. *Ibid.* p. 1488. *Compilat. Chronol.*

1620.

Lettres-Patentes portant érection du Duché de Rouannois en Pairie, en faveur de Louis Gouffier. *Ib.* p. 1487.

1621.

Lettres-Patentes portant érection du Comté de la Roche-Guyon en Duché & Pairie, en faveur de François de Silly & de ses héritiers mâles. *Ibid.* p. 1492.
Lettres-

TABLEAU.

Cour de Parlement.

Troisieme Race.

1513.

La Cour, vû la contrariété des arrêts sur les rentes, arrête qu'elle se pourvoira devers le Roi pour qu'il lui plaise faire une Ordonnance & Loi certaine. *Ibid. p.* 248.

1514.

La Cour défend de vendre ou porter des masques. *Ibid. page* 296.

La Cour ordonne que les Lettres-Patentes du Roi sur la proragation du Parlement, seront publiées à la fenêtre. *Ibid. page* 320.

1515.

Sur la signification de Lettres d'évocation, la Cour constitue prisonnier l'Huissier qui les a signifié, & décrete d'ajournement personnel l'impétrant. *Registre* 11. *p.* 5. *v.*

La Cour n'entend que la Duchesse d'Angoulême, mere du Roi & Régente en France puisse faire Ordonnances & y déroger qu'en gardant les solemnités, & néanmoins ordonne la Cour, que les Lettres d'ampliation seront enregistrées & sur icelles sera mis *Registrata.*

Lettres-

Chambre des Comptes.

Troisieme Race.

celui de la Chambre des Comptes de Paris. *Ib. p.* 761.

1557.

Edit portant que le Parlement de Paris marchera le premier dans les Assemblées publiques, & après lui la Chambre des Comptes. *Ibid. page* 763.

1558.

Déclaration portant défenses aux Officiers de la Chambre des Comptes de Paris, d'allouer aucunes quittances si elles ne sont contrôllées par les Contrôlleurs Généraux des Finances. *Ibid. p.* 789.

1559.

Déclaration portant attribution de jurisdiction à la Cour des Aides de Montpellier pour la connoissance des exécutoires des débets des Chambres des Comptes de Paris & de Montpellier. *Ibid. p.* 798.

Commission donnée à un Président & à un Conseiller au Parlement avec deux Maîtres ordinaires de la Chambre des Comptes. *Ibid.*

Déclaration

Cour Législative.

Troisieme Race.

1578.

Lettres-Patentes portant attribution à la Cour des Aides de Paris, de la connoissance des annoblissements. *Ibid.* p. 1080.

1579.

Déclaration portant attribution de jurisdiction au Parlement de Paris, pour ce qui concerne le Domaine de la Couronne. *Ibid.* p. 1100.

1580.

Déclaration portant reglement pour les mines & minieres du Royaume. *Ibid.* p. 1106.

1581.

Edit portant attribution à la Chambre des Comptes de Paris de la jurisdiction pour l'audition, examen & clotures des Comptes des deniers d'octroi. *Ibid.* p. 1116.

1582.

Edit portant reglement général sur le fait des tailles. *Compilat. Chron.* p. 1153.

Edit

Cour de la Pairie.

Troisieme Race.

Lettres-Patentes portant érection du Comté de Chaunes en Duché & Pairie, en faveur d'Honoré d'Albert, Maréchal de France & de ses héritiers mâles. *Ibid.*

1622.

Lettres-Patentes portant érection de la Terre & Baronnie de Villebois en Duché & Pairie de France, sous le nom de la Valette, en faveur de Bernard de Nogaret, Duc de la Valette & ses successeurs mâles. *Ib.* p. 1503.

Lettres-Patentes portant érection du Comté de la Roche-Foucaut en Duché & Pairie, en faveur de François, Comte de la Roche-Foucaut, Gouverneur de Poitou. *Ib.* p. 1504.

1626.

Lettres-Patentes portant érection de la Baronnie de Fontenay en Duché & Pairie, en faveur de Benjamin de Rohan, Seigneur de Soubise. *Ib.* p. 1537.

Lettres-Patentes portant don à Gaston Jean-Baptiste de France,

TABLEAU.

Cour de Parlement.

Troisieme Race.

1516.

Lettres-Patentes portant établissement d'un Lieutenant en l'absence du Gouverneur, ont été lues, publiées & enregistrées sans préjudice des droits du Prévôt des Marchands. *Registre* 11. *page* 32. *v.*

1517.

Le Bâtard de Savoye, oncle du Roi François I, assiste aux délibérations de la Cour sur le Concordat. *Ib. p.* 56.

La Cour déclare qu'elle besognera au procès du Roi de Navarre hors le tems du Parlement, sans Lettres expresses du Roi. *Ibid. p.* 61. *v.*

La Cour fait faire commandement par un Conseiller & par deux Huissiers & ensuite par deux Conseillers & un Secretaire & Notaire, de délivrer les minutes au Greffier sur l'appel d'une Sentence rendue en la Chambre des Comptes; les Officiers de la Chambre répondent qu'ils obéiront au commandement étant fait de la part du Roi. *Ibid. p.* 71. *& suiv.*

Les gens du Roi requirent que les Présidens & Maîtres des Comptes

Chambre des Comptes.

Troisieme Race.

1560.

Déclaration portant confirmation des Offices de la Chambre des Comptes de Paris dans l'exercice de leurs Offices. *Compil. Chron. p.* 814.

Les comptes des décimes doivent être rendus en la Chambre des Comptes de Paris. *Ibid. p.* 815.

1561.

Edit portant défenses aux Maréchaux des logis du Roi de marquer les maisons des Officiers de la Chambre des Comptes. *Ibid. p.* 830.

1562.

Lettres-Patentes portant confirmation des priviléges des habitans du pays de Guyenne. *Memoire de la Chamb. des Comp. cotté* 30. *p.* 176.

1563.

Les doubles des comptes des autres Chambres doivent être rapportés à la Chambre des Comptes de Paris. *Ib. p.* 862.

Edit

Cour Législative.

Troisieme Race.

1583.

Edit portant reglement général sue le fait des Eaux & Forêts de France, Chemins publics, entretennement de Riviéres & création d'Offices. *Ibid. page* 1151.

1584.

Edit portant suppression de l'Echiquier de la ville d'Alençon & de la Chambre de Comptes établie à Tours. *Ibid. page* 1167.

1585.

Edit portant reglement pour la collation des places de Religieux Laïcs dans les Abbayes & Prieurés du Royaume, à des Capitaines Gentils-Hommes blessés pour le service du Roi & de la Couronne. *Ibid. page* 1175.

1586.

Edit portant création des Offices de Substituts en chacune Compagnie du Royaume qui s'intituleront Conseillers du Roi, Substituts des Procureurs Généraux, & reglement pour leurs fonctions. *Ibid. p.* 1192.

Edit

Cour de la Pairie.

Troisieme Race.

France, des Duchés d'Oléans, de Chartres & du Comté de Blois, pour en jouir par appanage & les tenir en Pairie. *Ib.*

1630.

Lettres-Patentes portant don à Gaston Jean-Baptiste de France, du Duché de Valois, par accroissement d'appanage & en Pairie. *Compil. Chron. p.* 1568.

1631.

Lettres-Patentes portant rétablissement du titre, nom, dignité & prééminence de Pairie au Duché d'Aumale, en faveur de Henri de Savoye, Duc de Nemours. *Ib. p.* 1580.

Lettres-Patentes portant érection de la Terre & Seigneurie de Richelieu & des Baronnies de Mirebeau, Lisle Bouchard, Foix la Vineuse en Duché Pairie, en faveur d'Armand Jean Duplessis de Richelieu, Cardinal & ses héritiers mâles & femelles. *Ibid.*

Déclaration portant que par provision il sera délibéré par les Conseillers

Cour de Parlement.

Troisieme Race.

Comptes fussent ajournés en personne, ce qui fut ordonné, ils comparurent entre les deux Huissiers & la Cour leur fit dire qu'elle étoit empêchée. *Ibid.* page 75.

La Cour en exécution des Lettres Patentes du Roi donne commission à cinq de ses Magistrats de se transporter au Parlement de Rouen pour y assister au jugement d'un procès. *Ibid.* p. 79.

Le Comte de Nevers, Pair de France, prétendoit devoir précéder l'Evêque de Laon, Duc & Pair Ecclésiastique, mais la qualité de Cardinal de ce dernier est telle qu'on veut dire, qu'elle précède tous les Princes après la seconde personne, la Cour avisa de dire au Comte de Nevers de ne s'y pas trouver. *Ibid.* page 81.

1518.

La Cour déclare qu'elle n'obtemperera pas aux Lettres-Patentes du Roi portant évocation au grand Conseil d'affaires pendantes au Parlement. *Ibid.* page 123 & 124.

Le

Chambre des Comptes.

Troisieme Race.

1564.

Edit portant suppression de l'Office de garde alternatif des Livres & Registres de la Chambre des Comptes de Paris. *Ibid.* page 881.

Edit portant défenses à tous Lieutenans Généraux, Gouverneurs des Provinces, Capitaines des Villes & Places & gens des Comptes d'ordonner en aucune maniere des deniers & Finances du Roi, sans son commandement exprès. *Ibid.* p. 883.

1565.

Déclaration portant défenses au Parlement de Paris de recevoir aucuns Officiers comptables appellans des jugemens rendus en la Chambre des Comptes de Paris. *Ibid.* p. 885.

1566.

Edit portant reglement entre le Parlement & la Chambre des Comptes de Paris, pour leur pouvoir & leur jurisdiction. *Ibid.* page 899.

Lettres-Patentes portant jussion à la Chambre des Comptes de Paris pour enregistrer la déclaration de 1564, par laquelle l'Office de second Président en la Cour des Monnoyes est supprimé. *Ibid.*

Lettres

Cour Législative.

Troisieme Race.

1587.

Edit portant création des Offices de Grands Maîtres des Eaux & Forêts, de Receveurs & Contrôlleurs des Bois. *Ib. p.* 1203.

1588.

Edit portant confirmation des Ordonnances qui concernent les Eaux & Forêts. *Ib. p.* 1210.

1589.

Edit portant révocation du Parlement, de la Chambre des Comptes, de la Cour des Aides & de tous les Officiers de Judicature qui sont établis dans les villes de Paris & autres villes rebelles. *Ibid. p.* 1214.

1590.

Déclaration contre ceux qui levent des deniers dans le Royaume sans la permission du Roi. *Ibid. p.* 1223.

1581.

Déclaration portant que chacun noble sera tenu de déclarer au Greffe du Bailliage ou Sénéchaussée où il fait sa résidence s'il veut servir le Roi en guerre. *Compil. Chron. p.* 1227.

Déclaration

Cour de la Pairie.

Troisieme Race.

Conseillers de la grand'Chambre du Parlement de Paris sur l'enregistrement des Lettres-Patentes portant érection des Terres & Seigneuries en Duché & Pairie, sans y appeller les Conseillers des Enquêtes. *Ibid.*

1632.

Lettres-Patentes portant confirmation de la nomination que Charles de Gonzaque, Duc de Mantoue a faite des Officiers de son Duché & Pairie de Nivernois. *Ib. p.* 1586.

Déclaration contre Henri, Duc de Montmorency & de Damville, Pair & Maréchal de France, portant extinction du Duché de Montmorency, & attribution au Parlement de Toulouse pour lui faire son procès, nonobstant le privilége de Pairie. *Ibid. p.* 1590.

Lettres-Patentes portant que les Justices établies ès Baronnies de Mirebeau & l'Isle Bouchard, demeureront conservées, nonobstant l'union d'icelles faites au Duché & Pairie de Richelieu en 1631. *Ib. p.* 1591.

Lettres-

TABLEAU.

Cour de Parlement.

Troisieme Race.

1519.

La Cour ordonne que les Avocats & Procureurs d'icelle seront contraints par le premier des Huissiers à payer leur Confrairie par prise de leurs chaperons, chapeaux & cornettes. *Registre* 11. *page* 74.

La Cour donne avis au Roi de faire tenir les grands jours pour la briève expédition des procés. *Idid. p.* 83. *v.*

1520.

Sur les Lettres octroyées par le Roi au sujet du différent entre la Cour & la Chambre des Comptes, l'Avocat requiere qu'il soit dissimulé à tems ou procédé en son absence comme à l'égard du Concordat pour qu'il soit en entier de les pouvoir impugner. *Ibid. p.* 116.

1521.

La Chambre des Vacations sur la Requête des Echevins de Paris touchant les vivres, mande les gens des Comptes, les Officiers du Châtelet & ceux de la ville, pour en conférer. *Ib. page* 142.

Les Maîtres des Requêtes au nombre de huit, quatre Clercs & quatre Laïcs ont prétendu être

Chambre des Comptes.

Troisieme Race.

1567.

Edit portant reglement Général pour la Chambre des Comptes de Paris & les Officiers d'icelle. *Compil. Chron. p.* 919.

Edit portant qu'aux affaires criminelles en la Chambre des Comptes, les Avocats & Procureurs Généraux, tant du Parlement que de la Chambre des Comptes, s'assembleront pour prendre d'un commun accord les conclusions définitives. Assisteront au jugement un Président & cinq Conseillers au Parlement & six au plus, y présidera celui du Parlement avec le Greffier de ladite Cour & celui de la Chambre des Comptes. *Ibid. p.* 922.

Edit portant rétablissement des Offices supprimés de la Chambre des Comptes de Paris. *Ib. page* 928.

1568.

Edit portant création d'un Office de Président & d'un Maître ordinaire en la Chambre des Comptes de Paris. *Ib. p.* 947.

1570.

Edit portant confirmation de la chambre des Comptes de Paris. *Ibid. p.* 966.

Déclaration
V.

TABLEAU.

Cour Législative.

Troisieme Race.

1592.

Déclaration portant révocation de celle du 4 Mai 1589, par laquelle la Cour des Aides de Paris a été unie au Parlement féant à Tours. *Ibid.* p. 1233.

1593.

Déclaration portant reglement pour l'exécution de l'Edit du mois d'Octobre 1590, concernant la vente du Domaine du Roi. *Ibid.* p. 1244.

1594.

Lettres-Patentes portant que Charles de Cossé, Comte de Brissac, Maréchal de France, aura entrée, séance & voix délibérative au Parlement de Paris. *Ibid.* p. 1250.

1595.

Lettres-Patentes portant relief d'adresse au Parlement de Paris pour enregistrer la déclaration qui concerne le transport des bleds hors du Royaume. *Ib.* p. 1275.

1596.

Déclaration portant exemption en faveur des Ecclésiastiques

Cour de la Pairie.

Troisieme Race.

1633.

Lettres-Patentes portant érection de la Terre & Seigneurie de Montmorency en Duché Pairie, en faveur de Henri de Bourbon, Prince de Condé, premier Prince du Sang & leurs successeurs mâles & femelles. *Ibid.* p. 1596. *Compil. Chron.*

1634.

Lettres-Patentes portant érection des Baronnies, Vicomté, Seigneurie de Benot, Chartres, Pontautan en Duché Pairie, sous le nom de Saint Simon, en faveur de Claude de Rouvroy, Seigneur de Saint Simon. *Ibid.* p. 1623.

1637.

Lettres-Patentes portant union des Baronnies de Mucidan & Seigneurie de Maduran au Marquisat de la Force, & création dudit Marquisat en Duché & Pairie, en faveur de Jacques Nonpar de Caumont, Marquis de la Force, Maréchal de France, pour ses hoirs mâles. *Ibid.* page 1656.

Lettres

Cour de Parlement.

Troisieme Race.

être de l'ancien Corps du Parlement composé de douze Pairs de France, huit maîtres des Requêtes & quatre-vingt, tant Présidens que Conseillers, & que l'augmentation des Membres ne pouvoit les intéresser. I^b. p. 159.

Sur l'Edit portant création d'une nouvelle Chambre du Parlement, les gens du Roi ont proposé d'enregistrer de l'exprès commandement du Roi & de potter sur un registre secret que les vingt nouveaux Conseillers feroient une Chambre séparée. *Ibid. page. 163. v.*

La Cour ordonne que sur l'Edit de création de vingt Conseillers sera mis *registrata de expresso mandato regis*, & néanmoins elle persiste *in deliberatis*. *Ibid. page 178. v.*

1522.

Le Roi écrit à la Cour que la dissimulation dont elle a usé à la publication de son Edit, à causé le mal de l'Etat & que si elle n'y remédie, il s'en prendra aux biens & personnes. *Ib. p. 186.*

1523.

La Cour ordonne que les Lettres-Patentes présentées par le Duc de Vendôme seront enregistrées & sur icelles sera mis *registrata*

Chambre des Comptes.

Troisieme Race.

1571.

Déclaration portant que les Lettres de naturalité & de légitimation ne seront dorénavant adressées qu'à la Chambre des Comptes de Paris pour y être enregistrées. *Ib. p. 986.*

1572.

Edit portant établissement d'un Bureau composé de Présidens au Parlement, de Présidens en la Chambre des Comptes, de Conseillers pour la liquidation & le recouvrement de tous les droits de quint. *Ib. p. 1004.*

1573.

Edit portant création d'Offices en la Chambre des Comptes de Paris. *Ib. p. 1010.*

1574.

La Déclaration portant révocation des Commissions ne comprend pas celle ci-dessus composée de Magistrats du Parlement & de la Chambre des Comptes. *Fontanon t. 2. p. 365.*

Reglement de Police par les Députés du Parlement, de la Chambre des Comptes, du Châtelet & de l'Hôtel-de-Ville. *Abrégé des Ordon, t. 8. p. 197.*

Edit

V ij

TABLEAU.

Cour Législative.

Troisieme Race.

ques du Royaume du droit de francs-fiefs, nouveaux acquets. *Ibid.* p. 1294.

1597.

Edit portant reglement pour l'administration de la Justice dans les Cours Souveraines du Royaume. *Ib.* p. 1306.

1598.

Edit portant reglement pour la réduction des habitants de la Province de Bretagne. *Ib.* page 1316.

1599.

Edit portant reglement pour les décimes contenant 39 articles. *Compil. Chron.* p. 1324.

1600.

Edit portant reglement pour les Chasses. *Ibid.* p. 1332.

1601.

Lettres-Patentes portant établissement d'une Chambre Royale pour juger en dernier ressort les appellations des Commissaires envoyés dans les Provinces pour la recherche des Financiers. *Ibid.* p. 1346.

Lettres

Cour de la Pairie.

Troisieme Race.

Lettres-Patentes portant union au Duché Pairie de Richelieu, de la Seigneurie de la Chapelle Bellouin & des Châtelienies de Champigny, la Rajaée de Chissay de Cravant, de Saissay, de la Reille & de la basse Chancellée. *Ib.* p. 1660.

1638.

Lettres Patentes portant création, rétablissement & érection de la Terre & Seigneurie d'Aiguillon en Duché Pairie, en faveur de Marie de Viguerot, Veuve d'Antoine du Roure, Sieur de Combalet & ses successeurs mâles & femelles. *Ibid.* page 1661.

1643.

Lettres-Patentes portant érection du Comté de la Roche-Guion en Duché & Pairie, en faveur de Charles Duplessis, Seigneur de Liancourt & de Roger Duplessis, Comte de la Roche-Guion son fils, & de ses descendans mâles. *Ib.* p. 1710.

Edit

TABLEAU.

Cour de Parlement.

Troisieme Race.

giſtrata audito procuratore generali regis. *Ib.* p. 278.

La Cour ayant appris que les Anglois étoient entrés en Picardie, ordonna la levée d'une ſomme de 16000 livres pour nétoyer les foſſés. *Ib.* p. 279. v.

Le Roi dit à la Cour que le plus grand regret qu'il avoit eu étoit d'avoir pris argent pour les Offices de judicature. *Ib.* p. 292. v.

1524.

La Cour ordonne à tous les habitans de Paris privilégiés ou non privilégiés, de faire guet & que les Quarteniers en ſoient Chefs. *Regiſtre* 11. bis. p. 386.

En la Cour où étoient deux Préſidens & quatre Maîtres des Comptes & les Prévôt des Marchands & Echevins, il fut arrêté qu'il ſeroit fait des prieres & proceſſions pour la délivrance du Roi. *Regiſtre* 12. p. 40.

1525.

La Cour ordonne que l'information commencée contre l'Huiſſier au grand Conſeil qui a ſignifié l'évocation ſera ſuivie. *Ib.* page 256. v.

La Mere du Roi Régente dit aux Députés du Parlement de Paris que les Princes & autres grands du Royaume & les Villes lui

Chambre des Comptes.

Troisieme Race.

1575.

Edit de ſuppreſſion de deux Offices de Maîtres des Comptes à Blois, avec révocation des proviſions qui leur avoient été expédiées. *Ib.* p. 94.

Convocation en la Salle de l'Hôtel commun de cette Capitale des Députés du Parlement, de la Chambre des Comptes, de la Cour des Aides & des autres Corps. *Ib.* p. 268.

1576.

Mandement du Roi à la Cour de Parlement & à la Chambre des Comptes de Paris. *Ib.* p. 519.

1577.

Lettres de juſſion adreſſées pour la troiſieme fois à la Chambre des Comptes de Blois pour enregiſtrer un don du Roi. *Compil. Chron.* p. 1078.

1578.

Lettres-Patentes portant juſſion à la Chambre des Comptes & à la Cour des Aides de Paris, pour enregiſtrer l'Edit de 1577, portant annobliſſement. *Ibid.* p. 1084.

Lettres

TABLEAU.

Cour Législative.
Troisieme Race.

1602.

Lettres-Patentes portant jussion au Parlement de Paris pour enregistrer un Edit concernant les Monnoyes. *Ib. p.* 1353.

1603.

Déclaration portant reglement pour l'autorité & les fonctions du grand Voyer de France. *Ibid. page* 1358.

1604.

Déclaration portant révocation de toutes les survivances d'Offices. *Ib. p.* 1365.

1605.

Edit portant reglement pour les Eaux minérales & médicinales du Royaume. *Ib. p.* 1371.

1606.

Déclaration portant confirmation du décret du Concile de Bourdeaux, concernant la réformation des Missels & des Bréviaires. *Ibid. p.* 1377.

1607.

Edit portant établissement d'une Chambre de Justice pour la

Cour de la Pairie.
Troisieme Race.

1648.

Lettres-Patentes portant érection de la Terre & Seigneurie de Cœuvres en Duché & Pairie, sous le nom de Duché d'Estrées, Marquis de Cœuvres, Maréchal de France. *Ib. p.* 1789.

Lettres-Patentes portant érection de la Terre & Seigneurie de Damville en Duché & Pairie, en faveur de François Christophe de Levy, Comte de Brion. *Ib. p.* 1790.

Lettres-Patentes portant érection du Comté de Guiche en Duché & Pairie, sous le nom du Duc de Grammont, Maréchal de France & ses descendans mâles. *Ib.*

1650.

Lettres-Patentes portant érection du Comté de Châteauvilain en Duché & Pairie, pour être appellé le Duché de Vitry, en faveur de François Marie d'Hôpital, Marquis de Vitry & ses hoirs mâles. *Ib. p.* 2003.

Lettres-

TABLEAU.

Cour de Parlement.

Troisieme Race.

lui ont rendu obéissance, que toute fois la Cour seule a été celle qui lui a voulu contredire & qui a mis division en ce Royaume qui sont choses qui sont venues à la connoissance des Italiens, Anglois & Espagnols, & s'ebbaissent les étrangers qui sont près d'elle de l'entreprise qu'a faite ladite Cour qu'il y a eu plusieurs des Conseillers qui ont été d'opinion d'assembler les Etats du Royaume pour unir contre son autorité & la diminuer, & d'autres qui ont mal parlé de sa personne, qu'elle est trop puissante pour s'en venger, que plusieurs Seigneurs lui avoient offert de saisir au corps les rebelles ce qu'elle n'avoit voulu. *Ib. registre* 14. p. 6.

1526.

Le Procureur du Roi, de la Chambre des Comptes se pourvoit en revision au Parlement contre un jugement rendu en ladite Chambre. *Registre cotté* 14 & 15. p. 149. v.

1527.

Le Roi tint son Lit-de-Justice auquel les Pairs & grands Officiers assisterent sur les hauts bancs & les Conseillers sur les bas bancs. *Ib.* p. 217.

Edit

Chambre des Comptes.

Troisieme Race.

1579.

Lettres de jussion à la Chambre des Comptes de Paris pour enregistrer un Edit portant création d'Offices. *Ib. p.* 1100.

1580.

Edit portant suppression de tous les Offices de Greffiers du Parlement, de la Chambre des Comptes & des autres Cours. *Ib. page* 1108.

1581.

Edit portant attribution à la Chambre des Comptes de Paris de la jurisdiction pour l'audition, examen & cloture des comptes des deniers d'octroi. *Compil. Chron. p.* 1116.

Déclaration portant permission aux Officiers de la Chambre des Comptes de Paris de prendre des épices. *Ib. p.* 1132.

1582.

Lettres Patentes adressées à la Chambre des Comptes de Paris, pour enregistrer la déclaration du 27 Mars 1578 qui concerne les Monnoyes du Roi de Navarre. *Ib.* p. 1143.

1583.

Lettres-Patentes portant jussion à la Chambre des Comptes

V iv

Cour Législative.

Troisieme Race.

la recherche des abus & malversation commises dans les Finances. *Ib. p.* 1382.

1608.

Lettres-Patentes portant légitimation d'Antoine, Comte de Moret, fils naturel du Roi & de Jacqueline de Beuil, Comtesse de Moret. *Ibid. p.* 1388.

1609.

Edit portant que les Banqueroutiers frauduleux seront punis de mort. *Ib. p.* 1399.

1610.

Edit portant reglement pour l'exercice de la Justice dans la Terre & Seigneurie de Bretigny. *Compil. Chron. p.* 1411.

1611.

Déclaration portant reglement pour le payement des dixmes. *Ibid. page* 1424.

1612.

Déclaration portant reglement pour la réformation des Hôpitaux, Hôtels-Dieu, Leproseries avec ressort au grand Conseil. *Ib. p.* 1437.

Déclaration

Cour de la Pairie.

Troisieme Race.

Lettres-Patentes portant érection de la Baronnie & Marquisat de Mortemar en Duché & Pairie, en faveur de Gabriel de Rochouart, Marquis de Mortemar & ses successeurs mâles. *Ibid. p.* 2007.

1651.

Lettres-Patentes en vertu desquelles le Duc de Bouillon tient en Duché & Pairie les Duchés d'Albret & de Château-Thierry. *Ib. page* 2011.

Lettres-Patentes portant érection du Marquisat de Villeroy en Duché & Pairie, en faveur de Nicolas de Neufville, Marquis de Villeroy, Maréchal de France & de ses successeurs mâles. *Ib. page* 2016.

1652.

Lettres-Patentes portant érection de la Principauté de Poix en Duché & Pairie pour être appellé le Duché de Crequy, en faveur de Charles, Sire de Crequy. *Ib. p.* 2021.

Lettres

TABLEAU.

Cour de Parlement.

Troisieme Race.

Edit par lequel le Roi défend au Parlement qu'il ne s'entremette en quelque façon que ce soit du fait de l'Etat, ni d'aucune chose que de sa Justice; le Roi défend à sadite Cour de ne user par ci-après d'aucunes limitations, modifications ou restrictions sur ses Ordonnances, Edits & Chartes. Le Roi déclare à sadite Cour qu'elle n'a aucune jurisdiction ni pouvoir sur le Chancellier de France. *Ibid* p. 239. v.

Le Roi ordonne à la Cour de lui envoyer le registre des délibérations. *Ib.* p. 263.

Lit-de-Justice auquel assistent les Présidens d'autres Parlemens. *Ibid.* p. 296. v.

Le premier Président dit au nom de la Cour des autres Cours & du Corps Municipal qu'il remercioit le Roi de ce qu'il vouloit bien leur communiquer les très-hautes & très-grandes affaires & de ce qu'il leur demande conseil où il peut commander. *Ib.* p. 307. v.

1528.

Les Prévôt des Marchands & Echevins requierent à la Cour qu'il soit dressé procès-verbal de ce qui peut empêcher que les rivieres au-dessus & au-dessous de Paris soient rendues navigables. *Ibid.* p. 366.

Lettres

Chambre des Comptes.

Troisieme Race.

tes de Paris pour enregistrer l'Edit de Décembre 1582, portant création d'un Office de Receveur alternatif du Domaine. *Ibid.* p. 1150 & 1151.

1584.

Edit portant établissement d'une Chambre composée d'Officiers du Parlement & de la Chambre des Comptes de Paris pour connoître & juger des malversations commises au fait des Finances. *Ibid.* p. 1165.

1585.

Lettres-Patentes portant jussion à la Chambre des Comptes de Paris pour lever les modifications faites par l'arrêt du 8 Avril qui concerne les Trésoriers Généraux de France. *Ibid.* page 1181.

1586.

Lettres-Patentes adressées à la Chambre des Comptes de Paris pour l'enregistrement de la déclaration du 8 Décembre 1582, qui concerne le droit de courtage sur les vaisseaux & navires dans le pays de Xaintonge. *Ib.* page 1197.

1587.

Lettres-Patentes portant jussion à la Chambre des Comptes de

Cour Législative.
Troisième Race.

1613.

Déclaration portant attribution de jurisdiction au Parlement de Paris pour la punition du crime de duel. *Ib. p.* 1440.

1614.

Lettres-Patentes portant reglement pour rendre la riviere d'Armanson navigable. *Ib.* page 1447.

1615.

Déclaration portant reglement pour la navigation & le commerce dans les Indes Orientales. *Ib. p.* 1454.

1616.

Lettres-Patentes portant permission aux Religieux de l'Ordre de Citeaux de s'établir à la Ferté Milon. *Ibid.* page 1464 & 1465.

1617.

Déclaration portant abolition générale en faveur des Princes Ducs & Pairs qui s'étoient retirés de la Cour. *Ibid.* page 1470.

Lettres-

Cour de la Pairie.
Troisième Race.

Lettres-Patentes portant érection de la terre de Roquelaure en Duché & Pairie, en faveur de Gaston Jean-Baptiste de Roquelaure, Marquis de Biran & ses hoirs mâles, avec ressort au Parlement de Toulouse par attribution. *Ibid. p.* 2021.

Lettres-Patentes portant érection du Marquisat de Verneuil en Duché & Pairie, en faveur de Henri de Bourbon, pour ses successeurs & ayant cause. *Ibid.* page 2022.

Lettres-Patentes portant érection du Duché de Villars en Pairie, en faveur de Georges de Brancas, Duc de Villars. *Ibid.*

1660.

Lettres-Patentes portant érection des Duchés de Nivernois & Donziois en Pairie, en faveur de Jules Mazarini, Cardinal, & ses successeurs & ayant causes. *Ib. p.* 2116.

Lettres-Patentes portant que le Comté de la Roche-Guyon, érigé

TABLEAU.

Cour de Parlement.

Troisieme Race.

1529.

Lettres du Roi au Parlement où il lui marque qu'il avoit mandé & défendu aux gens des Comptes de ne point obéir au commandement qui lui seroit fait par sa Cour de Parlement concernant le jugement par eux rendu & il lui défend d'en connoître. *Registre* 16. p. 56.

1530.

Le Roi ordonne que la procédure criminelle faite contre l'Evêque de Bayonne lui soit apportée. *Ibid.* p. 209.

La Cour ordonne que Maître de Tinteville, Evêque d'Auxerre, sera pris au corps & détenu prisonnier en une maison de la Sainte-Chapelle. *Ibid.* p. 258. v.

1531.

La Cour pour plus grande solemnité ordonne que les Lettres du Roi seront lues & publiées en jugement & enregistrées, & néanmoins est retenu *in mente curiæ* qu'elle ne préjudicieront aux tiers. *Registre* 17 p. 13. v.

1532.

Deux Présidens du Parlement sont commis pour tenir les grands jours

Chambre des Comptes.

Troisieme Race.

de Paris pour enregistrer purement & simplement l'Edit du mois de Septembre 1587, portant réduction des Offices de payeurs de la Gendarmerie. *Compilat. Chron.* p. 1208.

1588.

Lettres-Patentes portant jussion pour l'enregistrement de l'Edit sur l'augmentation des gages des Receveurs Généraux des Finances.

1589.

Edit portant création de quatre Offices de Maîtres ordinaires, deux de Courrecteurs & quatre d'Auditeurs en la Chambre des Comptes de Paris, transférés en la ville de Tours. *Ibid.* p. 1214.

1590.

Edit portant révocation de la création d'une Chambre des Comptes à Bourdeaux, & suppression des Offices dont elle avoit été composée, registré en la Chambre des Comptes. *Ibid.* p. 1224.

1591.

Déclaration portant confirmation des Officiers de la Chambre

TABLEAU.

Cour Législative.

Troisieme Race.

1618.

Lettres-Patentes portant reglement pour les priviléges des Suisses qui sont au service du Roi & de leurs veuves. *Ibid. page* 1478.

1619.

Déclaration portant permission aux habitans de la ville de Mâcon pour lever certains droits sur le bled, le fer, le bois & le charbon. *Ib. p.* 1481.

1620.

Edit portant que le droit de créer des Procureurs dans les Cours Souveraines & dans les jurisdictions Royales du Royaume appartient au Roi seul & en conséquence il en crée dans ces différentes jurisdictions. *Ibid. page* 1485.

1621.

Déclaration du Roi portant reglement pour le rétablissement du droit annuel des Offices. *Compil. Chron. p.* 1494.

1622.

Lettres-Patentes portant reglement pour la réforme de l'Ordre

Cour de la Pairie.

Troisieme Race.

érigé en Duché & Pairie ne relevera plus du Roi, à cause de son Comté de Chaumont, mais du Château du Louvre. *Ibid. page* 2117.

1661.

Lettres-Patentes portant érection du Comté de Randan en Duché & Pairie, en faveur de Marie Catherine de la Roche-Foucault & ses descendans mâles. *Ib. p.* 2122.

Lettres-Patentes portant don à Philippe de France des Duchés d'Orléans, de Valois & de Chartres, pour les tenir en appanage & en Pairie. *Ibid p.* 2123.

1662.

Lettres Patentes portant confirmation & entant que de besoin rétablissement des titres du Duché & Pairie aux Terres & Seigneuries d'Albret & de Château-Thierry, en faveur du Duc de Bouillon & ses successeurs mâles & femelles. *Ib. p.* 2137.

Lettres-

TABLEAU.

Cour de Parlement.

Troisieme Race.

jours, l'un en Bretagne & l'autre en Bourgogne. *Ib. p.* 31.

Le premier Président de Toulouse siége en la grande Chambre à la gauche du premier Président. *Ib. p.* 34. *v.*

La Cour ordonne que dorénavant de quinzaine en quinzaine les prononciations d'arrêts se feront par les Greffiers sans préjudice des prononciations générales par les Présidens, suivant la forme ancienne. *Regist.* 18. *p.* 34.

1533.

La Faculté de Théologie se plaint au Parlement de ce qu'il paroit des versions des livres Saints sans sa permission. *Ibid. page* 132. *v.*

1534.

La Cour ordonne que sur le repli des dernieres Lettres-Patentes sera mis *lecta publicata & regiftrata audito procuratore generali regis*, que néanmoins seroit fait regiftre secret pour servir de *retentum in mente*. *Regiftre* 17. *p.* 207.

1535.

Maître Crespin, Conseiller, demande congé à la Cour pour aller rendre foi & hommage de la

Chambre des Comptes.

Troisieme Race.

bre des Comptes séante à Tours qui ont été pourvus par le Roi & qui ont payé finance en ses parties casuelles. *Ib. p.* 1226.

1592.

Déclaration portant reglement pour la réception des Officiers du Parlement, de la Chambre des Comptes & de la Cour des Aides qui ont obtenu des Lettres de rétablissement. *Ib. p.* 1234.

1593.

Lettres-Patentes adressées à la Chambre des Comptes séante à Tours pour enregistrer purement & simplement l'Édit concernant les Receveurs particuliers. *Ibid, page* 1245.

1594.

Lettres-Patentes portant jussion à la Chambre des Comptes pour enregistrer l'Édit de 1581, portant création du Siége Présidial de Beauvais. *Comp. Chron. page* 1271.

1595.

Edit portant rétablissement de l'Office de Receveur des Aides, Tailles & Taillon en Beaujaulois,

TABLEAU.

Cour Législative.

Troisieme Race.

l'Ordre de Saint François & des Couvens dudit Ordre. *Ib. page* 1502.

1623.

Lettres-Patentes portant reglement pour l'établissement des Religieuses de l'Ordre de Saint Benoît dans le Prieuré de Saint Leger de Coignac. *Ib. p.* 1509.

1624.

Déclaration portant que toutes les Abbayes du Royaume payeront chacune cent livres par chacun an pour la nourriture & l'entretient d'un soldat estropié. *Ibid. page* 1518.

1625.

Edit portant révocation de la Chambre de Justice & abolition en faveur des Financiers & des Gens d'affaires comptables. *Ibid. p.* 1526.

1626.

Edit portant attribution de jurisdiction en Souveraineté pour le fait de Aides à la Chambre des Comptes de Bourgogne, & création de plusieurs Offices. *Ibid. page* 1537.

Edit

Cour de la Pairie.

Troisieme Race.

1663.

Lettres-Patentes portant union de la Baronnie de Samblancay & du Vicomté de Tours au Duché & Pairie de Luynes, en faveur de Charles d'Aibret, Duc de Luynes & Pair de France. *Compil. Chron. p.* 2140.

Lettres-Patentes portant relief de surannation pour l'enregistrement de celles de l'année 1648, par lesquelles la terre & Seigneurie de Cœuvres a été érigée en Duché & Pairie sous le nom du Duché d'Estrées, *Ibid. page* 2145.

Pareilles Lettres pour le Duché de Grammont. *Ibid.*

Lettres-Patentes portant érection de la Terre & Seigneurie de la Meilleraye, de Partenay en Duché & Pairie, en faveur de Charles de la Porte, Seigneur de la Meilleraye, Maréchal & grand Maître de l'Artillerie de France. *Ib. p.* 2146.

Lettres-

TABLEAU.

Cour de Parlement.

Troisieme Race.

la Terre saisie féodalement, la Cour refuse le congé & se charge d'écrire au Seigneur dominant pour avoir souffrance. *Ib.* page 256.

Grands jours tenus à Troyes. *Ib. p.* 258, 268 & 276.

1536.

La Cour suivant l'usage de ce tems-là, condamne l'Evêque de Meaux à donner Vicariat ou Lettres de Vicaire à Jacques de la Barde & Jean Meigret, Conseillers, pour juger les procès concernant l'Officialité de Meaux. *Ib. p.* 108. *v.*

1537.

La Cour prononçoit sur la réforme des Monasteres. *Ibid.* page 151.

1538.

La Cour ordonne qu'un Arrêt sera exécuté sans être levé en forme. *Ib. p.* 193.

Il y avoit grande & petite Chambre des Enquêtes. *Ibid.* page 595. *v.*

Chambre des Comptes.

Troisieme Race.

Jois, registré en la Chambre des Comptes. *Ibid. p.* 1287.

1596.

Déclaration portant reglement pour les Comptes des Receveurs du Taillon, registrée en la Chambre des Comptes. *Ibid.* page 1287.

1597.

Edit portant création de deux Offices de Présidens, de huit de Maîtres Ordinaires, de deux de Correcteurs, & de quatre d'Auditeurs en la Chambre des Comptes de Paris, & reglement pour leurs fonctions. *Ibid. page* 1304.

1598.

Edit portant reglement pour l'administration des Finances & les affaires qui sont traitées en la Chambre des Comptes de Paris, contenant trente articles. *Ibid. page* 1320.

1599.

Déclaration portant reglement pour le remboursement des Offices des Gabelles, registrée en la Chambre des Comptes. *Ibid.* page 1326.

Lettres-

Cour Législative.

Troisieme Race.

1627.

Edit portant création des Offices de Contrôleurs des actes & expéditions des Greffiers en toutes les jurisdictions du Royaume. *Ibid. p.* 1547.

1628.

Lettres-Patentes portant reglement pour les priviléges des Religieux de l'Ordre de la Charité. *Ib. p.* 1555.

1629.

Lettres-Patentes portant reglement pour l'établissement d'un Collége dans la ville de la Rochelle. *Compil. Chron. p.* 1566.

1630.

Edit portant défenses de transporter les bleds hors du Royaume. *Ib. p.* 1572.

1631.

Déclaration portant reglement pour le prix & cours des Monnoyes. *Ib. p.* 1579.

1632.

Lettres-Patentes portant confirmation de l'établissement des Prêtres de la Congrégation de la Mission dans le Prieuré de Saint Lazars.

Cour de la Pairie.

Troisieme Race.

Lettres-Patentes portant érection du Duché de Rethelois en Duché & Pairie, sous le nom de Manzariny, en faveur de Charles de la Porte Mazariny & ses successeurs mâles & femelles & des appellés à la substitution. *Ib.*

Lettres pour l'enregistrement du Duché & Pairie de Villeroy. *Ibid.*

Pareilles Lettres pour le Duché de Mortemar. *Ib.*

Et pour le Duché & Pairie de Crequy. *Ib.*

Lettres-Patentes portant érection du Comté de Saint Aignan en Duché & Pairie, en faveur de François de Beauvilliers & ses hoirs mâles, & ressort au Parlement de Paris. *Ib. p.* 2147.

Lettres-Patentes portant permission à Jean Baptiste Gaston de Foix de Candale, de jouir du Duché & Pairie de Randan. *Ibid.*

Lettres-

TABLEAU.

Cour de Parlement.

Troisieme Race.

1539.

Reglement de la Cour sur la procédure qui doit s'observer aux grands jours d'Angers. *Ib.* page 330.

1540.

Commission pour tenir les grands jours en la ville de Moulins. *Recueil. Abrégé des Ordonnances*, p. 218. tome 3.

1541.

Commission pour juger le procès de M. René Gentils, Président des Enquêtes du Parlement de Paris, décernée par le Roi au premier & quart Président du Parlement de Paris, au second Président du Parlement de Rouen, à 16 Conseillers au Parlement de Paris & 2 Maîtres des Comptes. *Ib.* p. 283.

1542.

Commission du Roi pour tenir les grands jours de Riom en Auvergne. *Ib.* p. 348.

1543.

Edit du Roi portant érection de la Chambre du Domaine au Parlement de Paris. *Ib.* p. 471.
Edit

Chambre des Comptes.

Troisieme Race.

1600.

Reglement de la Chambre des Comptes concernant les taxations des Receveurs des Tailles. *Recueil manuscrit des Reglemens de cette Chambre.*

1601.

Lettres portant jussion à la Chambre des Comptes de Paris pour enregistrer l'Edit qui Concerne les Offices des Bureaux des Finances. *Compilat. Chron.* page 1339.

1602.

Déclaration du Roi sur la Commission de la Chambre Royale, pour les dénonciateurs, touchant les malversations commises en ses Finances. *Fontanon.* tome 2. p. 695.

Lettres-Patentes pour la recherche des Financiers, enregistrées au Greffe de la Chambre Royale. *Ib.*

1603.

Déclaration portant que les Receveurs Généraux des Finances,

X

TABLEAU.

Cour Législative.

Troisieme Race.

Lazard de la ville de Paris. *Ibid. page* 1584.

1633.

Edit portant établissement d'une Cour de Parlement dans la ville de Metz, création des Offices dont elle doit être composée. *Ib. p.* 1592.

1634.

Edit portant reglement sur le fait des Tailles contenant 65 articles. *Ibid. page* 1611.

1635.

Déclaration portant reglement pour la convocation du ban & de l'arriere-ban. *Ib. page* 1635.

1636.

Lettres-Patentes portant jussion à la Cour des Monnoies pour enregistrer purement & simplement l'Edit de 1634, qui concerne la jurisdiction de cette Cour. *Ibid. p.* 1642.

1637.

Déclaration portant interdiction des Officiers du Parlement de Dijon. *Ib. p.* 1652.

Lettres

Cour de la Pairie.

Troisieme Race.

Lettres-Patentes pour l'enregistrement du Duché Pairie de la Roche-Guyon. *Ib.*

Pareilles Lettres pour le Duché & Pairie de Trêmes. *Ibid.*

Lettres-Patentes portant érection du Comté d'Agen en Duché & Pairie sous le nom de Noailles, avec ressort au Parlement de Bourdeaux, *Compil. Chron. p.* 2147.

Lettres-Patentes portant érection du Marquisat de Coislin en Duché & Pairie, avec ressort au Parlement de Bretagne. *Ib.*

1664.

Lettres-Patentes portant érection du Marquisat de Montausier en Duché & Pairie. *Ibid. p.* 2155.

1665.

Lettres-Patentes portant érection de la Châtelenie de Polisy en Duché Pairie sous le nom de Choiseul, en faveur de César de Choiseul, Comte Duplessis Praslin, Maréchal de France. *Ib. p.* 2165.

Lettres-Patentes portant érection du Marquisat de Lisle en Duché & Pairie, sous le nom d'Aumont. *Ibid.*

Lettres

TABLEAU.

Cour de Parlement.

Troisieme Race.

1544.

Edit de création de la Chambre du Conseil au Parlement de Paris pour connoître de toutes appellations verbales appointées au Conseil composée de deux Présidens & douze Conseillers nouvellement érigés audit Parlement, & d'une seconde Chambre de la Tournelle. *Abr. des Ordon. tome 3. p. 229.*

1545.

Commission décernée par le Roi aux Conseillers de la Cour pour faire le procès aux Hérétiques de différentes Provinces. *Ibid. p. 173.*

1546.

Arrêt du Parlement de Bourgogne enregistré au Parlement de Paris, en vertu de Lettres-Patentes. *Ibid. p. 289.*

1547.

Suppression par le Roi Henri II, des Offices de Maîtres des Requêtes & de Conseillers au Parlement, créés par François I. *Ibid. p. 34.*

Le Parlement enregistre une Ordonnance *Quantum attinet ad domanium*

Chambre des Comptes.

Troisieme Race.

nances, des Gabelles & du Taillon en Dauphiné, enverront les doubles de leurs comptes à la Chambre des Comptes de Paris. *Comp. Chron. p. 1362.*

1604.

Edit portant révocation de la Chambre Royale. *Ib. p. 1366.*

1605.

Seconde Lettre de jussion à la Chambre des Comptes pour enregistrer purement & simplement l'Edit portant création d'Offices de Secretaires du Roi. *Ibid. p. 1373.*

1606.

Reglement de la Chambre des Comptes portant que les grands Maîtres des Eaux & Forêts prêteront serment à la Chambre. *Recueil.*

1607.

Reglement de la Chambre des Comptes sur les Registres des corrections. *Ibid.*

Reglement

Cour Législative.

Troisieme Race.

1638.

Lettres-Patentes portant reglement pour la translation du Prieuré de Longe-fonds, de l'Ordre de Fontevrault, dans la ville d'Argenton. *Ibid. page* 1670.

1639.

Lettres-Patentes portant permission aux Religieuses Réformées de l'Ordre de Saint Benoît de s'établir dans la ville d'Amboise. *Compil. Chron. p.* 1671.

1640.

Lettres-Patentes portant reglement pour l'établissement des Religieuses Annonciades au village de Popaincourt. *Ibid. p.* 1689.

1641.

Lettres-Patentes portant reglement pour l'établissement des Religieux déchaussés de l'Ordre de Notre-Dame de Mont-Carmel, dans la ville d'Arras. *Ib. p.* 1691.

1642.

Lettres-Patentes portant reglement pour l'exécution des Bulles

Cour de la Pairie.

Troisieme Race.

1666.

Lettres-Patentes portant érection de la Terre & Seigneurie de Rouannois en Duché, en faveur de François d'Aubusson, Comte de la Feuillade. *Ibid. page* 2170.

1667.

Lettres-Patentes portant érection de la Terre de Vaujours & de la Baronie de Saint Christophe en Duché & Pairie pour être appellée le Duché & Pairie de la Valliere, en faveur de Louise-Françoise de la Valliere, & de Marie-Anne, fille naturelle du Roi. *Ib. p.* 2182.

1668.

Lettres-Patentes portant érection de la Terre & Seigneurie de Duras en Duché & Pairie, en faveur de Jacques-Henri de Durfort. *Ib. p.* 2189.

Edit portant union du Comté d'Auxerre au Duché de Bourgogne.

Le Roi délaisse à Françoise de Lorraine, veuve de César, Duc de Vendosme, les Seigneuries de

Cour de Parlement.

Troisieme Race.

domanium dum taxat & non point pour ce qui est des Aides & Gabelles concernant la Chambre des Comptes & la Cour des Aides. *Ib.* p. 46.

1548.

Confirmation des Officiers du Parlement & des Requêtes du Palais dénommé dans un rôle suivant l'ancien usage. *Ib.* p. 216.

1549.

Déclaration du Roi contenant que les Présidens & Conseillers des Cours de Parlement de Savoye & Piémont auront leur entré & séance ès autres Parlement & Cours Souveraines de ce Royaume. *Ib.* p. 348.

Ordonnance sur le fait de la Justice contenant 32 articles qui ne se trouve point dans les Recueils des Ordonnances. *Ibid.* page 444.

1550.

Le dernier Avril de cette année, enregistrement au Parlement des Chartes, de priviléges de l'Eglise de Paris. *Ib.* p. 56.

1551.

Lettres-Patentes pour la continuation de la Chambre du Plaidoyé

Chambre des Comptes.

Troisieme Race.

1608.

Reglement pour la décharge des débets des Comptes. *Ib.*

1609.

Reglement sur la caution des Comptables. *Ib.*

1610.

Lettres-Patentes adressées à la Chambre des Comptes de Paris pour l'enregistrement de la déclaration qui concerne l'augmentation des taxations des grands Audienciers. *Compilat. Chron.* p. 1412.

1611.

Lettres-Patentes adressées à la Chambre des Comptes & à la Cour des Aides de Montpellier pour procéder à l'enregistrement des priviléges des Secretaires du Roi *Ib.* p. 1424.

1612.

Déclaration portant reglement pour la forme des Comptes que les

TABLEAU.

Cour Législative.

Troisieme Race.

Bulles accordées aux Prêtres de la Congrégation de la Mission. *Ib. p.* 1703.

1643.

Edit portant rétablissement des Offices de Présidens & de Conseillers au Parlement de Paris. *Ibid. page* 1709.

1644.

Lettres-Patentes portant confirmation des priviléges accordés à l'Ordre des Célestins. *Ib. page* 1732.

1645.

Edit portant que tous actes, contrats & testamens contenant donation, seront insinués. *Ib. page* 1749.

1646.

Déclaration portant reglement pour la tenue des Conciles Provinciaux. *Ib. p.* 1763.

1647.

Déclaration portant reglement pour le droit de barrage. *Ibid. p.* 1778.

Déclaration

Cour de la Pairie.

Troisieme Race.

de Lamballe, Guingamp, Montcontour, pour en jouir par elle & ses enfans mâles, sous le nom & titre de Duché de Peinthievre & Pairie de France. *Compil. Chron. p.* 2192.

1673.

Lettres-Patentes portant union de la Châtellenie de Courcelles, au Duché & Pairie de la Valliere. *Ib. p.* 2252.

1674.

Lettres-Patentes portant érection de la Terre & Seigneurie de Saint-Cloud en Duché & Pairie, union de celles de Maisons, Creteil, Ozouer, la Ferriere & Armentieres, & de Justice de la temporalité de l'Archevêché de Paris sous le ressort immédiat du Parlement de Paris. *Ib. p.* 2270.

Lettres-Patentes portant érection du Duché d'Angoulême & du Comté de Ponthieu à François-Joseph de Lorraine, Duc d'Alençon & de Guise, Pair de France. *Ib. p.* 2286.

1675.

Déclaration en interprétation de l'Edit de 1674, & reglement pour

TABLEAU.

Cour de Parlement.

Troisieme Race.

doyé & de celle de la Tournelle pendant les vacances. *Ibid. p.* 398.

1552.

Lettres-Patentes adressées à la Chambre des vacations, & qui y ont été lues & registrées *de mandato expresso regis. Ibid. page* 453.

1560.

Lettres du Roi enregistrées au Parlement *in quantum tangit domanium. Ibid. tome* 6. *P.* 23.

1561.

Sur les ordres du Roi réitérés au Parlement de supprimer toutes modifications, il ne mit au bas des Lettres que le mot *registrata. page* 106.

Le premier Président de la Cour soutint que les Ordonnances d'Orléans ne faisoient partie des Etats parce qu'elle n'y avoit pas été appellée, soit en corps, soit en particulier, comme aux Etats de 1467 à Tours, & de 1483, où il y eut deux Présidens & 10 ou 12 Conseillers. *Ib. p.* 133.

Ces Ordonnances des Etats sont les premieres qui ayent été présentées à la Cour pour y être vérifiées. *Ibid.*

Ordonnance

Chambre des Comptes.

Troisieme Race.

les Officiers comptables doivent rendre. *Ibid. p.* 1438.

1613.

Edit portant que les Présidens, les Maîtres ordinaires, les Avocats & Procureurs Généraux en la Chambre des Comptes de Paris ne pourront être poursuivi en matiere criminelle qu'en la Grand'Chambre du Parlement de Paris. *Ib. P.* 1445.

1614.

Plusieurs Lettres-Patentes portant jussion à la Chambre des Comptes d'enregistrer des droits ou priviléges accordés par le Roi. *Ibid. p.* 1452.

1615.

Lettres-Patentes portant jussion à la Chambre des Comptes pour l'enregistrement de l'Edit concernant les qualités des Présidens des Bureaux des Finances. *Ibid. p.* 1458.

Pareilles

X iv

Cour Législative.

Troisieme Race.

1648.

Déclaration portant reglement sur le fait de la Justice, Police & Finances. *Compil. Chr.* p. 1786.

1649.

Déclaration portant translation du Parlement de Paris dans la ville de Montargis & pouvoir aux Juges Présidiaux du ressort du Parlement de Paris, de juger souverainement, tant en matiere civile que criminelle, & suppression des Offices du Parlement. *Ibid.* p. 1792.

1650.

Lettres-Patentes sur l'établissement de Religieux dans le Prieuré de Rochechouard. *Ib.* p. 2004.

1651.

Edit portant reglement pour la punition des duels & rencontres. *Ib.* p. 2015.

1652.

Déclaration portant reglement pour la publication des Indulgences accordées par les Papes. *Ibid.* page 2019.

Cour de la Pairie.

Troisieme Race.

pour l'exercice de la Justice qui appartient aux Archevêques de Paris. Les appellations ressortiront nuement au Parlement de Paris, ainsi que les Juges des Pairies. *Ib.* p. 2280.

Lettres-Patentes portant que les appellations des Sentences du Duché de Guise seront portées au Parlement de Paris durant la vie de Marie de Lorraine, Duchesse de Guise, nonobstant l'extinction de la Pairie. *Ibid.* p. 2283.

Lettres-Patentes portant don du Duché d'Angoulême & du Comté de Ponthieu à Elisabeth d'Orléans, veuve de Louis de Lorraine, Duc de Guise, Pair de France. *Compil. Chron.* page 2283.

Lettres-Patentes portant érection du Comté du Lude en Duché & Pairie en faveur de Henri de Daillon, Comte du Lude, Chevalier des Ordres du Roi, & premier Gentilhomme de sa Chambre & de ses descendans mâles, avec ressort au Parlement de Paris. *Ib.* p. 2283.

Lettres

Cour de Parlement.

Troisieme Race.

1562.

Ordonnance pour la pacification des troubles; le Parlement y fait des remontrances sur ce que le Roi a déclaré sa majorité au Parlement de Rouen, le Roi y répond qu'il entend que son Parlement se borne à rendre la justice, & y ayant eu partage sur l'enregistrement, le Roi le cassa & annulla par un Arrêt de son Conseil, en vertu duquel il fut rayé & biffé. *Ib. p.* 81.

1563.

Ordonnance concernant la discipline du Parlement qui le restraint au jugement des affaires contentieuses. *Ib. p.* 99.

1564.

Lettres-Patentes portant jussion au Parlement de Paris d'enregistrer purement & simplement l'Edit de 1564 pour l'établissement de la jurisdiction consulaire à Beauvais. *Comp. Chron.* page 884.

1565.

Déclaration portant défenses au Parlement de Paris de recevoir aucuns Officiers comptables

Chambre des Comptes.

Troisieme Race.

1616.

Pareilles Lettres pour l'enregistrement de l'Edit concernant les Greffes des Bureaux des Finances. *Ib. p.* 1464.

1617.

Déclaration portant reglement pour le jugement des instances des eaux & de correction de comptes qui sont pendantes en la Chambre des Comptes. *Ibid. p.* 1470.

1618.

Lettres-Patentes portant jussion à la Chambre des Comptes de Paris pour l'enregistrement des Lettres concernant les Commissaires examinateurs. *Ibid. p.* 1475.

1620.

Edit portant création des Offices de Procureurs postulans dans toutes les Cours de Parlemens, grand Conseil,

TABLEAU.

Cour Législative.
Troisieme Race.

1653.

Lettres-patentes portant reglement pour l'exécution de la Bulle du Pape Innocent X, sur les cinq propositions de Jansenius. *Ib. p.* 2032.

1654.

Lettres Patentes portant reglement pour l'établissement des Religieuses de l'Ordre de Saint Benoît au Fauxbourg de Saint Antoine de la ville de Paris. *Ibid. p.* 2038. Idem, pour les Religieuses du Calvaire. *p.* 2045.

1655.

Déclaration portant défenses aux Pages & Laquais de porter aucunes armes, à peine de la vie. *Ib. page* 2045.

1656.

Déclaration portant reglement sur le fait des Aydes contenant douze articles. *Ib. page* 2057.

1657.

Déclaration portant reglement pour l'évocation des procés. *Compil. Chron. p.* 2068.

Edit

Cour de la Pairie.
Troisieme Race.

1676.

Le Roi approuve le contrat de mariage de François-Henri de Montmorenci, Duc de Luxembourg, Pair & Maréchal de France, & il aggrée qu'il soit reçu & prête le serment à cause de la dignité de Duc & Pair de France, sans faire une nouvelle érection du Duché & Pairie de Piney. *Ib. p.* 2289.

1679.

Lettres portant érection de la Terre & Seigneurie de la Rocheguyon en Duché en faveur de François de la Rochefoucault, & de ses héritiers mâles & femelles. *Idid. p.* 2316.

1680.

Déclaration du Roi par laquelle il exige que les principaux Officiers des Justices tenues en Pairie soient licentiés & aient prêtés le serment d'Avocat. *Ibid. p.* 2322.

1682.

Lettres-patentes portant union des Terres & Seigneuries d'Echargon & de Misery, au Duché & Pairie de Villeroi, *Ib. p.* 2352.

Lettres

TABLEAU.

Cour de Parlement.

Troisieme Race.

bles appellans des jugemens rendus en la Chambre des Comptes de Paris. *Ib. p.* 885.

1566.

Lettres-Patentes portant jussion au Parlement de Paris pour enregistrer la déclaration de 1566 concernant les Savoyards habitués dans le Royaume. *Ibid. p.* 902.

1567.

Edit portant création d'Offices de Conseillers Laics au Parlement de Paris. *Ibid. p.* 927.

1568.

Edit portant création d'une cinquieme Chambre des Enquêtes au Parlement de Paris. *Ib. p.* 941.

1569.

Déclaration portant reglement pour le pouvoir du Conseil établi à Paris près la personne de François de France, Duc d'Alençon, durant le voyage du Roi. *Ib. p.* 951.

1570.

Deux Lettres-Patentes de jussion adressées au Parlement de Paris,

Chambre des Comptes.

Troisieme Race.

Conseil, Chambres des Comptes, Cours des Aides, Bailliages, Sénéchaussées, Présidiaux. *Comp. Chron. p.* 1485.

1622.

Lettres-Patentes portant jussion à la Chambre des Comptes de Paris pour registrer purement & simplement l'Edit de Février précédent. *Ib. p.* 1503.

1624.

Edit portant reglement pour les comptes que les Receveurs & Payeurs des rentes doivent rendre à la Chambre des Comptes de Paris. *Ibid. p.* 1518.

1626.

Lettres - Patentes portant jussion à la Chambre des Comptes de Paris, pour enregistrer l'Edit de 1625, portant attribution de trois deniers pour livre.

1627.

Deux Lettres de jussion à la Chambre des Comptes de Paris pour

Cour Législative.
Troisieme Race.

1658.
Edit portant reglement pour la vente des droits de cens, lots, & ventes, quints & requints & autres droits Seigneuriaux & féodaux. *Ib.* p. 2094.

1659.
Edit portant établissement d'une Cour Souveraine dans la ville de Bourg en Bresse, ayant Jurisdiction de Parlement, Chambre des Comptes, Cour des Aydes & de Finances, création des Offices dont elle doit être composée & reglement pour sa Jurisdiction. *Ib.* p. 2097. Elle a été supprimée en 1661. *Ib.* p. 2124.

1660.
Lettres-Patentes portant confirmation de l'union du Prieuré de Saint-Lazare de la ville de Paris à la Congrégation des Prêtres de Mission. *Ib.* p. 2111.

1661.
Lettres-Patentes portant défunion de la Terre de Charny, du Duché de Saint-Fargeau. *Ib.* p. 2126.

1662.
Lettres - Patentes portant reglement pour l'établissement des carosses

Cour de la Pairie.
Troisieme Race.

1684.
Lettres-Patentes portant érection d'Aubigny sur Niere en Duché & Pairie en faveur de Louise-Renée de Pennencourt de Querouaille de Ploeve, Duchesse de Portsmouth. *Ib.* p. 2367.

1688.
Lettres Patentes portant érection du Duché & Pairie de Beaufort en Duché en faveur de Charles-François Frédéric de Montmorenci-Luxembourg, Prince de Tingry & ses enfans mâles & femelles. *Ib.* page 2413.

1689.
Lettres-Patentes portant érection des Comtés de Duras & de Rauzen en Duché, en faveur de Henri de Durfort, Maréchal de France. *Ib.* p. 2418.

Lettres-Patentes portant que le Duché Pairie de Montmorenci sera dorénavant appellé le Duché & Pairie d'Anguien en faveur de Henri-Jules de Bourbon, Prince de Condé. *Ib.* p. 2422.

Lettres-Patentes portant que le Duché de Beaufort sera dorénavant

TABLEAU.

Cour de Parlement.

Troisieme Race.

Paris, pour enregistrer des Edits. *Ibid. p.* 964.

1571.

Lettres-Patentes adressées à la Chambre des vacations pour enregistrer un Edit. *Ib. p.* 983.

1572.

Pareilles Lettres adressées à la Chambre des Vacations. *Ibid. page* 1002.

1573.

Edit portant suppression d'Offices de Conseillers au Parlement de Paris. *Ibid. p.* 1011.

1574.

Lettres-Patentes portant injonction à toutes personnes de demander confirmation de tous leurs Offices. *Compilat. Chronol. page* 1024.

1575.

Déclaration portant que les Présidens & Conseillers au Parlement de Bretagne auront entrée & séance au Parlement de Paris. *Ibid. page* 1036.

Edit

Chambre des Comptes.

Troisieme Race.

pour enregistrer des Lettres-Patentes & un Edit. *Ib. p.* 1541.

1629.

Déclaration adressée à la Chambre des Comptes de Paris, touchant une augmentation de gages aux Prévôts & Baillis. *Ib. p.* 1559.

1631.

Edit portant création d'un Office de Président alternatif en chacun des Greniers à Sel dépendans de la Chambre des Comptes de Paris. *Ib. p.* 1575.

1632.

Edit adressé au Parlement & à la Chambre des Comptes de Paris. *Compil. Chron. p.* 1586.

1633.

Edit portant suppression de l'Office de Maître ordinaire en la Chambre des Comptes de Paris

Cour Législative.

Troisieme Race.

carosses publics dans la ville & Fauxbourgs de Paris. *Ib. p.* 2133.

1663.

Lettres-patentes portant jussion à la Cour des Aydes de Paris, pour enregistrer une Déclaration concernant les Tailles. *Ibid. p.* 2142.

1664.

Edit portant établissement d'une Compagnie pour faire le commerce des Indes. *Ib. p.* 2153.

1665.

Lettres-Patentes portant jussion à la Cour des Monnoies pour l'enregistrement de l'Edit de 1657, portant création de Lettres de Maîtrises. *Ibid. p.* 2161.

1666.

Déclaration portant reglement pour les portions congrues des Vicaires perpétuels & des Curés. *Compil. Chron. p.* 2168.

1667.

Ordonnance pour la réformation de la Justice, contenant trente-cinq titres. *Ib. p.* 2179.
Edit

Cour de la Pairie.

Troisieme Race.

rénavant appellé le Duché de Montmorenci en faveur de Charles-François-Frédéric de Montmorenci Luxembourg, Prince de Tingry Duc de Beaufort. *Ib. p.* 2423.

1690.

Lettres-Patentes portant érection des Terres & Seigneuries de Monchy Coudun, &c. en Duché sous le nom d'Humieres en faveur du Maréchal d'Humieres & de celui qui épousera sa fille puînée & de leurs enfans mâles. *Ibid. page* 2433.

1691.

Lettres-Patentes portant union des Vicomtés de Fomery, d'Avaujour & de l'Hermitage au Comté de Quintin & érection dudit Comté en Duché en faveur de Guy Aldonce de Durfort, Comte de Lorges & de Quintin, Maréchal de France. *Ib. p.* 2448.

1692.

Lettres-Patentes portant érection du Comté de Lauzun en Duché en faveur d'Antonin de Nompar de Caumont, Comte de Lauzun. *Ib. p.* 2485.
Lettres-

TABLEAU.

Cour de Parlement.

Troisieme Race.

1576.

Edit portant établissement d'une Chambre au Parlement de Paris, appellée la Chambre de l'Edit. *Ib. p.* 1054.

1577.

Déclaration portant continuation des séances du Parlement de Paris. *Ib. p.* 1074.

1578.

Lettres-Patentes portant pouvoir au Parlement de Paris de procéder à l'enregistrement de l'Edit concernant les Avocats du Roi. *Ibid. p.* 1094.

1579.

Lettres-Patentes portant commission à un Président & à des Conseillers du Parlement de Paris pour la réforme des maladreries du Royaume. *Ib. p.* 1099.

1580.

Lettres-Patentes portant Commission au Parlement de Paris pour faire lire & publier de nouveau l'Edit de pacification. *Ibid. page* 1109.

Lettres-

Chambre des Comptes.

Troisieme Race.

Paris duquel étoit pourvu Louis Monsigot. *Ibid. p.* 1599. *Voyez p.* 1714, *rétablissement de cet Office.*

1634.

Lettres-Patentes portant jussion à la Chambre des Comptes de Paris pour la réception & installation des pourvus d'Offices de Tréforiers de France. *Ibid. p.* 1616.

1635.

Création d'Offices en la Chambre des Comptes de Paris. *Ibid. p.* 1638.

1636.

Edit portant reglement pour la maniere de rendre en la Chambre des Comptes les comptes des deniers du Sceau. *Ibid. p.* 1647.

1637.

Lettres-Patentes adressées au Parlement & à la Chambre des Comptes

TABLEAU.

Cour Législative.
Troisieme Race.

1668.

Edit portant établissement d'un Conseil Souverain dans la ville de Tournay. *Ibid.* p. 2188.

1669.

Ordonnance portant reglement pour la réformation de la Justice contenant six titres. *Ibid.* page 2200.

1670.

Déclaration portant reglement général pour les Chancelleries du Royaume. *Ibid.* p. 2216.

1671.

Edit portant que les Religieux des Ordres & Congrégations ne pourront être établis dans les Monasteres non réformés qui en dépendent, ni aucunes unions être faites sans la permission expresse du Roi, & avoir obtenu ses Lettres-Patentes 14 v. des *Ordonnances de Louis XIV*, cotté 37. p. 254. *Ib.* p. 2229.

1672.

Déclaration portant reglement pour la nouvelle enceinte de la ville de Paris. *Ib.* p. 2243.

Ordonnance

Cour de la Pairie.
Troisieme Race.

1694.

Lettres-Patentes portant érection & rétablissement de la Terre & Seigneurie d'Anville en Duché & Pairie, en faveur de Louis-Alexandre de Bourbon, Comte de Toulouse, Amiral de France. *Ibid.* page 2534.

1695.

Lettres-Patentes portant érection & continuation des titres du Duché & Pairie au Duché de Montpensier, en faveur de Philippe de France Duc d'Orléans. *Ibid.* p. 2540.

Lettres-Patentes portant érection de la Terre & Seigneurie d'Aumale, en faveur de Louis-Auguste de Bourbon, Duc du Maine, Comte d'Eu, Pair de France. *Compil. Chron.* p. 2542.

1697.

Lettres-Patentes portant érection de la Terre & Seigneurie de Penthievre en Duché & Pairie, en faveur de Louis-Alexandre de Bourbon, Comte de Toulouse, Duc de Damville, Pair & Amiral de France, & de ses hoirs & successeurs, tant mâles que femelles. *Ib.* page 2574.

Lettres

TABLEAU.

Cour de Parlement.

Troisieme Race.

1581.

Lettres-Patentes portant jussion à la premiere Chambre des Enquêtes du Parlement de Paris, de procéder à la correction des usuriers, quoique les précedentes Lettres n'ayent été registrées. *Ibid.* p. 1116.

1582.

Lettres-Patentes adressées à la Chambre des Vacations, pour enregistrer l'Edit de 1579. *Ibid.* page 1146.

1583.

Lettres-Patentes portant Commission pour les Officiers du Parlement de Paris qui tiendront les grands jours dans la ville de Troyes. *Compil. Chron.* p. 1159.

1584.

Edit portant établissement d'une Chambre composée d'Officiers du Parlement & de la Chambre des Comptes de Paris, pour juger des malversations commises au fait des Finances. *Ibid.* p. 1165.

1585.

Déclaration portant exemption en faveur des Officiers du Parlement

Chambre des Comptes.

Troisieme Race.

Comptes de Paris, pour enregistrer la déclaration de 1637 qui concerne les priviléges des Prévôt des Marchands & Echevins. *Ibid.* p. 1664.

1639.

Déclaration portant retablissement des Offices de Procureurs au Parlement & à la Chambre des Comptes de Paris. *Ibid.* p. 1671.

1640.

Création de deux Offices de Maîtres à la Chambre des Comptes de Paris. *Ibid.* p. 1689.

1641.

Edit portant création d'Offices adressé à la Chambre des Comptes de Paris. *Ib.* p. 1700.

1644.

Confirmation des droits des Greffiers du Parlement, Grand Conseil & Chambre des Comptes de Paris. *Compilat. Chron.* page 1726.

1645.

Edit portant concession de privilége de Noblesse aux Officiers de

Y

TABLEAU.

Cour Législative.

Troisieme Race.

1673.

Déclaration portant que le droit de régale appartient au Roi universellement dans tous les Archevêchés & Evêché du Royaume. *Ibid. p.* 2251.

1674.

Déclaration portant suppression de 100 Offices de Procureur au Parlement de Paris. *Ib. p.* 2270.

1675.

Edit portant reglement pour le département des Eaux & Forêts. *Ibid. p.* 2287.

1676.

Edit portant translation du Parlement établi dans la ville de Dôle, dans celle de Besançon. *Compil. Chron. p.* 2291.

1677.

Déclaration du Roi portant reglement pour le Contrôle des exploits. *Ib. p.* 2297.

1678.

Edit concernant les procès criminels qui se font aux Ecclésiastiques

Cour de la Pairie.

Troisieme Race.

1702.

Lettres-Patentes portant permission à Paul de Bauvilliers, Duc de Saint Agnan, Pair de France, d'accepter la dignité de Grand d'Espagne qui lui a été conférée par Philipe de France Roi d'Espagne, & que cette dignité sera héréditaire & annexée à la famille de Beauvilliers & au Comté de Buzancois, regiftré en la Chambre des Comptes. *Compil. Chron. p.* 2639.

Déclaration portant union de la Baronnie de la salle & de la Terre & Seigneurie de la Lurdiere au Duché & Pairie de Saint Agnan & distraction de la mouvance de la Baronie de Lussay du Comté de Blois, en faveur de Paul de Beauvilliers, Duc de Saint Agnan, Pair de France, Grand d'Espagne. *Ibid. page* 2639.

1703.

Lettres-Patentes portant érection du Marquisat d'Arc & du Comté de Château-Villain en Duché & Pairie, sous le titre de Château-Villain, en faveur de Louis Alexandre de Bourbon,

TABLEAU.

Cour de Parlement.

Troisieme Race.

Parlement de Paris, de loger des gens de guerres. *Ib. p.* 1181.

1586.

Lettres-Patentes portant jussion au Parlement de Paris, pour lever les modifications faites à la réception des Substituts du Procureur Général du Roi. *Ib. page* 1198.

1587.

Edit portant création d'Offices au Parlement de Paris. *Ibid. page* 1206.

1588.

Lettres-Patentes portant seconde jussion au Parlement de Paris, pour l'érection du Comté de Brienne en Duché Pairie. *Ibid. page* 1212.

1589.

Edit portant translation & établissement du Parlement de Paris dans la Ville de Tours. *Ib. page* 1214.

1590.

Edit portant établissement d'une Chambre du Parlement de

Chambre des Comptes.

Troisieme Race.

de la Chambre des Comptes de Paris. *Ib. p.* 1744.

1648.

Déclaration sur le fait de la justice adressée à la Chambre des Comptes de Paris. *Ibid. page* 1786.

1649.

Reglement de la Chambre des Comptes sur les prêts faits au Roi. *Recueil manuscrit des reglemens de la Chambre des Comptes par ordre Chronologique étant à la Bibliotheque de la Ville.*

1650.

La Chambre déclare les jours qui seront destinés pour asseoir les Etats Finaux clos aux rapports des Conseillers Auditeurs. *Ibid.*

1651.

Commission pour les Receveurs des consignations & parties ordonnées à poursuivre par le Contrôleur Général des restes. *Ibid.*

1652.

Reglement contre les recettes par anticipation des Comptes de l'épargne. *Ib.*

Stil

Y ij

Cour Législative.

Troisième Race.

siastiques sur l'instruction conjointe des Juges d'Eglise & des Juges Royaux. *Ib. p.* 2303.

1679.

Edit portant reglement pour l'étude du droit civil & canonique contenant 20 articles. *Ib. page* 2311.

1680.

Ordonnance portant reglement général sur le fait des Gabelles. *Ibid. p.* 2326.

1681.

Déclaration portant reglement pour les Bénéfices incompatibles. *Ibid. p.* 2336.

1682.

Edit portant reglement sur l'usage du droit de régale. *Ibid. page* 2348.

1683.

Déclaration portant reglement pour les Tailles. *Ibid. page* 2363.

Edit

Cour de la Pairie.

Troisième Race.

bon, Comte de Toulouse, Duc Damville & de Ponthieux, Pair & Amiral de France & de ses enfans mâles & femelles. *Ibid. page* 2666.

1704.

Lettres-Patentes portant rétablissement des titres de Duché & Pairie au Comté de Guise, en faveur de Henry Jules de Bourbon, Prince de Condé, premier Prince du sang & de ses descendans mâles & femelles. *Ibid. p.* 2699.

1705.

Lettres-Patentes portant érection du Vicomté de Vaux, du Vicomté de Melun & de la Seigneurie de Maincy, en Duché, pour être appellé le Duché de Villars. *Compilat. Chron. page* 2749.

1706.

Edit portant confirmation au Prévôt des Marchands de Paris, du

TABLEAU.

Cour de Parlement. | Chambre des Comptes.

Troisieme Race. | *Troisieme Race.*

de Paris, dans la Ville de Châlon. *Ibid. p.* 1225.

1591.

Déclaration portant reglement pour la continuation du Parlement de Paris, séant dans la Ville de Tours. *Ib. p.* 1230.

1592.

Déclaration portant reglement pour la réception des Officiers du Parlement, qui ont obtenu des Lettres de rétablissement. *Ibid. p.* 1234.

1593.

Edit portant suppression des Offices de Substituts du Procureur Général du Parlement, *Compil. Chron. p.* 1242.

1594.

Lettres-Patentes portant jussion au Parlement séant à Tours, pour enregistrer la déclaration de 1693, qui concerne les Conseillers qui poursuivent leur rétablissement. *Ibid. p.* 1248.

1595.

Déclaration portant reglement pour les amendes qui s'adjugent

1653.

Stil & formulaire de pratique ordonnés par la Chambre pour regler les procédures. *Ib.*

1654.

Reglement pour procéder à la vérification d'aucunes Lettres de don & octroi. de Sel. *Ib.*

1655.

Ordonnance de la Chambre portant peines contre les Commissionnaires exerçant sans Commissions vérifiées. *Ib.*

1656.

Reglement sur la maniere de se pourvoir contre les arrêts rendus contradictoirement. *Ib.*

Festins des Présidens, Maitres & gens du Roi, évalués en argent & convertis en bougies. *Ib.*

1657.

La Chambre enregistre un arrêt du Conseil d'Etat portant dispense de rapporter avis de Finance. *Ib.*

Reglement

TABLEAU.

Cour Législative.

Troisieme Race.

1684.

Edit portant reglement général pour la reconnoissance des promesses & billets sous seings-privés, contenant 11 articles. *Ibid.* p. 2376.

1685.

Déclaration portant reglement pour la marque de la vaisselle & autres ouvrages d'or & d'argent. *Ibid.* p. 2379.

1686.

Déclaration portant reglement pour les portions congrues des Curés ou Vicaires perpétuels & les rétributions de leurs Vicaires. *Ibid.* p. 2395.

1687.

Ordonnance portant reglement pour la perception des droits d'entrée & de sortie sur les Marchandises. *Ib.* p. 2405.

1688.

Déclaration portant reglement pour la perception de plusieurs droits d'Aides dans le ressort de la Cour des Aides de Paris. *Ib.* page 2412.

Edit

Cour de la Pairie.

Troisieme Race.

du titre, qualité & dignité de Chevalier. *Ibid.* p. 2784.

1707.

Lettres-Patentes portant érection des Ville & Marquisat de Royan en Duché, en faveur d'Antoine-François de la Tremoille & ses descendans mâles. *Ibid.* p. 2793.

1708.

Lettres-Patentes portant érection du Duché de Bouflers en Pairie, en faveur du Maréchal de Bouflers & ses descendans mâles. *Ibid.* p. 2836.

1709.

Lettres-Patentes portant érection du Duché de Villars en Pairie, en faveur du Maréchal de Villars. *Ibid.* p. 2855.

Lettres-Patentes portant érection du Duché d'Harcourt en Pairie,

Cour de Parlement.

Troisieme Race.

jugent au Parlement de Paris. *Ibid.* page 1287.

1596.

Lettres de jussion pour enregistrer l'Edit de réunion des Greffes au Domaine. *Ib. p.* 1289.

1597.

Edit de création d'Offices au Parlement de Paris. *Ib. p.* 1304.

Déclaration portant que la vérification & publication des Edits, Déclarations & Lettres-Patentes du Roi, sera faite par les Présidens & Conseillers de la Grand'Chambre de Paris, où assisteront le plus ancien des Présidens & le plus ancien des Conseillers de chacune Chambre des Enquêtes & Requêtes. *Ibid. p.* 1305.

1598.

Déclaration portant reglement pour le pouvoir de la Chambre des vacations du Parlement de Paris. *Ib. p.* 1321.

1599.

Edit portant suppression de l'un des deux Offices de Conseillers au Parlement & Commissaires

Chambre des Comptes.

Troisieme Race.

1658.

Reglement qui porte qu'il ne sera fait délivrance d'aucuns francs-sallés sans Lettres de concession vérifiées en la Chambre. *Ibid.*

1659.

Commission pour la direction des affaires des Généralités. *Ib.*

1660.

Déclaration du Roi vérifiée en la Chambre pour les charges des Domaines à payer par les engagistes. *Ibid.*

1661.

Edit portant suppression des élections & autres Offices adressé à la Chambre des Comptes de Paris. *Compil. Chron. p.* 2130.

1662.

Lettres-Patentes portant relief d'adresse au Parlement & à la Chambre des Comptes de Paris. *Ib.* page 2134.

Déclaration

Cour Législative.

Troisieme Race.

1689.

Edit portant reglement pour la Fabrique de nouvelles espèces d'or & d'argent. Ibid. p. 2427.

1690.

Déclaration portant augmentation de la taxe du Papier & du Parchemin timbrés. Ib. p. 2433.

1691.

Lettres-Patentes adressées à la Cour des Monnoyes pour l'exécution d'un arrêt du Conseil d'Etat du Roi portant reglement pour l'exposition & cours des Monnoyes. Comp. Chron. p. 2459.

1692.

Edit portant création des Offices de Lieutenant dans chaque Province du Royaume, pour représenter la personne du Roi & commander sous son autorité en l'absence du Gouverneur en chef & du Lieutenant Général. Ibid. p. 2481.

1693.

Edit portant établissement d'un Parlement dans la ville de Tournay, aux mêmes honneurs, autorités,

Cour de la Pairie.

Troisieme Race.

Pairie, en faveur du Maréchal d'Harcourt. Ibid.

1710.

Lettres-Patentes portant érection de la Terre & Seigneurie de Warty en Duché & Pairie pour être appellé le Duché de Fitz-Jems, en faveur de Jacques Fitz-Jems, Maréchal, Duc de Berwick, à la charge de relever de la Tour du Louvre, & de ressortir au Parlement de Paris. Compil. Chron. p. 2869.

1711.

Edit portant reglement pour les Duchés & les Pairies de France contenant 10 articles. Ibid. p. 2886.

Lettres-Patentes portant union des Baronnies, Terres & Seigneuries de Belle-Isle Miessan Thuilierie de Pis, au Marquisat d'Antin, & érection d'icelui en Duché Pairie, sous le nom de Duché d'Antin, en faveur de Louis

TABLEAU.

Cour de Parlement.

Troisieme Race.

missaires aux Requêtes du Palais à Paris. *Ib. p.* 1331.

1600.

Lettres de jussion au Parlement de Paris, pour enregistrer la Déclaration de 1598, concernant les Offices des Receveurs des consignations. *Ib. p.* 1333.

1601.

Défenses aux Parlemens d'entreprendre aucune Cour & Jurisdiction sur le fait des Monnoyes. *Ibid. p.* 1344.

1602.

Lettres-Patentes portant relief d'adresse à la Chambre des vacations, pour enregistrer des Lettres-Patentes. *Ib. p.* 1354.

1603.

Lettres de jussion au Parlement pour enregistrer l'Edit du rétablissement des Jésuites. *Ibid. page* 1363.

1604.

Pareilles Lettres adressés à la Chambre des Vacations. *Ibid. page* 1367.

Autres

Chambre des Comptes.

Troisieme Race.

1663.

Déclaration portant reglement pour la recherche des débets des comptes, & débets de quittance enregistrée à la Chambre des Comptes. *Ib. p.* 2149.

1664.

Edit portant suppression de 84 Offices de Secretaires du Roi, adressé à la Chambre des Comptes de Paris. *Ibid. p.* 2152.

1665.

Edit portant suppression des rentes Provinciales, enregistré en la Chambre des Comptes de Paris. *Ib. p.* 2167.

1667.

Lettres-Patentes portant jussion à la Chambre des Comptes de Paris, pour enregistrer purement & simplement le bail des droits d'entrée & de sortie du Royaume. *Ibid. p.* 2179.

1669.

Edit portant suppression d'Offices, adressé à la Chambre des Comptes de Paris. *Ibid. page* 2207.

Edit

TABLEAU

Cour Législative.
Troisieme Race.

torités, pouvoirs & jurisdictions dont jouissent les autres Parlemens du Royaume. *Ibid.* p. 2502.

1694.

Edit portant reglement pour les sources & fontaines. *Ibid.* page 2536.

1695.

Déclaration portant reglement pour l'établissement de la Capitation générale dans le Royaume. *Ibid.* p. 2539.

1696.

Déclaration portant reglement pour la vente & aliénation des droits Seigneuriaux dus aux mutations qui se font par contrat de change en vertu des Edits & Déclarations. *Ibid.* p. 2553.

1697.

Edit portant reglement pour les formalités qui doivent être observées pour les mariages. *Ib.* page 2573.

1698.

Déclaration portant reglement pour l'établissement des Séminaires dans les Diocèses où il n'y en

Cour de la Pairie.
Troisieme Race.

Louis Antoine de Pardaillan. *Ibid.* page 2886.

Lettres-Patentes portant union des Châtellenies, Terres & Seigneuries de Saint Leger, de Poigny, au Marquisat de Rambouillet, & érection d'icelui en Duché & Pairie sous le nom de Duché de *Rambouillet*, en faveur de Louis Alexandre de Bourbon, Comte de Toulouse, Duc de Penthievre, de Damville & de Château-Villain. *Ib.* page 2887.

Lettres-Patentes portant érection du Comté de Chaunes en en Duché & Pairie, en faveur de Louis Auguste d'Albert, dit Dailly, Vidame, d'Amiens, & de ses descendans mâles. *Ibid.* page 2891.

1712.

Lettres-Patentes portant érection de la Terre, Seigneurie & Marquisat de la Baume d'Hostun

TABLEAU.

Cour de Parlement.

Troisieme Race.

1605.

Autres Lettres adressées à la même Chambre. *Ibid.* p. 1374.

1607.

Déclaration portant reglement pour les Greffes du Parlement de Paris. *Ib.* p. 1382.

1608.

Lettres de jussion pour enregistrer l'Edit de 1607, concernant une création d'Offices de Secretaires du Roi. *Ibid.* p. 1391.

1609.

Lettres-Patentes portant continuation du Parlement. *Ibid.* page 1402.

1610.

Lit-de-Justice de la minorité de Louis XIII. *Ibid.* p. 1407.

1611.

Lettres portant reglement pour l'enregistrement d'un arrêt du Conseil d'Etat. *Ib.* p. 1427.

Lettres

Chambre des Comptes.

Troisieme Race.

1672.

Edit portant suppression d'Offices adressé à la Chambre des Comptes de Paris. *Ib.* p. 2239.

1673.

Déclaration portant reglement pour les droits des Officiers de la Chambre des Comptes pour clore la régale. *Ib.* p. 2351.

1674.

Reglement pour les Déclarations que les Ecclésiastiques & gens de main-morte sont obligés de fournir de leur temporel à la Chambre des Comptes de Paris. *Ib.* p. 2280.

1677.

Déclaration portant exemption des droits du Sceau, en faveur des Présidens, Maîtres ordinaires, Correcteurs, Auditeurs, Avocat & Procureur Généraux de la Chambre des Comptes de Paris. *Ibid.* page 2297.

1678.

Déclaration portant reglement pour faire rendre compte aux comptables qui son en demeure de

Cour Législative.

Troisieme Race.

en a point, pour y former les Ecclésiastiques. *Compilat. Chron.* page 2597.

1699.

Lettres-Patentes portant permission au Sieur de Launay de Bourmont d'établir dans tout le Royaume des manufactures de verres & Christaux. *Ibid.* p. 2610.

1700.

Lettres-Patentes adressées à la Cour des monnoies pour l'enregistrement & l'exécution d'un arrêt du Conseil portant reglement pour les monnoies. *Ibid.* p. 2625.

1701.

Edit adressé au Parlement de Grenoble. *Ib.* p. 2637.

1702.

Edit portant création d'un Office de Lieutenant des Prévôts des Marchands des Villes de Paris & de Lyon, & des Maires des Villes & Communautés du Royaume. *Ib.* p. 2645.

1703.

Déclaration portant reglement pour

Cour de la Pairie.

Troisieme Race.

tun en Duché sous le nom d'*Hostun*, en faveur de Camille d'Hostun, Comte de Tallard, Maréchal de France. *Compilat. Chron.* p. 2897.

Lettres-Patentes portant érection de la Terre & Baronnie de Frantenay en Duché & Pairie, sous le nom de *Rohan Rohan*. *Ibid.* p. 2935.

Lettres-Patentes portant union à la Vicomté de Joyeuse, des Seigneuries de Baubiac, Roziere, la Blanchiere, & érection de ladite Vicomté en Duché & Pairie, sous le nom de *Joyeuse*, en faveur de Louis de Melun, Prince d'Espinoy. *Ibid.*

F I N.

TABLEAU.

Cour de Parlement.

Troisieme Race.

1612.

Lettres adressés à la Chambre des Vacations, pour un enregistrement *Ibid.* p. 1436.

1613.

Déclaration portant attribution de jurisdiction au Parlement de Paris, pour la punition du crime de duel. *Ib.* p. 1440.

1614.

Déclaration portant que le Parlement de Paris continuera les séances nonobstant les Vacations. *Ibid.* p. 1450.

1615.

Lettres de justion au Parlement de Paris, pour l'enregistrement de la Déclaration concernant les Monnoyes. *Ib.* p. 1453.

1616.

Lettres-Patentes adressées au Parlement de Paris, pour registrer les Déclarations accordées aux Princes, Ducs & Pairs. *Compil. Chron.* p. 1465.

1617.

Déclaration portant reglement pour la recette des consignations du Parlement de Paris, *Ib.* p. 1472.
Lettres-

Chambre des Comptes.

Troisieme Race.

de compter & la forme qui sera observée pour la décharge des débets, registrée en la Chambre des Comptes. *Compil. Chronol.* page 2307.

1680.

Déclaration portant que les Lettres de ratification ne purgent point les hypothèques du Roi sur les rentes qui appartiennent aux comptables. *Ibid.* page 2333.

1682.

Edit portant suppression de 36 Offices de Receveurs & Payeurs, & de pareil nombre de Contrôleurs des rentes constitués sur l'Hôtel-de-Ville de Paris, registré en la Chambre des Comptes de Paris. *Ib.* p. 2349.

1683.

Edit portant reglement pour les dettes des Communautés, adressés à la Chambre des Comptes de Paris. *Comp. Chron.* p. 2361.

1684.

Lettres - Patentes portant reglement pour les appointemens qui seront à donner en la Chambre

TABLEAU.

Cour Législative.

Troisieme Race.

pour l'établissement d'une Chambre de Commerce dans la ville de Rouen. *Ib.* page 2669.

1704.

Edit portant suppression des siéges & jurisdictons des Tables de Marbre établis près les Cours de Parlement. *Ib. p.* 2684.

1705.

Lettres-Patentes portant union au Domaine du Roi du droit de *Coutume* que les Archevêques de Paris levent sur le poisson de mer qui est apporté ès Halles de Paris. *Registré le 20 Juin*, 45 v. *des Ordonnances de Louis XIV, cotté* 59. *p.* 360.

1706.

Edit portant que les Maires, leurs Lieutenans, Echevins & Officiers des Villes du Royaume en titre ou électifs, jouiront du privilége de noblesse. *Compil. Chron. p.* 2783.

1707.

Edit portant reglement pour l'étude & l'exercice de la Médecine dans le Royaume. *Ibid. p.* 2791.

1708.

Edit portant établissement d'un dépôt pour conserver les registres des Cours Souveraines, & création des Offices de gardes dépositaires, *Ibid. p.* 2813.

1709.

Déclaration portant reglement pour les labours, culture & semence des terres, le payement des rentes foncieres & autres redevances en grains, *Ib. P.* 2849.

Déclaration

Cour de Parlement.

Troisieme Race.

1618.

Lettres-Patentes portant jussion au Parlement de Paris, pour regiſtrer nonobſtant l'arrêt du 3 Mars 1617. *Ibid.* p. 1474.

1619.

Autres Lettres de juſſion concernant le même objet. *Ibid.* page 1479.

1620.

Lettres-Patentes pour l'enregiſtrement d'un Arrêt du Conſeil d'Etat du Roi, pour les Offices de Receveurs des conſignations. *Ibid.* p. 1487.

1621.

Déclaration portant que le Parlement de Paris continuera les ſéances, nonobſtant les Vacations. *Ib.* p. 1498.

1622.

Edit portant attribution d'augmentation des gages aux Officiers du Parlement. *Ib.* p. 1507.

1623.

Lettres de vétéran pour avoir voix délibérative, nonobſtant la

Chambre des Comptes.

Troiſieme Race.

bre des Comptes de Paris dans les matieres de correction. *Ibid.* page 2374.

1685.

Edit portant reglement pour la réduction des Offices qui compoſent les ſiéges des Elections & des Greniers à Sel dépendant de la ferme générale des Gabelles de France, adreſſé à la Chambre des Comptes de Paris. *Ibid.* p. 2376.

1687.

Déclaration portant reglement pour les fonctions & droits des Receveurs Généraux des Domaines & Bois créés par l'Edit du mois d'Avril 1685, regiſtré en la Chambre des Comptes. *Ibid.* page 2408.

1689.

Lettres-Patentes adreſſées à la Chambre des Comptes de Paris, pour l'enregiſtrement de l'arrêt du Conſeil d'Etat du 6 Décembre. *Ib.* p. 2426.

Déclaration

TABLEAU.

Cour Législative.

Troisieme Race.

1710.

Déclaration portant qu'il sera levé annuellement au profit du Roi le dixieme du revenu de tous les biens du Royaume, contenant 12 articles. *Ibid. p.* 2876.

1711.

Déclaration portant défenses de faire entrer dans le Royaume aucunes denrées des pays Etrangers. *Compil. Chron. p.* 2885.

1712.

Edit portant suppression des Offices de Trésoriers, Receveurs & Payeurs des deniers communs & octrois. *Ib. p.* 2907.

1713.

Edit portant reglement pour l'exécution de la renonciation à la Couronne de France, faite par Philippe de France, Roi de Castille, de Leon, d'Arragon, & de celle faite à la Couronne d'Espagne par Charles de France, Duc de Berry, d'Alençon & d'Agoulême. *Ibid. p.* 2911.

1714.

Edit par lequel les Princes légitimés sont appellés à la Couronne à défaut de Princes légitimes de la Maison de Bourbon. *Ibid. p.* 2930.

F I N.

TABLEAU.

Cour de Parlement.

Troisieme Race.

la résignation de l'Office de Conseiller. *Abrégé des Ordonn. tome* 11. *p.* 70.

1624.

Permission accordée par le Roi à Maître Antoine Seguier, de continuer la Charge de Président en Parlement, nonobstant sa résignation. *Ibid. p.* 84.

Commission décernée par le Roi à un Président & à douze Conseillers, pour tenir la Chambre des Vacations, & juger jusqu'à 125 l. de rente, & 1200 l. une fois payées. *Ibid. p.* 91.

1625.

Jussion du Roi à la Cour, qui servira de dernier & exprès commandement de publier & enregistrer. Registré est en blanc. *Ib. p.* 98.

1626.

Mandement du Roi à la Cour, pour continuer les Séances du Parlement jusqu'au dernier Septembre. *Ibid. p.* 394.

1627.

Mandement du Roi au Parlement, d'accorder Séance à côté des Pairs au Cardinal de Richelieu en qualité de Grand-Maître, Chef & Surintendant de la navigation,

Chambre des Comptes.

Troisieme Race.

1690.

Déclaration portant reglement pour les Officiers de la Chambre des Comptes de Paris & ceux de la grande Chancellerie pour l'exemption réciproque de leurs droits. *Ibid. p.* 2434.

Edit portant création d'Offices en la Chambre des Comptes de paris. *Ibid. p.* 2444.

1691.

Edit portant union de la Chambre des Comptes de Navarre, & des Officiers d'icelle au Parlement de Pau, pour ne faire qu'un seul & même Corps. *Compil. Chron. p.* 2470.

Edit portant suppression des Offices de Trésoriers, registré en la Chambre des Comptes. *Ibid. page* 2472.

1692.

Déclaration portant union des deux Offices de Commis Ecrivains à la peau dans le Greffe de la Chambre des Comptes de Paris, créés par Edit de 1691, aux

Z

Cour de Parlement.

Troisieme Race.

gation, par la supression de la Charge d'Amiral. *Ibid. p.* 449.

1628.

Lettres de Jussion au Parlement, d'enregistrer purement & simplement, nonobstant les modifications portées par son Arret. *Compil. Chron. p.* 1557.

1629.

Déclaration portant permission aux Présidens & Conseillers au Parlement de Paris, de faire pourvoir un de leurs enfans d'un Office audit Parlement. *Ibid. page* 1559.

1630.

Edit portant création d'Office aux Enquêtes & Requêtes du Parlement de Paris. *Ib. p.* 1574.

1631.

Déclaration portant que par provision il sera délibéré par les Conseillers de la Grand Chambre du Parlement Paris, sur l'enregistrement des Lettres Patentes portant erection en Duché & Pairie. *Ibid. p.* 1580.

1632.

Lettres de Jussion au Parlement de Paris, d'enregistrer purement

Chambre des Comptes.

Troisieme Race.

aux Offices de Greffiers en chef de ladite Chambre. *Ibid. page* 2477.

Edit portant création de 40 Offices de Commis Ecrivains en papier & parchemin dans la Chambre des Comptes de Paris, pour écrire & expédier tous les originaux & doubles des comptes. *Ib. p.* 2491.

1693.

Déclaration portant **union** des 50 Offices de Commis écrivans en papier & parchemin en la Chambre des Comptes de Paris, à la Communauté des Procureurs de cette Chambre. *Ibid. p.* 2499.

Edit portant suppression des Offices dont est composée la Chambre du Tresor établie au Palais à Paris. *Ibid. p.* 2502.

1694.

Edit portant suppression des Offices de Receveurs des deniers communs patrimoniaux & octrois adressé à la Chambre des Comptes de Paris. *Ibid. page* 2533.

Edit

TABLEAU.

Cour de Parlement.

Troisieme Race.

rement & simplement. *Ibid. page* 1584.

1633.

Le Parlement de Paris enregistre l'Edit de création du Parlement de Metz. *Ibid.* p. 1592.

1634.

Lettres Patentes adressées au Parlement de Paris, pour l'enregistrement & l'exécution d'un Arrêt du Conseil privé du Roi. *Ibid.* p. 1613.

1635.

Edit portant création d'Offices au Parlement de Paris. *Ibid.* p. 1635.

1636.

Edit portant suppression de sept des vingt-quatre Offices créés par celui de 1635. *Ibid.* p. 1643.

1637.

Edit portant interdiction des Officiers du Parlement de Dijon. *Ibid.* p. 1652.

1638.

Déclaration sur la capacité, l'âge, le service & les parentés pour

Chambre des Comptes.

Troisieme Race.

1695.

Edit portant création d'un Office de Trésorier Général triennal & de la Marine, adressé à la Chambre des Comptes de Paris. *Ib.* p. 2548.

1696.

Lettres-Patentes adressées à la Chambre des Comptes pour l'exécution de l'Arrêt du Conseil d'Etat du Roi du 17 Janvier précédent, portant reglement pour les gages attribués aux Offices d'Auditeurs des Comptes, des Arts & Métiers, créés par Edit de 1694. *Ibid.* p. 2550.

1697.

Déclaration portant que les Lettres de Noblesse accordées en conséquence de l'Edit de 1696, seront enregistrées ès Parlement, Chambre des Comptes & Cours des Aydes. *Ibid. page* 2573.

1698.

Déclaration portant suppression des gages attribués aux Corps

Z ij

TABLEAU.

Cour de Parlement.

Troisieme Race.

pour être reçus Officiers au Parlement de Paris. *Ibid. p.* 1670.

1639.

Déclaration portant rétablissement des Procureurs au Parlement. *Compil. Chron. p.* 1671.

Déclaration portant interdiction des Officiers du Parlement & de la Cour des Aydes de Rouen. *Ibid. p.* 1680.

1640.

Déclaration portant commission à certain nombre des Présidens & Conseillers du Parlement de Paris, pour tenir le Parlement de Rouen. *Ibid. p.* 1681.

1641.

Edit portant deffenses au Parlement de Paris de prendre connoissance des affaires d'Etat, suppression de plusieurs Offices, registré le 21 Février. *Ib. p.* 1693.

1642.

Lettres-Patentes portant Jussion au Parlement de Paris, pour l'enregistrement pur & simple de la Déclaration concernant les fruits de la Regale, registrées le 4 Avril. *Ibid. p.* 1702.

Edit

Chambre des Comptes.

Troisieme Race.

Corps des Présidiaux, Bailliages, Sénéchaussées, registrée en la Chambre des Comptes. *Ibid. page* 2594.

1700.

Edit portant suppression de 3 deniers pour livre, attribués aux Receveurs Généraux des Finances & aux Receveurs des Tailles, registré en la Chambre des Comptes. *Ib. p.* 2624.

1701.

Déclaration portant reglement pour l'exécution de l'Edit du mois d'Août 1669, & les peines des Comptables qui ne présentent pas leurs comptes dans les délais, registrée en la Chambre des Comptes. *Ib. page* 2638.

1702.

Déclaration portant reglement pour les acquis, quittances & décharges des Trésoriers Généraux de l'extraordinaire des guerres, registré en la Chambre des Comptes. *Ibid. p.* 2647.

Lettres

TABLEAU. 541

Cour de Parlement.

Troisieme Race.

1643.

Edit portant rétablissement des Offices de Présidens & de Conseillers au Parlement de Paris, regiftré le 28 Avril. *Ib.* p. 1709.

1644.

Edit portant attribution & confirmation aux Présidens, Conseillers, Avocats, Procureurs Généraux, Greffiers & Secrétaires du Parlement, du titre & qualité de Nobles. *Ibid.* p. 1736.

1645.

Lettres-Patentes adressées à la Chambre des Vacations du Parlement de Paris, pour enregistrer celles de 1644, concernant la Justice de Baulne. *Ib.* p. 1756.

Autres Lettres de Jussion pour enregistrer. *Ibid.* p. 1757.

1646.

Edit portant révocation des hérédités & survivances d'Offices, publié au Sceau. *Compilat. Chron.* page 1770.

1647.

Lettres-Patentes portant jussion au Parlement de Paris, pour enregistrer

Chambre des Comptes.

Troisieme Race.

Lettres-Patentes adressées à la Chambre des Comptes de Paris, pour l'enregistrement & l'exécution d'un arrêt du Conseil d'Etat du Roi, portant reglement pour le payement des rentes au denier seize. *Ib.* p. 2649.

Lettres-Patentes portant reglement pour la maniere de compter des deniers provenans de la Capitation, établie par la Déclaration du 12 Mars 1701, regiftrées en la Chambre des Comptes. *Ib.* p. 2652.

1703.

Lettres-Patentes portant reglement pour l'exécution de l'arrêt du Conseil d'Etat du Roi du 30 Janvier précédent, regiftrées en la Chambre des Comptes. *Comp. Chron.* p. 2680.

1704.

Lettres-Patentes adressées à la Chambre des Comptes de Paris, portant

Cour de Parlement.

Troisieme Race.

enregistrer celles du 14 Mars 1747, concernant le Comte de Gien. *Ib. p.* 1775.

1648.

Déclaration du Roi portant continuation du Parlement de Paris pour quatre & pour huit jours. *Ibid. p.* 1788.

1649.

Déclaration portant translation du Parlement de Paris dans la ville de Montargis, & deffenses aux Officiers qui le composent, de s'assembler ni faire aucun Acte de Justice dans celle de Paris. *Ibid. p.* 1792.

Déclaration qui suppriment les Offices du Parlement de Paris, & donnent pouvoir aux Juges Présidiaux de juger en dernier ressort. *Ibid.*

Déclaration portant interdiction des Officiers du Parlement de Rouen, & suppression de leurs Offices. *Ibid. p.* 1793.

Déclaration portant reglement pour la levée de droits nonobstant les remontrances de la Cour des Aydes. *Ibid.*

1650.

Lettres de Jussion pour enregistrer celle qui concernent la Justice

Chambre des Comptes.

Troisieme Race.

portant que ceux qui ont acquis des rentes viageres créées par l'Edit du mois de Mars 1701, jouiront des arrérages du quartier courant. *Ibid. p.* 2680.

Edit portant création de 4 Offices de Maîtres ordinaires, de 4 Correcteurs, de 4 Auditeurs, d'un de Garde de Livres, & d'un de Procureur en la Chambre des Comptes de Paris. *Ibid. p.* 2691.

1705.

Déclaration portant que l'adresse des provisions d'offices de Contrôleurs Généraux, des Trésoriers Généraux des Guerres créés par Edit de 1702, sera faite à la Chambre des Comptes de Paris, regîstrée en cette Chambre. *Ibid. p.* 2743.

1706.

Lettres-Patentes adressées à la Chambres des Comptes de Paris,

TABLEAU.

Cour de Parlement.

Troisieme Race.

Justice de Pont Saint Marc. *Ibid. p.* 2000.

1651.

Edit portant attribution de Jurisdiction au Parlement de Paris, pour le Jugement des Procès qui concernent l'Université de Paris en Corps. *Ibid. p.* 2017.

1652.

Edit portant translation du Parlement de Paris dans la ville de Pontoise. *Compilat. Chronol. page* 2022.

1653.

Lettre de Jussion au Parlement de Paris pour enregistrer l'Edit de 1652. *Ibid. p.* 2036.

1655.

Lettres-Patentes adressées à la Chambre des Vacations du Parlement de Paris, pour enregistrer une Déclaration concernant la Justice de S. Pierre de Reims. *Ibid. page* 2054.

1656.

F Jussion au Parlement de Paris, pour enregistrer l'échange de Sedan. *Ibid. p.* 2059.

Edit

Chambre des Comptes.

Troisieme Race.

ris, pour l'exécution d'un Arrêt du Conseil d'Etat du Roi du 6 Février, portant reglement pour le payement des augmentations de gages. *Ibid. p.* 2763.

1707.

Déclaration portant reglement pour les gages des Commissaires extraordinaires des guerres, registrée en la Chambre des Comptes. *Compilat. Chron. page* 2788.

1708.

Déclaration portant reglement pour le remboursement des rentes constituées, registrée en la Chambre des Comptes. *Ib. p.* 2838.

1709.

Lettres-Patentes adressées à la Chambre des Comptes de Paris,

TABLEAU.

Cour de Parlement.

Troisieme Race.

1657.

Edit portant création de cent Offices de Procureurs au Parlement, & Reglement pour leurs fonctions. *Ibid.* p. 2077.

1658.

Déclaration portant interdiction du Parlement de Dijon, & évocation des Procès au Grand Conseil. *Ibid.* p. 2096.

1659.

Cour Souveraine à Bourg en Bresse, & établissement d'une Chambre Souveraine sur les aliénations faites par les gens de main-morte. *Ibid.* p. 2018.

1660.

Déclaration portant reglement pour la conservation des prêts publiée au Sceau. *Ib.* p. 2114.

1661.

Lettres de Jussion au Parlement de Paris, pour enregistrer purement & simplement l'établissement d'un Séminaire dans la Paroisse de Saint Nicolas du Chardonnet, registré le 25 Mai. *Ibid.* p. 2125.

Edit

Chambre des Comptes.

Troisieme Race.

ris, pour l'imposition de la finance des Offices de Commissaires vérificateurs généraux & particuliers des rôles pour la distribution du sel, registrées en cette Chambre. *Ibid.* p. 2847.

1710.

Déclaration portant que le fond des rentes viageres dues par le Roi, lequel ne sera point reçu durant trois années consécutives, sera porté au Trésor Royal par les Payeurs desdites rentes, registrée en la Chambre des Comptes. *Ib.* p. 2871.

1711.

Déclaration portant reglement pour le payement des gages & des augmentations de gages attribués aux Trésoriers & Contrôleurs généraux & particuliers des Invalides de la Marine, registrée en la Chambre des Comptes, le 17 du même mois. *Ibid.* p. 2890.

Déclaration

Cour de Parlement.

Troisieme Race.

Edit de création & de suppression d'Offices au Parlement de Paris. *Ibid. p.* 2126.

1662.

Jussion au Parlement de Paris, pour enregistrer l'édit de création des Lettres de Maitrises. *Ibid. p.* 2137.

1664.

Arrêt du Conseil d'Etat du Roi, portant que les Pairs de France opineront au Parlement de Paris avant les Présidens du même Parlement, publié le Roi séant en son Lit de Justice. *Ibid. page* 2152.

1666.

Lettre de Cachet adressée au Parlement de Paris, pour l'exécution de l'Ordonnance de l'Archevêque concernant les fêtes dans le Diocèse. *Compilat. Chron. page* 2175.

1667.

Déclaration portant rétablissement d'une Chambre d'Audience au Parlement de Paris, pour les causes de 1000 liv. ou 50 liv. de rente. *Ib. p.* 2182.

Lettres

Chambre des Comptes.

Troisieme Race.

1712.

Déclaration portant reglement pour les comptes qui doivent être rendus en la Chambre des Comptes de Paris, registrée en ladite Chambre. *Ibid. p.* 2898.

1713.

Déclaration portant reglement pour les comptes des Receveurs Généraux des finances, des Receveurs des Tailles, &c. registrée en la Chambre des Comptes. *Compilat. Chron. page* 2923.

1714.

Lettres-Patentes portant reglement pour le recouvrement des débets des comptables, registrées en la Chambre des Comptes. *Ibid. p.* 2927.

Déclaration

TABLEAU.

Cour de Parlement.

Troisieme Race.

1668.

Lettres-Patentes portant reglement pour l'enregistrement & l'exécution d'un Arrêt du Conseil concernant les Maisons de Charité, regiftré le 16 Avril 1670. *Ibid. p.* 2191.

1669.

Edit portant reglement pour la Jurifdiction de la Chambre des Vacations du Parlement de Paris. *Ibid. p.* 2201.

Déclaration pour l'établissement de la Chambre de la Tournelle Civile du Parlement de Paris, regiftrée le 13 Août. *Ibid. page* 2203.

1672.

Edit portant réduction de Tréforiers, & fupreffion d'Offices publiée au Sceau. *Ib. p.* 2337.

1673.

Lettres-Patentes portant reglement pour la forme de l'enregiftrement dans les Cours Superieures des Edits, Déclarations & Lettres-Patentes expediées pour les affaires publiques émanées de la feule authorité & du propre mouvement du Roi, regiftrées le 23 Mars. *Ib. p.* 2252.

1674.

Déclaration portant fuppreffion de cent Offices de Procureurs poftulans au Parlement de Paris. *Ibid. p.* 2270.

F I N.

Chambre des Comptes.

Troisieme Race.

Déclaration portant reglement pour la reddition des comptes des Tréforiers de Police, regiftrée en la Chambre des Comptes. *Ibid. p.* 2930.

F I N.

www.ingramcontent.com/pod-product-compliance
Lightning Source LLC
Chambersburg PA
CBHW050752170426
43202CB00013B/2390